HISTORIA DE LOS ESPAÑOLES

Ariel

Ariel Bachillerato

José Luis Comellas
Luis Suárez

HISTORIA
DE LOS ESPAÑOLES

Editorial Ariel

Diseño de la cubierta: Joan Batallé

1.ª edición: febrero 2003

© 2003: José Luis Comellas
Luis Suárez

Derechos exclusivos de edición en español
reservados para todo el mundo:
© 2003: Editorial Ariel, S. A.
Diagonal, 662-664 - 08034 Barcelona

ISBN: 84-344-1247-0

Depósito legal: B. 1562 - 2003

Impreso en España

Ninguna parte de esta publicación, incluido el diseño
de la cubierta, puede ser reproducida, almacenada o transmitida
en manera alguna ni por ningún medio, ya sea eléctrico,
químico, mecánico, óptico, de grabación o de fotocopia,
sin permiso previo del editor.

PRIMERA PARTE

Capítulo 1

LA PIEL DE TORO

Nadie ha podido aclarar, con pruebas suficientes, de dónde procede el nombre de España. Lo emplea Tito Livio de una manera natural, pero como una resonancia venida desde antiguo. Schulten propuso una raíz púnica, referida a la abundancia de conejos, pero esta hipótesis no es aceptada por los etimologistas. Ya Estrabón, desde una imperfecta perspectiva, descubrió que la Península recuerda, en su conformación, la de una piel de toro: los Pirineos serían el cuello y la Roca de Gibraltar el rabo. Pero Estrabón quería dar de España una interpretación mágica, contando cosas tan lindas como que las yeguas lusitanas eran fecundadas por medio del viento o que la densidad de árboles era tal, que un mono podía cruzarla saltando simplemente de rama en rama. En cifras modernas esa Península tiene medio millón de km² aproximadamente, para España, ochenta mil para Portugal y doce mil para el conjunto de los dos archipiélagos, balear y canario, que forman parte de un solar histórico para la nación española. Apenas 200.000 kilómetros cuadrados forman el patrimonio de tierra cultivada.

Situada más cerca del Trópico de Cáncer que del Círculo Polar Ártico, y sometida a la influencia benigna de la Corriente del Golfo, España posee un clima más suave del que corresponde a sus coordenadas; en invierno, cuando el frío polar avanza hacia el sur, recibe normalmente lluvias satisfactorias, pero en verano, cuando dicho frente se repliega hacia el norte, la Península atraviesa largos períodos de sequía, con excepción del litoral gallego y cantábrico. El problema del agua ha sido tradicionalmente muy serio; los años secos repercuten en su producción agrícola y ganadera.

Puente entre dos tierras, Europa y África, y dos mares, Mediterráneo y Atlántico, ha correspondido a España en determinadas ocasiones desempeñar un difícil papel, como barrera ante invasores, como camino también en ocasiones. No es extraño que el punto neurálgico se encuentre en el extremo occidental, Compostela, que los húmedos vientos del mar rocían con abundancia: desde allí, ese *finis terrae*, se avizora el Atlántico, querido y terrible vecino que sistemáticamente cobra en vidas humanas el servicio que presta. España fue descubierta y descubridora; pero entre Kolaios de Samos y Cristóbal Colón se inserta la otra gran hazaña de las postrimerías del siglo XIII, cuando se abrió la ruta del comercio marítimo entre Italia y Flandes. No es sorprendente que la más antigua referencia escrita a una «nación española» se encuentre en Brujas.

La forma geométrica pentagonal tardó mucho en ser percibida: los árabes ni siquiera la tomaron en cuenta. Pues aunque la Península disponga de más de 4.000 kilómetros de costa, de los que 3.904 corresponden a España, ésta, abrupta y poco recortada, no influyó en el pasado más que sobre una parte restringida de su población: la inmensa mayoría de los españoles ha vivido y sigue viviendo de espaldas al mar. Se debe tal situación a la existencia de una gran meseta cuya altitud media es aproximadamente el doble de la de Europa. Por esta razón los inviernos tienden a ser muy fríos en el interior y las oscilaciones de temperatura, incluso en un mismo día, acusadas. Cuando hablamos de vocación marinera debe entenderse que se refiere a determinadas regiones.

En términos generales, el espacio sobre el que se asienta la nación española puede considerarse como la yuxtaposición de tres elementos distintos: la gran plataforma central, flexionada por el plegamiento alpino; dos depresiones, la del Ebro y la del Guadalquivir; la orla costera cantábrica, atlántica y mediterránea. La fachada marítima portuguesa corresponde sólo al Atlántico. Esa meseta, que delimitan bien macizos montañosos en tres de sus lados —cordilleras Cantábrica, Ibérica y de Sierra Morena—, se presenta como un gran plano inclinado haciendo que los tres grandes ríos —Duero, Tajo y Guadiana—, nacidos muy al este, fluyan hacia el Atlántico recogiendo al pasar gran cantidad de agua; dos plegamientos interiores, el llamado sistema Central y el de los Montes de Toledo, aíslan en cierto modo las tres cuencas. Consecuencia: las comunicaciones son más fáciles en el sentido de la marcha de los ríos que en la dirección norte-sur. Sin embargo esta última acabó imponiéndose por razones estrictamente históricas.

Las depresiones del Ebro y del Guadalquivir sólo lo son relativamente, pues la primera se encuentra por encima de los 200 metros de altitud y la segunda no muy por debajo. Altas montañas, el Pirineo y la Penibética, que cuenta con los puntos más elevados de España, Mulhacén y Veleta, aseguran también el suministro de agua. El río es, en ambos casos, fuente de vida: las posibilidades de desarrollo de Cataluña están, hoy, vinculadas al aprovechamiento del Ebro, como las del Sudeste peninsular dependen de las ayudas que pueda suministrar la cuenca del Tajo. Las divisiones políticas y administrativas que han llegado a producirse son bastante incompatibles con el aprovechamiento correcto de los recursos geográficos. Toda clase de paisajes se contemplan en el litoral y en los conjuntos isleños que del mismo forman parte: desde la profunda y terca humedad del Cantábrico, que permite el crecimiento de bosques hacia la altura y el desarrollo de esquemas agropecuarios, hasta el clima subtropical de Almería, o el de lluvias irregulares de Valencia y Cataluña, se ofrecen opciones que determinan formas de vida, y también de cultivos, muy distintas. El mar fue primero vehículo para la llegada de fuera; sólo después camino para la expansión. Factor importante para esa vocación marinera fue sin duda la falta de comunicaciones. Hasta el siglo XIX era prácticamente imposible que vehículos de ruedas comunicasen la meseta con los puertos del Cantábrico; todo el tráfico dependía de las recuas de mulos que guiaban los arrieros, un sector social que alcanza protagonismo en las páginas del *Quijote*.

Si aplicamos datos meramente estadísticos a las temperaturas incurrimos en grandes errores, pues la media en la meseta en el mes de agosto se halla entre los 19 y los 21°, y en Andalucía entre 27 y 28°. Pero esto sólo significa que las oscilaciones durante el día son muy grandes, y mayores en el primer caso que en el segundo. Madrid alcanza con gran frecuencia temperaturas de 40° y Andalucía ve transcurrir el verano bajo un calor sofocante. Las ciudades de la meseta presentan oscilaciones de veinte grados entre su máxima y su mínima. En enero de 1938, algunas fases de la batalla de Teruel se libraron con mínimas de –26°. Sin embargo, no es extraño que en una fecha correspondiente el viajero pueda sentarse al sol en la terraza de un café de la plaza de Segovia. Otro dato curioso: los grandes enfrentamientos de la reconquista mostraron una curiosa preferencia por el mes de julio y el calor agobiante que lo caracteriza.

Hace años el geógrafo Brunhes aconsejó establecer una división entre España húmeda —la zona septentrional, desde Galicia a Cataluña, más ciertas comarcas del Sistema Central y de Sierra Nevada— y España seca. Generalmente se admite como correcta. Esto quiere decir, sin embargo, que sólo el 27 % del suelo español puede considerarse suficientemente irrigado; el resto es deficitario. Sin llegar a las exageraciones de Estrabón, parece cierto que la Península gozaba, hasta la época romana, de abundancia de bosques: su destrucción ha sido un proceso lentísimo, pero inexorable, acompañado de un cambio en las especies cultivadas: robles y hayas, que daban fisonomía a la España húmeda, fueron sustituidos por cultivos, pastos, pinares y finalmente eucaliptos, además de castaños, avellanos y frutales. El campesino ha mostrado siempre odio al árbol: contempla el bosque como un obstáculo a su propia expansión. Al empobrecimiento arbóreo de la España húmeda corresponde, en la seca, la sustitución del alcornoque y la encina por el matorral. Todavía hoy son los incendios forestales una característica española.

Históricamente, los cultivos de la España cristiana fueron propios del secano: cereal (trigo, cebada, centeno) y viñedo. En la orla costera septentrional, la huerta se asoció pronto al ganado vacuno y a cierto género de frutales, como manzana, castaña, avellana y limón, para la venta en el exterior. Pero Andalucía fue, desde muy pronto, gran productora de aceite de oliva, mientras que Levante se especializaba en sus cítricos. A esto habría que añadir leguminosas y verduras, especialmente en las huertas del sureste. Cambios dietéticos y en las relaciones mercantiles han puesto en trance de revisión este aprovechamiento tradicional del suelo.

La Constitución española de 1978 eligió como modelo para la conformación de la comunidad política el de la pluralidad regional, consagrando un hecho, la diversidad. Aunque en algunos casos pueden invocarse precedentes históricos para la autonomía de ciertas regiones concretas, no sucede así con la mayoría de las comunidades reconocidas. Se trata, pues, de un modelo impuesto por razones políticas y no del reconocimiento de entidades preexistentes. Hacer de la provincia de Logroño una comunidad riojana, olvidando que existen otras dos Riojas, alavesa y navarra, respectivamente, declarar que la de Santander es Cantabria o presentar las tres provincias vascas como si alguna vez hubiesen constituido una entidad administrativa, en lugar de tres, o invocar el Principado para hacer lo propio con Asturias, son verdaderos disparates históricos. Los problemas surgen a cada paso: ¿quién tiene derecho preferente sobre las aguas del Duero?; ¿cómo debe regularse el aprovechamiento de la electricidad producida en Zamora cuando Vizcaya renuncia a sus propias fuentes de energía?; ¿qué principios deben invocarse para que el agua del Tajo impida que el Sudeste de España muera de sed?

Al desencadenarse una crisis en la conciencia nacional (crisis en el sentido de revisión o sometimiento a juicio) muchos problemas surgen, y no todos de fácil solución: autogobierno y solidaridad son términos en cierto modo antitéticos, como lo son también la nación española y los nacionalismos de extensión limitada. Es pronto para medir las consecuencias de la decisión adoptada en 1978; no lo es para prevenir su importancia. Por otra parte, la población española, que supera ligeramente los 35 millones de habitantes, se ha detenido en su crecimiento, que fue rapidísimo en el siglo XIX y primeras décadas del XX. España ocupa el quinto lugar entre las naciones que forman hoy la Comunidad Económica Europea, detrás de Alemania, el Reino Unido, Francia e Italia, lo que en cierto modo hace perdurar el estatus que se señalara ya en el Concilio de Constanza a principios del siglo XV. Existe gran diferencia en su densidad, escasa en el interior —siempre contando con la excepción madrileña—, más elevada en la costa.

Pero esa diferencia acusada entre interior y costa no se ha producido sino en la última etapa de nuestra Historia, pues hasta las últimas décadas del siglo XIX la situación era exactamente inversa: el incremento del tráfico marítimo, por una parte, y la aparición de industrias que escogieron con preferencia la orla litoral, provocaron un gran fenómeno de emigración desde las regiones interiores. La meseta y el valle del Ebro vieron disminuir sus habitantes. Andalucía pudo reponer su intensa emigración, pero a costa de un descenso muy acusado de prosperidad: siendo potencialmente la región más rica en recursos naturales presenta, en los dos últimos siglos, graves problemas de pobreza. Las emigraciones a América afectaron sobre todo a Galicia, Asturias y las regiones del Cantábrico. Todavía hoy los movimientos migratorios interiores son muy amplios, aunque hayan disminuido las salidas hacia el exterior.

Por eso, pretender que la población catalana o vasca, por ejemplo, representa una continuidad histórica es un falseamiento de la realidad. En esas regiones, que fueron las de mayor desarrollo industrial, los habitantes originarios se redujeron a una minoría; la mayor abundancia de hijos en las familias venidas de fuera acentuaba la desigualdad. Como una defensa de su propia identidad, vascongada o catalana, los dirigentes de esa minoría —que de acuerdo con los votos emitidos no alcanza a la tercera parte— recurren a algunos signos diferenciales, especialmente el idioma, tratando de asimilar a los foráneos para, en el curso de dos o tres generaciones, reconstruir una comunidad homogénea, que no será de linaje, pero sí lingüística. Para ello afirman que el concepto de «nación» —que significa solamente naturaleza— les pertenece en propiedad y no, en cambio, a España.

A las diferencias de origen se une otra de carácter social: los emigrados y su descendencia de primera generación ocupan un sector económicamente inferior; a veces, incluso, forman un circuito de pobreza en torno a las grandes ciudades. Si aceptan la homogeneidad lingüística es, precisamente, porque les parece éste un medio de promocionarse. Pero la escasa competitividad de los productos españoles, visible en la medida en que se extienden los convenios de liberalización mercantil, ha provocado en la vida española un fenómeno de difícil solución: la falta de empleo. Es difícil que esa quinta parte de población afectada por el paro —a veces se eleva y a veces retrocede, pero siempre en términos bastante moderados— pueda encontrar medios de vida o de promoción por encima de los límites de supervivencia. Entre 1959 y 1974, los Planes de Desarrollo dieron la impresión de que las desigualdades en el acceso a la riqueza y la falta de empleo podían corregirse. Pasados veinte años se tiene la impresión contraria: las diferencias económicas entre unos españoles y otros se han agudizado y el trabajo se ha convertido en un bien escaso y, sobre todo, inestable.

Son estas consideraciones las que obligan a hacer un repaso de la conciencia histórica, procurando explicar ciertos tópicos o desprenderse de ellos. Durante siglos, quiero decir desde los escritores griegos y romanos hasta el ingenuo romanticismo de algunos fervientes españoles, se han manejado curiosos argumentos acerca de la riqueza de la Península. Abundante en metales; así la calificaron los autores antiguos y para Cartago o para Roma fue evidentemente un lugar de aprovisionamiento. Pero a este argumento hay que oponer las dificultades de extracción y la baja calidad que algunos de sus productos tienen. Es un hecho, sin embargo, que a lo largo de nuestra Historia la prosperidad nacional pareció ligada a la venta de materias primas y no a su elaboración. En ciertas etapas, como el siglo XV o el XVIII, dicha conducta pareció acertada. Sus deficiencias no han sido señaladas con pleno rigor hasta 1959.

Quedamos, pues, en que la economía española se ha apoyado en la venta de ciertos bienes de producción nacional: hierro, lana, miel y cera constituían el entramado del siglo XV, un momento en que España se movía en puestos de vanguardia. Los minerales de hierro siguen siendo los más abundantes, en especial en la costa cantábrica y en el sudeste. Después de la guerra civil se hicieron esfuerzos muy considerables para aumentar la producción, pensando sobre todo en el consumo interior: en 1968 se lograría la cota máxima con 6,2 millones de toneladas; posteriormente, la cifra se ha reducido hasta limitarse a 4 millones. Las empresas siderúrgicas se convirtieron en deficitarias y han sido reducidas, tanto en su número como en su producción; se califica eufemísticamente este hecho como «reconversión». Pero también ha disminuido la producción de cobre y de plomo.

De todo lo demás, que despertaba el entusiasmo de nuestros viejos escritores, queda muy poco. España sigue siendo el principal productor de mercurio en el mundo, pero se trata de dos mil toneladas por año. Hay azufre, estaño, manganeso, wolframio, pero la importancia de estos minerales es meramente coyuntural.

La explotación de fuentes de energía es mucho más reciente. Desde el siglo XVII eran conocidos yacimientos de hulla en Asturias, pero sólo en el XIX adquirieron verdadera importancia. De todas formas, la hulla y antracita astur-leonesa, como los lignitos de Aragón y Cataluña, ni fueron racionalmente explotados ni poseyeron la calidad suficiente para competir en el mundo. No puede concederse importancia a las explotaciones petrolíferas. España es absolutamente dependiente de los mercados exteriores para sus carburantes y gas natural. La principal producción energética es la de electricidad, lograda con saltos de agua y también con centrales atómicas. Un salto gigantesco se logró durante los planes de Desarrollo: de los 2.000 millones de kw/hora que se lograban en 1936, se pasó a 75.000 millones en 1975. No existen posibilidades plausibles de lograr mayor incremento con sistemas hidráulicos: todo depende ahora de las centrales térmicas y nucleares.

Cítricos, pesca y madera constituían todavía en los años setenta del siglo pasado rubros decisivos en la economía española. Los primeros como base de exportación: en los años de la Segunda Guerra Mundial fueron las naranjas y limones el resorte esencial. Entre 1964 y 1975 la flota pesquera española multiplicó por cuatro sus capturas, logrando de este modo un aumento sustancial en la dieta en proteínas. Pero la competencia exterior, en especial francesa y marroquí, se ha volcado en fuertes acciones políticas: mediante negociaciones en el segundo caso o disposiciones en el primero, se ha venido reduciendo la actividad pesquera hasta obligarla progresivamente a retornar a las cifras expresadas en la primera de ambas fechas. España produce únicamente la mitad de la madera que su industria necesita, debiendo importar la otra mitad. Los incendios forestales que se repiten año tras año disminuye además esta producción.

España es, en consecuencia, un país pobre, en que la agricultura desempeña un papel importante. Pero esta actividad, que ha experimentado avances técnicos muy notables por la llegada al campo de personas muy cultivadas, tropieza con algunos muy graves inconvenientes: en general, el campesino de la segunda mitad del siglo XX sabe producir más y mejor, pero no tiene a su disposición canales eficientes de comercialización. El mercado se dirige desde sectores distintos y, desde el ingreso en la Comunidad Europea, se encuentra cada vez más dominado por empresas multinacionales. La diferencia entre el precio que cobra el productor y el que debe pagar el consumidor es todavía muy grande, y no da señales de que se reduzca. No hay conciencia clara, como sucede, por ejemplo, en Israel, de la importancia que para cualquier país tiene una agricultura sana.

En 1959 se tomó una decisión histórica en España: iniciar el abandono de los esquemas proteccionistas para lanzarse a la creatividad. Al principio el éxito fue muy lisonjero. Nuevas industrias con nuevos métodos y el PIB creció 400 puntos por encima de 100. Se habló incluso de un «milagro» económico; pero este desarrollo dependía de impuestos bajos, gracias a una muy escasa tasa de paro, energía barata y ausencia de huelgas, tres condiciones que dejaron de cumplirse en 1975. Además, nunca se corrigieron dos defectos estructurales de la economía española: excesiva facilidad para que las grandes empresas manipulen el mercado y predominio de las pequeñas y medianas, de suyo escasamente competitivas. Los crecientes gastos de seguridad social, por aumento del paro, pérdida excesiva de jornadas de trabajo e incremento de la ociosidad y de las actividades no productivas, han influido en un nuevo declive económico, grave desde 1990.

No todo debe imputarse al comportamiento de los españoles, ni cabe hablar de defectos heredados. La pereza es una leyenda; cuando tienen oportunidad, demuestran que son tan laboriosos como cualquier europeo. La envidia, en cambio, parece ser defecto característico y muy dominante, en relación acaso con el sentimiento aristocrático heredado. Durante tres siglos capitales de su Historia, España fue moldeada, en sus valores, por la nobleza: ésta impuso algunos rasgos muy característicos, como son la nostalgia de una vida más bella, que trata de descubrirse en el pasado o en el futuro, o la artificiosidad de lo heroico que determina que lo importante no es tener valor, sino la opinión de los demás respecto a que se tiene. Soberbia y prodigalidad son consecuencias: el español padece cierto complejo de inferioridad, como ha señalado López Ibor, a causa de la diferencia que descubre entre lo que vale y lo que quisiera valer. Propende a despilfarrar. España, cuando puede, compra más que lo que vende y compra a veces sin verdadera razón, por lujo o por prestigio: sus habitantes suelen creer que los productos extranjeros son siempre preferibles a los nacionales.

Desde hace treinta años, coincidiendo con el declive de las industrias clásicas, un gran fenómeno social se está produciendo. España ha descubierto una mercancía muy rentable en parte muy considerable de su litoral: el sol, con escasas lluvias. El turismo, entendiendo por tal las vacaciones, se ha convertido en la fuente principal de ingresos: ciudades de bloques altísimos dan la nueva fisonomía a la orilla del mar. Pero el turismo obliga a una convivencia con personas cuyas costumbres difieren de las tradicionales en España; son estas últimas las que han cambiado. A la vez ha despertado en los españoles un afán de viajar que antes sólo tuvieron escasas minorías. Una cultura promiscua está naciendo. Con ella aparece también una crisis en los signos de identidad.

Capítulo 2

AQUELLAS RAÍCES LEJANAS

Sobre la piel de toro comenzaron a vivir seres que pueden calificarse de humanos hace, más o menos, medio millón de años. Lo sabemos porque nos han dejado en herencia utensilios, por cierto muy pobres, en las orillas de los ríos de la meseta; de ellos se servían para recolectar y cazar, dos medios de vida. Cuando hallamos cadáveres fosilizados es mucho más tarde, entre los años 100.000 y 40.000 a.C. Algunos investigadores creen haber descubierto ejemplares más antiguos, pero es pronto para que esta noticia pueda darse por confirmada. Son hombres primigenios, «neanderthalenses», como se les encuentra en otros muchos paisajes europeos. Nadie podría hoy definir las circunstancias que hicieron que estos primeros habitantes fuesen sustituidos por una especie humana más evolucionada, dotada sobre todo de superior índice cefálico. Son los «cromagnones» —en ambos casos el nombre procede de aquel yacimiento en que por primera vez fueron detectados— que, sin la menor duda, pueden ser definidos como «homines sapientes».

Esa sustitución coincidió cronológicamente con la última glaciación: un verdadero desafío para los seres humanos que, sin embargo, lo resistieron. Frente a los hielos, utilizando el fuego y guareciéndose en cuevas, los cromagnones —de vida corta: ninguno de los restos hallados supera los treinta años de edad— fueron capaces de crear una cultura, magdaleniense, que hacia el año 10.000 a.C. había sustituido a la anterior. La chispa del espíritu había saltado. Los magdalenienses fueron artistas: decoraban con motivos escultóricos los útiles de hueso y descubrieron el modo de mezclar ocres con sangre de animales para fabricar pintura. Con ella plasmaron las figuras de bisontes que admiran y sorprenden en las cuevas del norte, como Altamira, verdadera capilla sixtina del arte cuaternario, o las estilizadas de hombres en acción que encontramos en los barrancos próximos al Mediterráneo, como Valltorta o el Parpalló.

Si establecemos una comparación cronológica, nos damos cuenta de que la historia, es decir, aquel tiempo en que la actividad humana permanece en la memoria, es apenas un relámpago si se tiene en cuenta la duración de la prehistoria. La característica de esta última es la desesperante lentitud evolutiva: los hijos repetían punto por punto la vida de sus padres, sin añadir ni quitar nada a la monótona cotidianeidad.

Muy lejos de aquí, en las zonas que todavía hoy llamamos Creciente Fértil porque los grandes ríos fecundos dibujan sobre el mapa una especie de media luna, se produjo, en tiempo relativamente próximo a nosotros, aproximadamente seis mil años, un prodigioso salto: los hombres aprendieron a cultivar la tierra, obligándola a proporcionarles alimentos, domesticaron animales y fueron capaces de fabricar útiles de barro que adornaron, además, con incisiones. Dejaron de habitar en cuevas, pues se mostraron capaces de construir sus propias chozas. Llamamos neolítico —nueva edad de piedra— a esta revolución. A España vino desde fuera, pero no estamos en condiciones de asegurar si se redujo a una transmisión de conocimientos y técnicas o si se trataba de una invasión. Lo único que ha podido comprobarse es que la cultura neolítica se hizo presente al principio en todo el vasto andén litoral mediterráneo, desde Gibraltar hasta Cataluña y que, desde él, avanzó luego hacia el interior. Luego evolucionó con bastante rapidez señalando vectores de progreso: los nuevos pueblos poseían ideas religiosas, tanto relacionadas con las fuerzas de la naturaleza como con las creencias en una vida más allá de la muerte, que les empujaban a depositar los cadáveres en ciertas condiciones; también poseían un fuerte instinto social. Podemos admitir que la más antigua ciudad fue aquella que los neolíticos construyeron en Los Millares, dentro de la región valenciana; estuvo rodeada de murallas y contuvo edificios que eran más que un simple amasijo de barro y paja.

Los avances técnicos permitían ampliar el abanico de materias primas: piedra para las construcciones, cocción para la cerámica y finalmente metales; todo entra dentro de la técnica del progreso. En una época muy avanzada, cuando se había aprendido a trabajar cobre y oro, el neolítico español ofreció los primeros rasgos originales: tumbas de piedra, dotadas de corredor; verdaderos megalitos como la cueva de Menga, y vasos en forma de campana artísticamente adornados con incisiones de pasta blanca. La expansión de los megalitos y del vaso campaniforme nos revela el empleo de rutas comerciales para la relación con otros países y otras gentes.

Al fin se descubrió la técnica consistente en mezclar cobre y estaño, para producir bronce, duro y resistente. Bronce para las espadas, para los trípodes, para las corazas y las grebas. Mientras los yacimientos de cobre eran relativamente frecuentes en el Mediterráneo, no sucedía lo mismo con el estaño. La Península era uno de los pocos lugares en donde se hallaba con relativa facilidad: los metalúrgicos avanzaron hacia el oeste buscando esta nueva forma de riqueza. De nuevo la costa mediterránea experimentó un progreso que la distanciaba de las poblaciones del interior; aparecen en ella las primeras formas de organización política; hacia el año 1000 a.C., esta población puede identificarse ya con la que griegos y romanos llamarán ibérica. Un nombre, el de los íberos, que se perpetúa en el río Ebro y también en la península Ibérica. Es posible que se trate de invasores. De cualquier modo, es ésta una cuestión que carece de importancia.

Si atendemos a las noticias que los autores romanos recogieron, mezclando sin duda verdades con leyendas, la maduración de Iberia produjo una división de la misma en dos sectores distintos, que podemos denominar para nuestra comodidad ibérico y turdetano. El límite, según los griegos, que tomaban también noticias púnicas, se encontraba no lejos del mar Menor, en Mastia tartessia. No se nos pida demasiada precisión. Desde la costa hacia el interior, el avance de la metalurgia se sigue bastante bien en los yacimientos, aunque no es fácil diferenciar las rutas. Las necrópolis ibéricas, aunque tardías, nos revelan la gran capacidad que tenían para asimilar las influencias mediterráneas, incluyendo las formas artísticas. También demuestran la opulencia que algunos de sus establecimientos llegaron a alcanzar.

Mientras tanto, otros inmigrantes llegaban desde el lejano norte: los celtas indoeuropeos. Los arqueólogos nos invitan a considerar dos etapas, que se distinguen sobre todo por la forma de sus espadas de hierro, muy largas al principio y más cortas después. Antes del siglo VII a.C. detectamos ya su presencia en la cadena costera catalana por los cementerios de vasijas de barro para encerrar las cenizas de sus muertos. Los celtas eran jinetes y, por tanto, predominantemente ganaderos: avanzaban lentamente, generación tras generación, pues eran los jóvenes quienes estaban obligados a buscar nuevas tierras. También sabían leer y escribir. Al cabo del tiempo dominaron toda la cornisa cantábrica, arrinconando algunas tribus especialmente retrasadas, gasconas, que han dado origen tanto a Vasconia como a Gascuña; aquí se conservaron unas pocas raíces y muchas formas desinenciales pre-indoeuropeas. Es preciso prestar atención a un resultado al que llegan los filólogos: sólo el 20 % de las palabras euskéricas tienen origen primigenio; las demás proceden del latín y de otras lenguas romances.

Los íberos, que ascendían desde la costa, y los celtas que poblaban la meseta, acabaron por encontrarse en una amplia zona del alto Duero y del Jalón, mezclando su sangre. Los romanos se refieren a Celtiberia como a una tierra áspera y dura, de terribles inviernos, que aún asustaban a Antonio Machado; en consonancia con ella, sus moradores fueron capaces de extremar una resistencia hasta la muerte.

España, como América, fue descubierta: esta circunstancia trastornó su existencia, incorporándola a las corrientes de la más elevada cultura. Sucedió que el estaño, la plata y el cobre permitieron la constitución, al oeste del estrecho de Gibraltar, de una entidad política que los griegos llamaron Tartessos; un eco de la misma llega, a través de fuentes fenicias, hasta la Biblia. Era lógico que los navegantes mediterráneos se esforzaran en alcanzar esa meta. Primero llegaron los fenicios que establecieron una fortaleza, Agadir, de la que procede el nombre de Cádiz, cuando este lugar era verdaderamente una isla. Seguimos discutiendo la antigüedad que debe reconocérsele, pero la única seguridad que en este punto podemos ofrecer es que la factoría existía ya en el siglo VII a.C. Los fenicios no se sentían en condiciones de establecer un dominio; se limitaron a la búsqueda de puntos de apoyo para su comercio.

La prosperidad de ese comercio reclamaba el establecimiento de un monopolio. A mediados del siglo VII a.C., según datos que proporciona Heródoto, un marino de Samos llamado Kolaios llegó a la capital tartéssica, y describió por los mentideros del Egeo sus contactos con un rey tan rico que merecía ser llamado Arganthonios, el «hombre de la plata». La ruptura del monopolio constituyó una amenaza para los intereses púnicos. Los griegos no pretendían establecer simples factorías, sino verdaderas *polis* que fuesen como una reproducción, a distancia, de aquella misma de donde procedían. De ahí una inconsciente generosidad: cada colonia era foco de helenismo.

Una de las ciudades fenicias del norte de África, Cartago, tomó la decisión de defender el monopolio convirtiendo a la vez el sistema de factorías en un verdadero imperio. Sus guerras con los griegos fueron duras, aunque carecemos de bastantes detalles acerca de las mismas; en el curso de ellas, también la estructura política de Tartessos quedó destruida. El resultado de los formidables choques fue un empate, con división del espacio; Turdetania quedó para los cartagineses, mientras que los griegos pudieron instalarse en ciertos puntos de la costa derramando su influencia sobre Iberia; Mastia Tartessia se menciona documentalmente como frontera entre ambas zonas. Ninguno de los formidables adversarios proyectó nunca crear un fuerte Estado territorial: la organización tribal de íberos y celtas seguía sobreviviendo.

Cuando Cartago se enfrentó con Roma que, habiendo unificado Italia, asumía la defensa de los intereses de los griegos en el Tirreno, y fue expulsada de Sicilia (241 a.C.), una familia muy influyente, la de los Bárcidas, Amílcar, Asdrúbal y Aníbal, decidió proceder a la ocupación sistemática de Turdetania y extender su dominio hacia el interior y hacia las ciudades ibéricas, a fin de obtener los recursos y soldados que juzgaba indispensables para afrontar el segundo envite, que consideraba inevitable. Aníbal es considerado como el mejor estratega que haya existido, hasta hoy, pero su ejército colonial no se hallaba en condiciones de superar el fuerte espíritu patriótico de los romanos ni la fuerza que a éstos procuraba su organización social profundamente jerarquizada.

Aníbal llevó la guerra a Italia: sólo la capitulación de Roma podía asegurarle la victoria. Roma respondió con una decisión: enviar sus legiones a la Península para privar al genial cartaginés de su base de aprovisionamiento. Entre los años 210 y 206 a.c. el imperio cartaginés en España desapareció. El Senado y el pueblo romanos (S.P.Q.R.) se encontraron dueños, como botín de guerra, de todo el andén litoral desde Huelva al golfo de Rosas, importante aprovisionador de materias primas para el comercio mediterráneo. Lo llamaron Hispania, aunque no sabemos las razones, y conservaron su tradicional división: así pues, Iberia se convirtió en Hispania citerior —es decir, más próxima, y Turdetania en Hispania ulterior, esto es, más lejana—.

En estos momentos los gobernantes romanos no tenían ninguna idea de esa unidad geográfica que constituye la Península. Ellos la descubrieron y la conformaron en el curso de doscientos años. Al principio Hispania era, como África, solamente una costa, el andén más occidental del Mediterráneo. Decidieron convertirla en provincia, un término que jurídicamente significa sujeto o dominado, y aplicaron su capacidad descollante de organizadores. La agricultura y la pesca superaron los recursos de la metalurgia, aunque nunca se dejó de tener en cuenta la importancia de los yacimientos mineros. Las ciudades costeras se desarrollaron y contagiaron su prosperidad a zonas del interior, más allá de las cuales los pueblos primitivos, celtíberos o lusitanos, sentían la tentación de enriquecerse por el procedimiento del saqueo. Los gobernadores enviados desde Roma, que también necesitaban el botín y el prestigio que proporcionan las victorias, replicaron con operaciones de castigo que les llevaban cada vez más lejos, y fueron descubriendo el valor que podían tener esas extensas regiones si se las sometía. Pasados cincuenta años desde la creación de las provincias, éstas se vieron obligadas a afrontar dos grandes guerras, ásperas, difíciles y sangrientas, pero que terminaron con la victoria de Roma: Celtiberia sucumbió definitivamente el 153 a.C. con el incendio de Numancia; Lusitania se sometió después de que un legendario caudillo, Viriato, fuera asesinado (157 a.C.). Durante otros cien años Roma tuvo que continuar las operaciones militares, pues la dureza del suelo y la ausencia de estructuras políticas obligaba a conquistar metro a metro. Hispania era un buen banco de prueba para gobernadores y generales. Pompeyo, Metelo y César pasaron por aquí, dejando sus nombres como recuerdo: Pamplona, Zaragoza, Medellín. Las últimas guerras fueron libradas en tiempos de Octavio; cuando los romanos establecieron sus posiciones armadas a la orilla del Cantábrico, el emperador ordenó que se cerrara el templo de Jano (19 a.C.) como si fuera el final de todas las guerras. En España fue utilizada hasta finales del siglo XIV una Era hispánica relacionada en cierto modo con la presencia de Augusto, que se inicia 38 años antes del cómputo de la Era cristiana.

Por primera vez la Península era contemplada como un espacio homogéneo, formando parte de la gran estructura política del Imperio romano. Éste lo dividió en tres provincias, Tarraconense, Bética y Lusitania. Las dos primeras sucedían a las antiguas Citerior y Ulterior muy ampliadas; la tercera abarcaba los territorios ulteriormente conquistados. Se declaró desde el primer momento que Tarraconense y Bética estaban absolutamente pacificadas. Se abrieron vías para la comunicación, aunque una gran parte de su trazado servía sólo para animales o peatones: las huellas de las mismas son visibles aún en muchos lugares. Ellas y las ciudades, que a veces recogían el nombre de la tribu en cuyo territorio se enclavaban, fueron vehículos principales de la romanización.

Llamamos romanización a un vasto proceso mediante el cual la población hispana, sometida a fuerte mestizaje, fue atraída al modo de vida propio de Roma: la lengua fue el latín, el Derecho se apoyó en la noción del *ius* y hasta los antiguos dioses fueron olvidados. Lo que Roma traía consigo era ya una síntesis prodigiosa, lograda mediante la asimilación del helenismo y de las otras culturas mediterráneas. Como en la antigua promesa que Virgilio recoge —«tu regere imperio populos», «haec tibi erunt artes»—, Roma poseyó como ningún otro pueblo la capacidad para gobernar: convencía ante todo a los dominados, incluso a los esclavos, de que su condición social no era irreversible, sino que con trabajo, obediencia y cooperación también ellos ascendían en la escala. Había medios, como el servicio militar, que permitían a los indígenas acceder al *ius civilis*, el pleno derecho de ciudadanía.

Los núcleos urbanos eran primeros protagonistas: en los puntos estratégicos se establecían *coloniae civium romanorum* en que se establecían ciudadanos de pleno derecho, normalmente soldados que recibían un lote de tierra como recompensa por sus largos y duros años de servicio. Los habitantes de dichas localidades intentaban reproducir la imagen de Roma o de alguna de las ciudades italianas de donde procedían: templos, teatro, escuelas, gimnasios y el foro, que atraía con sus actividades mercantiles a la gente del exterior. Los otros núcleos, aquellos que carecían de ciudadanos de pleno derecho, tendían, lógicamente, a imitarlas porque descubrían en ellas el modelo superior. Así se generó el deseo vehemente, en los provinciales, de adquirir los recursos humanos, administrativos y culturales que poseían las ciudades romanas. Los emperadores, desde Augusto, cultivaron y fomentaron esta tendencia, aunque con cierta lentitud para que no se perdiese nunca la conciencia de que era algo que se lograba por méritos, y que significaba, en cualquier caso, un progreso. A principios del siglo III d.C. la evolución había concluido: todos los españoles disfrutaban ya del pleno derecho de los *cives romani*.

Esta igualdad jurídica no significaba, en modo alguno, equiparación social: en primer término porque en Roma, como en todas las culturas precristianas y, después, en las que no aceptaron el cristianismo, se establecía una distinción sustancial entre trabajos «liberales» y «serviles». La esclavitud, en sus diversas formas, se consideraba como factor indispensable del orden social. En España, que no tenía más de cinco millones de habitantes —algunos investigadores rebajan incluso esta cifra—, los esclavos constituían un sector social muy nutrido. Ahora bien: como antes notamos, la condición de esclavo en el uso romano era modificable; de hecho, eran muchos los esclavos que se redimían pasando a la condición de libertos. No perdían los vínculos con sus antiguos patronos pero recibían el *ius* y cobraban libertad personal. El advenimiento de la *pax romana* y el cierre de las conquistas acabaron provocando falta de aprovisionamiento en los mercados de esclavos. Con el tiempo surgiría un problema muy serio.

Ahora que toda la población libre poseía el *ius*, y que los esclavos estaban perdiendo significación cuantitativa, las diferencias se trasladaron a los aspectos económicos y a las relaciones de linaje. Las fuentes nos indican la nueva distinción entre *potentiores* (literalmente los más poderosos) que eran senadores, caballeros, decuriones y propietarios, en suma lo que podríamos calificar de una burguesía ciudadana, y *humiliores* (los inferiores), que proporcionaban especialmente la mano de obra, trabajando por cuenta propia o ajena según los casos.

Todas las lenguas que se hablan hoy en la Península, sometidas a manipulaciones intensas para alejarlas de su origen común, proceden del latín; hay que incluir en esta afirmación también el vasco, cuyas raíces, euskerizadas, son en la inmensa mayoría de los casos latinas. Como una lengua implica también un modo de pensar y un sistema semiológico, se debe afirmar por tanto que las vetas latinas conforman las primeras raíces de España. Lo mismo sucede con el Derecho, que procede, en todos los casos, de la adaptación que los visigodos hicieron de la *lex* romana, y con la organización municipal, que fue la primera forma de comunidad.

Roma dividió el territorio peninsular en pequeñas circunscripciones, que recibieron el nombre de *civitates* con independencia de que hubiera o no núcleos urbanos importantes. Correspondían a las antiguas tribus y poseían unidad preexistente. Cada una disponía de un órgano para la administración de justicia, el *conventus publicus vicinorum*, que gozaba de condiciones adecuadas de publicidad para que pudieran evitarse querellas o venganzas privadas. Fueron los *conventi* las primeras asambleas territoriales. También se estableció por primera vez un sistema de enseñanza. Fue así como Hispania apareció como forma de comunidad definida, teniendo conciencia de que lo era. Comunidad, entiéndase bien, dentro de un mundo mediterráneo que durante siglos se consideró superior, en posesión de una forma de vida digna de hombres, fuera de la cual sólo podían encontrarse «bárbaros».

La agricultura, desbordando a la ganadería —que siguió siendo una actividad importante—, experimentó un fuerte crecimiento: se pusieron en cultivo amplias zonas hasta entonces incultas. Hubo que vencer a los bosques, tan extensos, que según la fantasía de Estrabón, un mono, saltando de rama en rama, podía viajar desde las Columnas de Hércules hasta el Pirineo. Se tendía a la especialización en aquellos productos —como aceite, higos, lino y esparto—, que se exportaban a Roma: en la capital del Imperio existe un montículo, *testaccio*, que está formado por las ánforas en que viajaba el aceite; hoy constituye casi un archivo de datos económicos. La minería, trabajada a fondo, no consiguió nunca superar los métodos rudimentarios y peligrosos. La industria, en cambio, fue apenas artesanía doméstica.

Rememorando ahora lo que hace más de un siglo escribiera Menéndez y Pelayo, debe establecerse la conclusión de que España es un producto romano: pero el Imperio proporcionó todas las estructuras institucionales, aquellas que aseguraban al cuerpo de la comunidad posibilidades de existencia. Faltaba el alma: ésa vino a proporcionarla el cristianismo.

Capítulo 3

LUMEN CHRISTI

El cristianismo es un factor decisivo en la conformación de la «hispanidad». No cabe duda de que se trata de un fenómeno tardío: de la leyenda medieval acerca de Jacobo, hermano de Juan, no vale la pena ocuparse; hay un testimonio del año 96 d.C. —epístola de San Clemente— que parece confirmar la realidad del viaje de san Pablo pero, en todo caso, sin dejar huellas. La tradición de los «siete varones apostólicos» que vinieron de Roma, Torcuato, Segundo, Indalecio, Tesifonte, Eufrasio, Cecilio y Hesiquio, probablemente nos está revelando un dato histórico: que la semilla del Evangelio vino por el camino de los mercaderes y echó raíces en ese ángulo del sudeste que forman Almería, Cartagena y Granada. Los únicos datos precisos se refieren a los años 180 y 202, cuando el cristianismo era conocido en la mayor parte de la Península: hay obispos en Asturia Augusta (Astorga) y Emerita Augusta (Mérida), en la segunda mitad del siglo III y durante la persecución de Valeriano se menciona el primero de los mártires, san Fructuoso, que era de Tarragona. Los edictos de Galieno y de Diocleciano causarían numerosas víctimas. Conviene no exagerar: hay que contar los muertos por decenas; los millares se reservaron para el siglo XX.

Una batalla profunda, a veces sorda, a veces con alaridos estruendosos, sacudía el Imperio: de ella formaba parte la persecución. La profunda crisis —económica y de valores morales— hizo mella en las instituciones, revelando una incapacidad en la defensa frente a los bárbaros. Roma estaba siendo derrotada en Oriente por los persas, lo que la obligaba a desplazar allí sus mejores tropas, y debilitaba en cambio su cobertura en la frontera germánica. A veces esta frontera se rompía: en dos ocasiones, los años 260 y 270, la Península fue alcanzada por esa confederación de tribus que llamamos «francos» y sufrió, según testimonios arqueológicos indudables, profundos daños. La terrible situación aconsejaba un proceso revolucionario de grandes proporciones que acometieron los emperadores militares que llamamos ilirios. Esta revolución, que condujo a una forma extrema de totalitarismo, establecía condiciones que rompían con la noción del *ius* y de la *res publica*, especialmente en dos aspectos:

— La sacralización del poder imperial. El emperador, «dominus et deus», se integraba en la esfera de lo divino: de él dependía la felicidad de los súbditos; no podían esperar otra distinta.
— La asignación a los ciudadanos de un deber absoluto: defensa y conservación del Imperio. Se invirtieron los términos. Por ejemplo: los impuestos dejaron de ser fuentes legales de rentas cuya administración correspondía al Estado y se convirtieron en obligaciones imperativas. Cada cuatro años el Estado calculaba lo que necesitaba gastar y repartía la cifra entre los habitantes que, de este modo, pasaron a ser siervos públicos; para evitar quebrantos, se sujetó a cada hombre a su oficio, desde el que se obligaba a tributar.

Naturalmente, en tales condiciones era imposible conservar el viejo patriotismo. Nacieron formas de supervivencia, entre ellas la de «encomendarse» a la protección del poderoso propietario de la comarca, renunciando a parte de la libertad, *ius*, conseguida, a cambio de una seguridad frente al hambre, frente al fisco, frente a los ladrones. Decayeron las ciudades, asiento de administración imperial, y se reforzaron en cambio las grandes fincas o *villae*. El cristianismo defendía la radical libertad del ser humano —libre albedrío—, pero no ponía obstáculos a esa renovada servidumbre que afectaba únicamente a los aspectos económicos y laborales. Prácticamente la esclavitud desapareció —nunca faltaron algunos esclavos— porque carecía de función en aquella nueva sociedad; pero se universalizó la servidumbre. Los campesinos que trabajaban la tierra permanecían unidos a ella sin poder abandonarla, sin poder ser tampoco privados de ella.

La tierra lo era todo. El horizonte se empequeñecía. El Imperio, incapaz de sostener su unidad, reconoció la existencia de doce entidades autónomas, una de las cuales, Hispania, estaba formada por siete provincias: Tarraconense, Bética, Cartaginense, Lusitania, Galaecia, Balearica y Tingitania. Lo que quedaba de patriotismo se dirigió hacia Hispania, no hacia Roma. Comenzó a formarse lentamente una conciencia que, sin la menor duda, conducía a la separación. No fueron los bárbaros quienes destruyeron el Imperio: se instalaron en un espacio que estaba roto de antemano.

Constantino tuvo una visión genial, muy certera: en lugar de apoyarse para la sacralidad del Imperio en el sincretismo abstracto y en gran medida intelectual, como hicieran sus antecesores, buscó el respaldo de la Iglesia cristiana. En pocos años el cristianismo, sin dejar de ser aún una minoría, pasó a ser la forma religiosa dominante: el Estado no renunció a la sacralidad, simplemente cambió de signo, pero afirmó que el *basileus*, nuevo nombre extraído de la tradición helénica, nacía en un «sagrado cubículo», vivía en el «sagrado palacio» y hasta disponía de una Hacienda con todas las condiciones de la sacralidad. La revolución se consumaba en un término de llegada: el poder no es un derecho que se ejerce, sino un deber que Dios impone a quienes ha elegido desde la cuna; del cumplimiento de ese deber dependería el grado de santidad que podrían alcanzar en la otra vida.

La Iglesia hizo el recuento de los daños sufridos y comenzó a prepararse para la siguiente etapa, de penetración cristiana en la sociedad. A principios del siglo IV se celebró en Iliberris el primer sínodo español de que tengamos noticia; estuvieron presentes en él 37 obispos. Se consolidaba de este modo un órgano colectivo de la Iglesia hispana. Además, se tomaron medidas para garantizar que los cristianos no iban a ser desviados de su fe por el contacto con paganos o judíos. Las precauciones no eran ociosas. En todo el Mediterráneo la Iglesia estaba siendo sacudida por querellas, controversias e incluso luchas, que eran una consecuencia del reajuste inevitable en el momento de situar al cristianismo en el ámbito de una cultura racional milenaria.

Hispania tuvo también su hereje nacional, Prisciliano, que comenzó su predicación hacia el año 370 en Mérida y sus inmediaciones. Se conoce muy mal su doctrina: en épocas próximas a nosotros se le ha considerado como una especie de víctima inicial del oscurantismo que amenazaba a la Iglesia católica. No se trata ahora de pronunciarse acerca de la justicia o injusticia de unos actos en que estuvieron mezclados intereses políticos. Por lo que sus adversarios dijeron, el priscilianismo, relacionado aunque indirectamente con el gran movimiento novaciano tan difundido en el norte de África, pretendía dividir a los seres humanos en dos categorías, la minoritaria de elegidos y la mayoritaria de pecadores. El rigor extremo con que los elegidos debían vivir permitía indirectamente la lasitud de los demás. Tras la muerte de Prisciliano, ordenada por un tribunal civil, y el destierro de otros dos obispos que le respaldaban, Hidacio de Mérida e Itacio de Ossonoba, la querella se amplió, generándose una secta que permanecería casi dos siglos en escena. Se trataba de una cuestión muy importante: el papel de las acciones humanas en orden a la consecución de méritos para la eterna salvación.

El priscilianismo se extinguió y la Iglesia, en España, permaneció en comunión íntima con la de Roma, sin que alcanzaran a romper esta vinculación los terribles acontecimientos que sobrevinieron. Mientras tanto, y gracias al cristianismo, se producía la primera floración literaria hispánica. Se trata, especialmente, de dos autores, Aurelio Prudencio Clemente y Orosio, el discípulo y amigo de san Agustín. El primero, en su *Peristephanon*, atribuye a los mártires españoles un papel esencial: Hispania es, ya, una de las ramas fecundas de cristiandad, por méritos propios y la sangre de los que dieran en ella su vida por Cristo actúa como germinación de un nuevo árbol de la fe. El segundo nos ofrece una interpretación providencialista de la Historia. Quienes entonces se quejaban de vivir tiempos calamitosos olvidaban que todos los tiempos resultan desfavorables para alguien y felices para otros: pero ambos términos cambian cuando se eleva la vista y se traspasa el horizonte de perspectivas puramente humanas. Dios sabe muy bien cuál es la meta y se vale incluso de aquellas que los hombres llamamos desgracias para construir lo que verdaderamente importa, el Reino, la nueva dimensión espiritual.

Pocas noticias llegaron a la Península de aquel suceso que trastornaba las Galias: en la noche terriblemente fría del 31 de diciembre del año que se extinguía, 406, vándalos, suevos y algunas tribus de alanos, a quienes pusiera en movimiento una vasta conmoción que sacudía las inmensas estepas, cruzaron el Rhin que soportaba, con la gruesa capa de hielo, el peso de sus caballos herrados. Luego, en el otoño del 409, cuando aún las nieves no se habían instalado en el Pirineo, cruzaron los pasos de la cordillera y entraron en España. Parecía el fin. Meses más tarde llegó la noticia, por el camino marítimo de siempre, de que los visigodos habían saqueado Roma. Esta vez los gansos del Capitolio no habían estado allí para salvarla. Ahora esos nuevos bárbaros estaban también en camino hacia España.

Los visigodos no eran como aquellos salvajes de ojos rasgados: hacía muchos años que vivían en suelo romano y no desconocían el cristianismo. Uno de los suyos, Wölflin (Ulfilas), había llegado al episcopado, aunque dentro de la dirección herética del arrianismo. De este modo, sus reyes, que eran más jefes militares *(könig)* que soberanos políticos *(basileus)* tenían un proyecto de largo alcance: apuntalar la estructura administrativa del imperio —que reconocían como muy superior— convirtiéndose, a su vez, en las fuerzas armadas de ese mismo Imperio que había perdido sus legiones. Tras varios intentos que no viene al caso describir, el año 418 se llegó a un acuerdo entre Constancio, colega de Honorio, y Walia: era bastante simple. Los visigodos se encargarían de limpiar de bárbaros la Península y, como remuneración permanente para servicios presentes y futuros, recibirían tierras de acuerdo con la ley romana conocida como *de hospitalitate*. Algunos siglos después, durante la reconquista, el pacto del 418 fue interpretado de muy distinta manera, como si en aquel instante se hubiera transmitido la soberanía desde Roma a los visigodos, que pasaban a gobernar Hispania. Esa legitimidad, transmitiéndose a través de los siglos, acababa por encarnarse en la Monarquía hispana.

De hecho, Walia fracasó en su intento, y sus sucesores inmediatos, especialmente Eurico, parecieron decididos a marginar la Península para ocuparse de las Galias hasta el Loire. Los alanos se disolvieron entre los otros pueblos y los vándalos emigraron al norte de África, donde se les ofrecían mejores perspectivas; pero los suevos consiguieron establecerse en Galaecia y Lusitania, fundando lo que verdaderamente constituía un reino. Sólo después de que los francos derrotaran a los visigodos en Vogladium, el 509, pensaron éstos —que apenas conservaban un retazo de las Galias, en la Narbonense— cumplir en nombre propio el antiguo designio. En este momento el proceso de romanización era ya definitivo: incluso poseían un Código, escrito en latín, copiado del Teodosiano que regía en el Imperio, para ofrecerlo a la población hispanorromana que se proponían administrar.

En su proyecto, los visigodos no encontraron únicamente la enemiga de los suevos: a mediados del siglo VI, formando parte del proyecto de Justiniano de recuperación del Mediterráneo, tropas bizantinas desembarcaron en la Península y crearon una especie de andén litoral bajo su dominio. Este hecho desató una polémica: ¿debían considerarse los recién llegados como portadores de la legitimidad? Muchos «hispani», según parece, tomaron la misma actitud que la familia de san Isidoro: se alejaron del territorio ocupado por los bizantinos reconociendo en el monarca visigodo su señor natural. La polémica debió ser más aguda de lo que permiten reconocer las escasas fuentes. Antes de que concluyera el siglo, un monje de estirpe goda que había vivido en Bizancio escribió una *Crónica* en la que exaltaba, sin rebozo, a Leovigildo como un restaurador de esa Hispania quebrantada como consecuencia de la migración de los germanos.

Dos comunidades quedaban ahora frente a frente, separadas por razones jurídicas y religiosas: los visigodos, segregados antes por los romanos, tendían a hacer ahora de dicha segregación un elemento permanente de superioridad; eran el sector dominante y se regían por la vieja costumbre oral; al mismo tiempo defendían el arrianismo como signo de identidad. Los «hispani», de cultura latina, absolutamente identificados con la herencia de Roma, tenían superioridad numérica y, en la Iglesia católica, un poderoso instrumento de organización. Cuando Leovigildo, renovando antiguos proyectos, llevó a cabo una primera *restauratio Hispaniae* adoptando incluso el vestido romano y disponiendo la primera acuñación de monedas de oro, signo de soberanía, tuvo que enfrentarse con el grave problema que significaba la separación. Muchos, incluso en la familia real, identificaban catolicismo y romanidad: así lo afirmaba San Martín de Braga en sus obras, *De correctium rusticorum* y *Formula vitae honestae*; parecía que toda la filosofía clásica era apenas una preparación para el cristianismo. No pensaba de otro modo Leovigildo cuando declaraba, en el año 580, que tan correcta era la doctrina católica como la arriana en lo que se refería a la naturaleza de Cristo; pero invitaba a los católicos a «desromanizarse», pasando a la Iglesia arriana que se erigía, de este modo, en Iglesia nacional.

Entonces estalló el drama. Atanagildo había casado a sus hijas con terribles reyes francos, Chilperico, que asesinó a la que le había tocado en suerte, Geleswintha, inducido por su amante, y Sigerico, cuya esposa, luego viuda, Brunhilde, inspiró la imagen de una especie de demonio de la venganza en la *Canción de los Nibelungos*. Y ahora una hija de Brunhilde, llamada Ingundis, por razones políticas, retornaba a la Corte de Toledo para casarse con su primo, Hermenegildo. La muchacha era católica y había sido fuertemente educada como tal en las brumosas tierras de Austrasia. Aún vivía en la corte la viuda de Atanagildo, Goswintha, que acogió a quien, en definitiva, era su nieta, con el firme propósito de hacerla tornar a la vieja tradición de los godos. La princesa se negó en redondo y consiguió que su marido abandonara el arrianismo; como signo de cambio, él renunció también a su nombre y comenzó a llamarse Juan. Fue un terrible drama: Hermenegildo se sublevó y fue ejecutado; Ingundis huyó a Constantinopla pero murió antes de alcanzar la capital del Imperio. Leovigildo suprimió el reino de los suevos y falleció (586) con la sensación de que había conducido a los suyos a un doloroso fracaso.

Nuevo Constantino, Recaredo adoptó la postura contraria: si el catolicismo era más fuerte y la nueva Hispania pretendía ser, como Juan de Bíclara proclamaba, la heredera del Imperio en Occidente, ¿no resultaba más lógico incorporar el catolicismo a la Monarquía, gotizándolo, como se estaba haciendo con toda la administración? Un solo pueblo, una sola ley, una sola Iglesia, tal fue la fórmula inspiradora del Concilio de Toledo del 589, que los católicos llamaron III pero que, en el fondo, inauguraba una etapa nueva: la Monarquía, asentada ya en la ciudad del Tajo, iba a servirse de las Asambleas eclesiásticas como de un gran órgano unificador de legislación. Los godos comenzaron a instalarse en las sedes episcopales católicas. Hubo alguna resistencia arriana, pero fue fácilmente vencida. También los «hispani» se sintieron favorecidos: detectamos su presencia, aunque en número reducido, en los grandes centros de decisión política y en el Ejército.

Una comparación entre los posibles centros de poder, Constantinopla, Roma, París y Toledo, resultaba extraordinariamente favorable al tercero en los comienzos del siglo VII. Los merovingios se desgarraban, como en retorno a la barbarie. Ninguna monarquía había conseguido cuajar en Italia, Bizancio se debatía frente a enemigos que acabarían reduciéndola al espacio griego, mientras que los monarcas godos, restaurado el *Officium palatinum*, estaban consiguiendo reanudar la vieja tradición legisladora romana —el *Codex* de Rescesvinto— volcándola, además, en los cauces que señalaba la ética cristiana. No es extraña la exaltación de los cronistas que auguraban a la Monarquía hispana un brillante porvenir.

Las grandes figuras del siglo VII no fueron los reyes, sino los doctos eclesiásticos. En general, los monarcas godos lo hacían bastante mal: alguien, con evidente exageración, ha podido definir su régimen como una tiranía moderada por el asesinato. Pero en cambio los sabios, comenzando por esos tres prodigiosos hermanos, Fulgencio, Leandro e Isidoro, fueron auténticos creadores de «europeidad». San Isidoro es verdaderamente un genio de la síntesis, precisamente la tarea que resultaba entonces más necesaria. Mientras que san Leandro se ocupaba de enseñar cómo se vive el cristianismo —*Libro de la institución las vírgenes y del desprecio del mundo*—, su hermano exponía la doctrina en sus *Libri sententiarum* y en el *De fidei catholica contra iudaeos*. Sorprendente, por su madurez, fue la exposición que hizo el 619 ante el Sínodo de Sevilla acerca de las dos naturalezas en Cristo: la Iglesia española progresaría luego, en la línea de san Ildefonso de Toledo, en la que podríamos llamar una teología mariana. Pero esto significaba, también, la acentuación del carácter humano de Cristo y, en consecuencia, de la profunda dignidad de la naturaleza humana. San Isidoro compartía con sus contemporáneos la convicción de que el cristianismo necesitaba de una minoría que, separada de los demás, en *completemptus mundi*, viviese la doctrina en plenitud siendo modelo e impulso para los demás.

La contribución isidoriana a la cultura europea ha sido formidable. No se trata de atribuir todo al santo sevillano: él se insertaba en una corriente muy vigorosa en que Casiodoro, Boecio, san Gregorio y, sobre todo el gran san Agustín, ya formaran. Pero en su notable capacidad de síntesis descubrió que el saber se deposita en los libros: una biblioteca es la condición indispensable para el desarrollo de la ciencia. Puso los copistas a trabajar y pudo salvar de este modo muchas de las obras clásicas grecolatinas. Esa ciencia —ahí estaba la novedad— no tenía un fin pragmático ni técnico concretos: tenía que buscar el crecimiento del hombre mediante un conocimiento del universo creado: *De ordine creaturarum*. La realidad debe hacerse comprensible por dos procedimientos muy simples, uno ordenándola como si se descubriera en ella el plan de Dios; otro, penetrando en los nombres de las cosas que permiten identificar su esencia. Así nació el libro de las *Etimologías*. Completando lo que Casiodoro ya sostuviera, dijo que todos los conocimientos humanos pueden compendiarse en siete disciplinas, tres propedéuticas (*trivium*: gramática, retórica y dialéctica) y cuatro de desarrollo (*quatrivium*: aritmética, geometría, astronomía y música).

San Isidoro tuvo conciencia de lo que había sucedido: Hispania estaba ahí, apuntando al futuro: como en otro tiempo diera Dios a Israel una tierra que mana leche y miel, así también al nuevo pueblo de los godos entregaba la Península, descrita en términos de encomio *(laudes Hispaniae)*. La *Crónica* de san Isidoro fue considerada, durante siglos, la explicación histórica indudable.

Conforme maduraba la conciencia de que los «hispani», ahora fundidos con los godos, constituían una comunidad, surgían nuevas cuestiones y dificultades. Esa comunidad, que poseía todo el territorio peninsular sin mengua alguna, se definía a sí misma como comunidad religiosa: el monarca perdía una parte de las prerrogativas que antaño le proporcionara su calidad de caudillo para la guerra, por cuyas venas corría la sangre mágica de los antepasados, y adquiría en cambio deberes morales que le imponía la Iglesia. *Rex eris si recte facias, si non facias non eris*. El carácter electivo de la Monarquía se presentaba ya como una rémora, pese al recurso de limitar la elección a quienes pertenecían a la vieja estirpe de los «baltos»: en la segunda mitad del siglo VII se formaron bandos que prolongaban la división. Cada rey —lo mismo había sucedido en el Imperio romano— pretendía transmitir a sus descendientes la corona; los «magnates», poderosos con sus propiedades, se lo impedían. Nunca pudieron los visigodos dar el paso decisivo hacia la herencia. Cuando se consumó la catástrofe, dos bandos se hallaban enfrentados.

Una comunidad cristiana tiende a eliminar a los disidentes: los Concilios de Toledo, del IV al VIII, asambleas mixtas de carácter religioso y político, al tiempo que trabajaban en un esfuerzo para dotar al reino de buenas leyes y adecuadas instituciones, algo que nunca consiguieron salvo en teoría, tomaban medidas para evitar todo cuanto pudiese recaer en merma de la unidad de fe. De este modo chocaron con los judíos. No eran, probablemente, muy numerosos, aunque sin duda bastante activos. Hacía mucho tiempo que se habían roto los puentes entre Israel y la cristiandad: ahora el judaísmo, al menos desde la segunda decena del siglo VII, fue considerado lisa y llanamente como un mal; los judíos, por tanto, debían bautizarse cuanto antes a fin de integrarlos en la comunidad hispánica. Esta doctrina, a la que prestó asentimiento la Iglesia, fue aplicada por los reyes de una manera drástica que chocaba de frente con la propia doctrina católica, que reclamaba el respeto a su libre voluntad.

Durante el reinado de Ervigio (680-687) en que la reunión de los Concilios se hizo muy frecuente, llegaron a promulgarse leyes atroces: el culto judío quedó suspendido y el bautismo se hizo obligatorio bajo muy graves penas. De este modo se creó un profundo resentimiento. Con toda lógica, los judíos prestaron su concurso a los musulmanes cuando éstos invadieron la Península.

Capítulo 4

LA «PÉRDIDA» DE ESPAÑA

La plenitud de la Monarquía visigoda, en la primera mitad del siglo VII, coincide con la etapa inicial creadora de una cultura peninsular. Añadiendo elementos decorativos muy notables a la técnica romana se erigieron monumentos como Santa Comba de Bande, San Pedro de la Nave y sobre todo San Juan de Baños, que revelan la potencia de una sociedad. Literatura, pensamiento, poesía latina e incluso música florecieron, pero de ello apenas podemos conocer unas cuantas huellas, como restos de un naufragio que el mar arroja a la playa. Este naufragio no fue producto de un azar; obedece a causas más profundas. Ya hemos dicho que los monarcas visigodos fueron malos gobernantes; tenían además conciencia de que lo eran. De ahí la inclinación a extremar la dureza de las leyes, como si supiesen de antemano que iban a ser desobedecidas. Intentaron por todos los medios detener la ruina del Estado, imponer disciplina y restablecer la vida mercantil. Fracasaron.

El problema fundamental radicaba en la transmisión del poder. Vitalicio y sacralizado, la única posibilidad de que se hiciera con tranquila aceptación radicaba en pasar a la sucesión hereditaria. Chindasvinto, primero, y Wamba después, lo intentaron: pero el resultado de sus proyectos se detuvo en un simple intento y en el enfrentamiento de las dos dinastías en pugna por el poder. Muchos siglos más tarde los cronistas del ciclo de Alfonso III (en torno al año 900) harían alusión a estos sucesos afirmando que por las venas de sus monarcas asturleoneses circulaba «la fiera sangre de Chindasvinto». El año 710 la familia de Wamba, que creía haberse asegurado el trono, fue desplazada por un bando rival que sustituyó a «los hijos de Witiza» por un biznieto de Chindasvinto, llamado Rodrigo.

En aquel momento la onda de expansión musulmana, que se había extendido por el norte de África, había alcanzado la orilla sur del Estrecho de Gibraltar, precisamente un accidente geográfico que rememora el nombre de quien mandaba sus vanguardias, Tariq. No son absolutamente fiables los datos que, revestidos de leyendas, proporcionan nuestros cronistas, pero puede admitirse que los hijos de Witiza solicitaron la cooperación de aquellos árabes y berberiscos que seguían la senda de la guerra santa, para desembarazarse de Rodrigo. Esto sucedió un día del año 711 y en una batalla que se libró en las inmediaciones de la laguna de la Janda. Los musulmanes, ante la contundencia de su victoria, decidieron cambiar sus planes y las órdenes que traían: dieron a los witizanos una indemnización patrimonial muy crecida, pero emprendieron y ejecutaron con facilidad suma la conquista de la Península.

A este luctuoso acontecimiento, un monje de nombre desconocido que vivía hacia el año 754 en las inmediaciones de Córdoba, lo llamó la «pérdida de España». No se refería, desde luego, a la Monarquía visigoda, ya que describía las acciones de los últimos reyes con negras tintas. Moralmente Rodrigo —aquí se inserta la leyenda del estupro con la hija del conde Julián—, los hijos de Witiza y los otros traidores, habían sufrido el castigo que merecían por sus pecados, y esta conciencia se mantuvo durante siglos. Lo que el autor de la *Continuatio hispana* —era, de forma deliberada, un continuador del *Cronicon* de san Isidoro— pretendía decir guardaba referencia con el cristianismo y la esencialidad de España. Por eso mostraba verdadero entusiasmo cuando anotaba la victoria que los «europenses» de Carlos Martel acababan de conseguir sobre los sarracenos. Comenzaba ya entonces, transcurrido medio siglo desde la derrota del Guadalete, a forjarse otra conciencia: los montañeses que mantenían su desobediencia en diversos lugares del norte eran representación de la verdadera Hispania.

Un pequeño episodio acaecido en Covadonga, probablemente en el 722, fue luego magnificado hasta presentarlo como la gran batalla que inició la Reconquista. También fue rodeado de caracteres religiosos: la Virgen María manifestaba su poder en favor de los nuevos y virtuosos combatientes de la fe. Desde entonces hasta 1492 se admitió la existencia de un proceso único que llevó a la recuperación del territorio y a la supresión del Islam. Aunque los historiadores no pueden admitir esta explicación simplista, no cabe duda de que ayudó a conformar una conciencia histórica perfectamente definida.

Aunque resulte extraño, es un hecho que los musulmanes nunca se propusieron la ocupación de toda la Península: probablemente ni siquiera tenían conciencia de esta forma geográfica y de las obligaciones que puede imponer. Lo mismo que los romanos en los dos primeros siglos de su presencia en España, partían de una mentalidad mediterránea y contemplaban un vasto litoral al que asignaban una extensa franja de tierra interior, paralela a la costa. Aquí se daban los cultivos familiares: el olivo y el naranjo, con los ríos susceptibles de regar huertas mediante norias. Hubo un tiempo en que pensaron instalar ganaderos berberiscos en las ásperas y boscosas tierras de la meseta, pero cuando éstos se sublevaron, no volvieron a intentarlo. Así pues, desde mediados del siglo VIII quedó estabilizada una frontera que empezaba en el Mondego, empleaba como divisoria el sistema Central, protegía la cuenca del Jalón y ascendía después hacia el Pirineo oriental plantando en Alquézar, Roda y Ager sus fortalezas avanzadas.

Al otro lado de la línea quedaba una tierra de nadie. Uno de los caudillos, de nombre Alfonso, que sucedieron a Pelayo —el vencedor de Covadonga—, pudo entonces acoger a muchos de estos habitantes de la meseta, reforzando con ellos la densidad demográfica de aquellos valles que, de Galicia a Guipúzcoa, habían rehuido el dominio musulmán e iban pronto a demostrar su capacidad para rechazar sus incursiones. Nació así una cristiandad que, al principio, ni siquiera se atrevía a invocar el nombre de España: un espacio que era tan solo andén litoral con Álava, Vizcaya, Cantabria, Asturias y Galicia. Tendría que pasar mucho tiempo antes de que Alfonso II se decidiera a restaurar el «orden palatino» en un emplazamiento nuevo, Oviedo. Hasta el siglo XI la expansión de esa Monarquía asturiana se haría bajo la forma de una colonización sistemática de la tierra que los musulmanes dejaran sin dueño.

No es posible considerar la Reconquista como una demostración de fuerza militar superior por parte de los monarcas cristianos. Fue resultado de un fracaso político experimentado por los musulmanes que nunca fueron capaces de absorber la «hispanidad» —implantaron un nuevo nombre, «al-Andalus», para el que no se ha conseguido alcanzar ninguna explicación satisfactoria— creando una Monarquía. El rasgo que definía esta comunidad era el Islam y los gobernantes, primero árabes, después africanos, invocaron siempre el origen lejano como indicio de superioridad.

Una de las leyendas más difundidas por ensayistas contemporáneos es aquella que pretende asignar a al-Andalus un espíritu de tolerancia; se intenta, normalmente, contraponerlo al del cristianismo, que buscaba el bautismo de todos. Difícilmente una religión de radical sometimiento a la voluntad de Allah, que inscribe la guerra santa entre sus preceptos, podía llegar a ser tolerante. Los primeros gobernadores musulmanes se encontraron con una situación de hecho: apenas una minoría de sus súbditos era musulmana. Usando el Corán podían definir a las otras comunidades religiosas, judía y cristiana, como «portadoras del Libro Revelado». Además su presencia en la Península y la fácil ocupación del territorio se debía a acuerdos con magnates que se habían mostrado en disidencia con Rodrigo y la monarquía final; esos acuerdos tenían que ser respetados.

Al principio la 'umma, o comunidad, estaba formada únicamente por árabes y berberiscos. Los primeros se consideraban superiores a los segundos y así se lo hicieron entender. Cuando los hispanos comenzaron a convertirse, buscando vías para estrechamiento del parentesco, fueron recluidos también en una especie de segundo escalón, como *muladíes*. El resto de la población, considerada *mozárabe*, sujeta a impuestos territoriales y de capitación muy gravosos, permanecía, como su nombre indica, «junto a los árabes», naturalmente en espera de que, contemplando a sus vecinos, reconociesen finalmente su error y pronunciasen la profesión de fe («no hay más Dios que Allah y Mohammed es el Profeta de Allah»).

Ni siquiera los árabes fueron capaces de mantener su unidad: viajaban con ellos las vetustas querellas tribales de cuyo origen nadie se acordaba, porque eran motivos como el agua de un pozo o la sombra de una palmera, que carecían de significado en este mundo urbano y próspero. Sin embargo, el odio de yemeníes contra qaisíes, renovado con la sistemática tozudez de las venganzas de sangre, reapareció en España causando perturbaciones a las que no tardaron en sumarse los muladíes.

Como un medio para acabar con sus rivales, los qaysíes favorecieron un proyecto: acoger en España al último superviviente de la tribu de Quraysh, la del Profeta, un joven omeya llamado 'Abd al-Rahmān, y entregarle el poder con la legítima soberanía. Esto sucedía el año 755, demasiado tarde para que el poder musulmán pudiera impedir la existencia de los pequeños principados del norte, que estaban dando signos de incipiente agresividad. De modo que cuando el 'amir pudo restablecer el orden, tuvo que conformarse con la consolidación y fortalecimiento de la frontera, sin pretender modificarla.

La dinastía Omeya gobernó en al-Andalus durante dos siglos y medio, entre mediados del VIII y principios del XI. Los objetivos propuestos no aparecen bien definidos: durante algún tiempo hubo la impresión de que se trataba de acaudillar un movimiento de retorno al predominio árabe y sunnita frente a los Abbasidas, instalados en Bagdad y contemplados como usurpadores; de ahí que los príncipes tomaran el título de 'amires, respetando la unidad del califato. Pero desde mediados del siglo IX la meta se fue dibujando hacia la creación de un Estado islámico autosuficiente, ampliado también al litoral inmediato norteafricano. El año 929, imitando la conducta de los fatimitas, 'Abd al-Rahmān III se proclamó a sí mismo Califa, esto es, lugarteniente del Enviado de Dios, sumando las dos autoridades, religiosa y temporal. Tres fueron los califas omeyas en España: el ya mencionado, su hijo al-Haqām y su nieto Hisham. No faltaron pretendientes posteriores que reclamaron el título, pero nunca fueron reconocidos.

'Amir es esencialmente una jerarquía militar aunque, como sucedía en el Imperio bizantino, permitiese a sus titulares desempeñar los poderes civiles. La instauración de los Omeyas obedecía, ante todo, a la necesidad de acabar con las querellas tribales y también entre berberiscos, árabes y muladíes. El modo de conseguirlo —se trata de una operación duradera y sumamente costosa— consistió en una igualación de todos los habitantes de al-Andalus en el sometimiento a un poder cada vez más autocrático. Éste se apoyaba en el ejército: las milicias nacidas de las antiguas tribus fueron sustituidas por profesionales reclutados en todos los sectores y también entre los esclavos que la expansión carolingia por tierras eslavas proporcionaba en gran número, y entre los berberiscos del norte de África. El ejército, desvinculado de la población y adicto a sus jefes llegó a convertirse en la segunda mitad del siglo X en la verdadera fuente de poder.

Los dominadores árabes no se dejaron ganar por la herencia hispana. El latín fue sustituido por el árabe y aunque hoy sabemos que la población cristiana seguía usando un subproducto corrompido de esa lengua, ninguna huella de creación literaria ha sobrevivido. Lo mismo sucedía con la moda, los hábitos, la alimentación o la agricultura: éstos experimentaron, lo mismo que el comercio y la artesanía, un gran progreso pero distanciándose de los antiguos modelos que sobrevivían en Europa. La enorme diferencia de nivel económico entre al-Andalus y el ámbito carolingio europeo fue causa de que las relaciones mercantiles, nunca interrumpidas, se redujeran a muy estrechos límites. La economía andalusí se proyectaba hacia el norte de África, hacia la línea que conducía a Oriente o hacia las terminales de las grandes pistas de las caravanas que cruzaban el Sahara. Quedó, por tanto, vinculada al destino de los principados islámicos.

Durante más de un siglo, al-Andalus gozó de gran prosperidad, aunque ésta no conducía a mejoras generalizadas en la sociedad. Hubo progresos muy notables en la arquitectura, como demuestra la mezquita de Córdoba, una de las maravillas del mundo. Las matemáticas, geometría, gramática, poesía y enseñanza se desarrollaron. Al-Andalus actuó como el gran vehículo por donde el saber helenístico pudo circular hacia Europa, dejando profundas huellas. Pero todo el pensamiento quedó sometido al Islam: fue un signo distintivo español que se implantara aquí la escuela llamada malekita (por su fundador el doctor medinés Malek-ben-Anás), la cual, instalada dentro del sunnismo, otorgaba a la tradición el mismo valor que a las suras del Corán, y daba a la razón humana cierto cometido en cuanto al saber y la educación. El sistema de enseñanza era bueno, aunque excesivamente vinculado a la tradición oral de los maestros. Algunas ciudades, especialmente Córdoba, cubierta de monumentos, baños y lugares de esparcimiento, provista de sistemas de iluminación nocturna y de conducción de aguas, causaban asombro en los contados viajeros que a ella llegaban desde Europa.

El malekismo se mostraba riguroso en la defensa de la fe: sólo el Islam permitía a los hombres acceder a Dios. Por consiguiente, el sistema se hizo cada vez más intolerante. El uso de la razón quedaba circunscrito a una mejor explicación de los dogmas y de las normas de vida. De los cristianos se esperaba que, cuanto antes, abandonasen su absurdo «politeísmo». Se pusieron en marcha diversos procedimientos para conseguir esta meta: el halago, la discriminación, las presiones y, sobre todo, los sutiles procedimientos de marginación. Pronto la comunidad mozárabe descubrió que estaba condenada a desaparecer y era cuestión tan sólo de tiempo el que así sucediera.

Esa comunidad mozárabe, educada en el pensamiento isidoriano del que se consideraba fiel custodia, ensayó, desde el 850, una resistencia en dos fases: la primera pasiva, declarando ante jueces musulmanes la verdad de la fe en Cristo —lo que acarreaba la pena de muerte— y la segunda activa, sumándose a las revueltas de muladíes que, a su modo, defendían también la pervivencia de lo hispánico. A la larga estos dos proyectos fracasaron: el de los voluntarios para el martismo porque no eran muy numerosos los fieles dispuestos a esta medida extrema que los obispos también repudiaban, y el de las revueltas porque el nuevo ejército califal resultaba sumamente fuerte. Entonces muchos mozárabes, reconociendo que los principados cristianos del norte pertenecían a su misma estirpe, cruzaron la frontera para establecerse allí.

Las grandes revueltas reclamaron un gran esfuerzo militar: en algunos casos como el de Mérida o el de Toledo pudieron comprobarse ayudas y aliento ofrecidos desde la incipiente monarquía asturiana. El califato descubrió que tenía, más allá de las fronteras, un enemigo preocupante al que había que herir para que no fuera peligroso. Se hicieron nuevas reclutas y fueron asestados tremendos golpes a lo largo del siglo X, pero sin que desapareciese la capacidad de resistencia de los cristianos, un problema que parecía insoluble.

Hubo un hombre, árabe de estirpe y de pensamiento, llamado Abu 'Amir Muhammad ben Abi 'amir al-Ma'afirí, que creyó posible lograrlo. Los cristianos le conocen por el sobrenombre que se dio a sí mismo, al-Mansur (Almanzor), que significa el Victorioso. Aumentando las reclutas del ejército se proveyó de un instrumento que nadie podía resistir. Pero una cosa era doblegar a unos reyes obligándolos a suplicar clemencia y otra suprimir los núcleos cristianos: no había una población musulmana dispuesta a sustituir a los hispani del norte. En cambio, el sostenimiento de aquella fuerza, compuesta en su inmensa mayoría por elementos extraños a la comunidad andalusí, exigía desembolsos crecientes, no compensados por el botín de las campañas: la administración pública entró en crisis. Además Almanzor no era el califa, sino su ministro *(hachib)*; ejercía una dictadura militar con los defectos inherentes a la misma, el descontento de la población y la falta de legitimidad. Abu 'Amir, que conocía bien el modelo político cristiano, intentó una reforma constitucional sin precedentes en el Islam: separar el poder religioso del califa —Hisham II seguiría siendo cabeza de la comunidad— del político que él mismo asumiría con título de rey *(malik)*.

La fórmula fracasó: el Corán es demasiado explícito al respecto y no era posible la coexistencia de ambas autoridades. Tampoco Almanzor pareció en ningún momento dispuesto a convertirse en usurpador del califato. De modo que el régimen fue mostrándose cada vez con más claridad en su verdadera dimensión: un poder militar yuxtapuesto al del califa, reducido a una autoridad de nombre. Cuando Almanzor murió, en el año 1002 de la era cristiana, ni la disciplina ni la unidad pudieron mantenerse y la monarquía islámica explosionó en un proceso que gráficamente los cronistas árabes llamaron *fitna*: llegaron a crearse, en el espacio geográfico de los dos tercios de la Península, hasta veinte pequeños principados, conocidos como *muluk al-tawa'if* (de donde obtuvieron los cristianos «taifas»). Salvo en un caso, el de los Hammudies de Málaga, los gobernantes de los nuevos estados usaron el mismo título de *hachib* que empleó Almanzor en sus primeros tiempos, sin proclamarse reyes.

De vida muy breve —menos de un siglo—, los taifas combinaron dos características: el lujo brillante de la corte de sus gobernantes y la debilidad militar y religiosa. No era posible seguir soportando los elevados gastos de la guerra, a la que renunciaron entendiendo que era preferible pagar a los reyes del otro lado de la frontera; al mismo tiempo, la necesidad de proveerse de fondos les obligaba a aumentar la presión impositiva, sin respetar las reglas del Corán. Para los alfaquíes y maestros religiosos se trataba de gobiernos carentes de legitimidad, no sólo por su origen sino por el ejercicio.

Durante el califato tuvo lugar otro acontecimiento de grandes consecuencias. Los judíos, que colaboraron estrechamente con los musulmanes en la etapa inicial de la conquista, vieron reconocidos derechos que los visigodos negaran, pudiendo organizarse en comunidades que recibieron el nombre de *aljamas*. No eran muchos, pero en el siglo x el número e importancia de la comunidad se incrementó a causa de la llegada de emigrantes que procedían de otros territorios del Islam. Desde al-Andalus establecerían relaciones mercantiles con la Europa cristiana, instalándose también en algunos núcleos de población de los pequeños reinos españoles, como Castrogeriz o Barcelona, cuyo topónimo Montjuich significa «monte de los judíos».

Una leyenda adorna con rasgos muy pintorescos el traslado a la Península de las escuelas teológicas hasta entonces radicadas en Mesopotamia (Sura y Pumbeditá). Un famoso médico judío, Hasdai ben Shaprut, que gozaba de la confianza de 'Abd al-Rahmān III, influyó mucho en el cambio y también en el incremento en número y calidad de las juderías de Córdoba y Lucena. La suprema autoridad religiosa se había transferido de Mesopotamia a España, que los judíos llamaron Sefarad, un nombre que guarda relación con una especie peculiar de conejos. Algunas veces los poetas hebreos comparaban a España con Egipto llamándola nuevo Misraim, es decir, la tierra en donde se estaba consumando el exilio *(gallut)*. Esta consumación no tenía sentido doloroso: aquí, en el destierro, el Pueblo se purificaba y merecía. El trabajo intelectual de los judíos llegaría a revestir en España dimensiones muy considerables.

Aproximando el hebreo al árabe, dotaron a su viejo idioma de una nueva flexibilidad: entonces se elaboró una gramática para las futuras generaciones y se introdujeron los signos diacríticos que permitían representar las vocales. La poesía que aún se canta en las sinagogas, de rito sefardí, nació en España durante la Edad Media. Todos los autores judíos escribieron en árabe y fueron grandes poetas. Pero la llamada Edad de Oro del judaísmo español no coincide con el califato, sino con los taifas: fue entonces, a principios del siglo XI, cuando los tres grandes autores, Gabirol, Paquda y Yehudá ha-Levi, enseñaron, también a los cristianos, que la Ley de Dios es un regalo precioso, capaz de enseñar el oculto sentido de la vida y que el Señor mismo ha dotado a los hombres de capacidad racional para un conocimiento especulativo, y de libertad para asumir los preceptos y merecer, ascendiendo por la línea que conduce a la plena dignidad del hombre.

Capítulo 5

LA TUMBA DE JACOBO

Por descuido de las autoridades musulmanas, que creyeron que no valía la pena ocuparse de los «asnos salvajes» que seguían a Pelayo, en los valles poco accesibles de la cordillera Cantábrica y del Pirineo, conservaron su independencia grupos de población indígena cristiana. Muchas leyendas y tradiciones enmascaran los orígenes de esta *restauratio hispana*. No cabe duda de que uno de dichos grupos —el que acaudillaban Pelayo (es significativo que la crónica islámica *Ajbar Machmua* lo llame Belay el Rumí, esto es, «romano») y Pedro, a quien se presenta como *dux* dentro del esquema godo— alcanzó una fortuna política muy singular. Aceptemos, con todas las reservas del caso, que se trataba de dos altos funcionarios de la desaparecida monarquía toledana y que de hecho, su trabajo consistía en salvar lo que fuera posible de aquella España «perdida». Es un hecho que el hijo de Pedro y yerno de Pelayo, Alfonso —de quien descienden todos los reyes de España de acuerdo con otra propuesta generalmente admitida— poseyó la visión política suficiente para beneficiarse de la retirada de los berberiscos en discordia con los gobernadores de Córdoba: hizo reconocer su autoridad a todos los habitantes del largo andén litoral desde Galicia a Gascuña y reasentó en ese espacio, de escasa demografía, a los moradores de la meseta.

«*Eremavit campos quod dicunt gothicos.*» Los historiadores actuales no creen que se haya producido una desertización en el sentido físico de la palabra: la tierra quedó vacía de autoridad aunque sin duda grupos de pastores vivían sobre ella. La verdadera cuestión que se planteaba como consecuencia de las decisiones tomadas por Alfonso I —al que los cronistas consideran ya como un verdadero rey— era la de dotar a ese territorio repoblado en el lejano norte, de una calidad política. Si se entendía que era el producto de aquella misma resistencia que los indígenas presentaran contra el dominio godo, cada grupo tribal tenía derecho a ordenar su vida por su cuenta; pero si se presentaba como la continuación de la vieja Monarquía, tendría que reaparecer la elección como procedimiento para crear un rey. El nuevo linaje, que no en balde, según la tradición legendaria, había dado muerte al traidor Oppas y al principal de los witizanos, no estaba dispuesto a renunciar a su carácter ni a su sacralidad.

Los magnates resistieron, consiguiendo sucesivamente introducir una serie de reyes o de caudillos débiles después de haber ejecutado en Fruela la inveterada costumbre del asesinato. La amenaza musulmana visible en el momento en que los Omeyas se instalaron en Córdoba impidió que se siguiera con ella: un hijo de Fruela, de sangre vasca por su madre, fue reconocido el año 791 al final de una larga serie de convulsiones. Fijando entonces su residencia en Oviedo, ciudad nueva, pero dotada de obispo, anunció que se proponía restaurar el *ordo palatii* como los antiguos reyes de Toledo. Resistió bien las acometidas musulmanas y pudo presentar una victoria, Lutos, como si fuera la confirmación de Covadonga.

La restauración del *ordo* palatino, que significaba la aparición de tres altos funcionarios, en paralelismo con el rey, mayordomo, conde palatino y notario, se inscribía en un esfuerzo deliberado de acercamiento a Europa: varias veces aparecieron embajadores de Alfonso II en la corte de Luis, hijo de Carlomagno, instalado ahora en Aquitania. En Oviedo y sus inmediaciones se construyeron iglesias y palacios en piedra, con un claro recuerdo a la tradición latina y como una especie de anuncio de lo que sería después el arte «románico»; especial importancia revisten el aula palatina, que hoy es Santa María del Naranco, San Miguel de Lillo y Santa Cristina de Lena. Esa Iglesia, que renacía de entre las ruinas de la España «perdida», aparecía en íntima comunión con Roma y muy segura de sí misma.

Esta actitud provocó algunas batallas serias. Desde el año 784, un arzobispo de Toledo, Elipando, venía sosteniendo una doctrina que hacía de Jesucristo un hijo «adoptivo» de Dios (*adoptata caro* se dijo en los textos litúrgicos). De este modo entendía soslayar las censuras musulmanas acerca del «politeísmo», como calificaban al dogma de la Trinidad. Teológicamente la divergencia resultaba muy seria, pues socavaba los fundamentos mismos de la Redención: el sacrificio de Cristo en la Cruz satisfacía la culpa original sólo de modo virtual; tampoco podía sostenerse la presencia «real» en la Eucaristía. Un monje de Liébana, Beato, y el obispo fugitivo de Uxama, Heterio, emprendieron la batalla contra la herejía, que había llegado entre tanto a la sede de Urgel, recientemente liberada por los carolingios: un Concilio, reunido en Ratisbona y presidido por Carlomagno (792) declaró erróneo el adopcionismo. Elipando no cedió. Y de este modo se consumó la ruptura entre la Iglesia mozárabe y la asturiana; la primera defendía su autonomía mientras que la segunda se alineaba con la cristiandad latina europea bajo la suprema autoridad del

Papa, que no tardaría en coronar a Carlomagno restaurando el Imperio.

Hubo, en torno al año 800, una clara afirmación de legitimidad de la que se hacen eco los primeros cronistas, que vivían al amparo de la nueva Corte: ésta se refería ante todo a una *continuatio* o *restauratio* hispana. La cultura isidoriana y el *Liber iudiciorum* la representan, pero aquélla estaba en la misma entraña del renacimiento carolingio y éste en la herencia del Derecho romano. Una Iglesia con al menos tres obispados, Lugo, Oviedo y Valpuesta, garantizaba la continuidad católica de jerarquía. Iglesia incipiente, hecha sobre espaldas de fugitivos y sobre poblaciones indígenas recientemente bautizadas, a la que faltaba eso tan importante que es la tradición: Elipando se asombraba de que un monje de Liébana pretendiese dar lecciones a un arzobispo de Toledo.

Beato alimentaba la esperanza de los suyos con varios argumentos, como por ejemplo la tradición oriental de que la simiente evangélica había sido traída a la península por Jacobo (Sant Yago), hermano de Juan y ambos hijos del Zebedeo. También afirmaba en sus *Comentarios al Apocalipsis* que las viejas profecías de Daniel se estaban cumpliendo, que Magog era el Islam y se anunciaba ya su pronta derrota y el comienzo de la gran era de paz. En este momento se produjo el hallazgo prodigioso, no de unas reliquias sino de la tumba misma de Santiago, cuyo cuerpo martirizado habían trasladado sus discípulos a aquel rincón de Galicia, junto a Iria Flavia: una estrella sobre el campo (*Campus stellae*, Compostela) había permitido la maravilla.

Ahora todo resultaba fácil, racionalmente admisible: salvo Roma, albergue para los restos de Pedro y de Pablo, columna de la fe, ningún otro lugar de la cristiandad europea podía presentar pruebas tan apodícticas como ésta de una tradición apostólica. Alfonso II levantó una iglesia para albergar la tumba a la que llegaban peregrinos, al comienzo muy pocos, después centenares y millares: pasados quinientos años Dante diría que «sólo es peregrino el que camina hacia la tumba de Jacobo, romero el que va a Roma y palmero el que se dirige a Jerusalén». Si se pretendía invocar la tradición como criterio de certeza ahí estaba, mejor que nadie, Asturias para sostenerla. No un monje de Liébana —cuya obra alcanzaría increíble difusión— sino el propio Santiago, Hijo del Trueno, estaba allí para dar la réplica a los herejes y a los infieles. La España «perdida» iba a ser restaurada.

La atención de Carlomagno hacia España le impulsó a diseñar una política consistente en organizar, al otro lado del Pirineo, uno de los territorios fronterizos, llamados «marcas», en que autoridad y potestad se refundían en la persona de un príncipe. De ahí la referencia en algunos documentos hacia una Marca hispánica. En el fondo lo que se trataba era de insertar a los «hispani» de los valles pirenaicos en el vasto imperio que constituía Europa, asimilando su gobierno al de los otros territorios: llegaron a formarse cinco entidades, Pamplona, Aragón, Sobrarbe, Ribagorza y Cataluña (Barcelona, Gerona, Ausona). El avance por la orla litoral catalana fue mucho más profundo que en ninguna otra parte: en el año 801, el dominio franco alcanzaba hasta el Llobregat. Asturias, por una parte, que era el resultado de la unión de varias regiones; Galicia, las dos Asturias, Vardulias, Álava, y los condados pirenaicos, por otra, dieron a la resistencia y a la futura reconquista signo de pluralidad.

Desde una fecha que resulta difícil precisar, los habitantes de las zonas libres, cuyo número crecía con relativa rapidez, comenzaron a moverse hacia el sur, buscando su establecimiento agrícola en el espacio carente de dueño que Sánchez Albornoz aconsejaba llamar «desierto del Duero»: era el río, al principio, una meta lejana. Este fenómeno, que es proceso de colonización y roturación, sumamente duro, facilitaba el progreso hacia la libertad; sólo los titulares de una «benefactoria» (behetría, es decir, propiedad aunque con limitaciones políticas) hubieran podido contar con el espíritu que se necesita para algo tan duro. Surgió, pues, la voluntad de crecimiento y, con ella, la afirmación del indigenismo.

Muy poco tiempo después de la acción de los francos, en los condados pirenaicos se registró un movimiento que rechazaba su presencia. Se inició en Pamplona, que desde el siglo X se erigiría en cabeza de reino, y se extendió después a todos los demás. Cataluña nunca se consideró a sí misma como reino y no resulta fácil explicar las razones. El modelo asturiano fue el más impetuoso: en el año 856 se comenzó a repoblar la ciudad de León, que no tardaría en sustituir a Oviedo como lugar de la Corte. En un proceso bastante rápido, los monarcas leoneses asumieron incluso la herencia dinástica de los antiguos reyes godos, como si, por sus venas, corriese la misma sangre que por las de aquéllos. Los cronistas del ciclo ovetense insistieron mucho en este aspecto: como una consecuencia se entendió que las antiguas leyes seguían vigentes.

Mientras el emirato omeya se debatía en terribles luchas internas, el monarca leonés Alfonso III, a quien llamaron luego Magno para destacar su protagonismo, tomaba una decisión de gran trascendencia: adelantar las posiciones defensivas hasta el Duero, señalando una nueva frontera que dejaba en medio mucho espacio para ocupar. Las «presuras» (un término que procede del romano *aprisio*, que significa tomar la cosa sin dueño) se organizaron haciéndose más sistemáticas: con frecuencia eran los magnates, deudos del rey, los que las ejecutaban. No se trataba de una simple ocupación; las tierras, incultas y salvajes, tenían que ser roturadas antes de que se convirtiesen en aptas para el cultivo. Algunas veces se procedía a quemar el bosque o el matorral (*squalido*, de donde viene el castellano escaldar). Fue una empresa dura, a veces heroica: de cuando en cuando aparecían las aceifas musulmanas, que arrasaban las cosechas, destruían las casas y mataban a quienes no se habían puesto a salvo. Había entonces que volver a empezar, con hambre y sufrimiento.

Es muy cierto que no existe voluntad más firme que la de los campesinos cuando se trata de defender la tierra. Defenderla en libertad. La servidumbre no era aplicable en los espacios nuevos y una nueva clase social de pequeños propietarios, «hombres buenos» en el sentido de abonados, pudo afirmarse en un momento en que se generalizaba el vasallaje. Donde el peligro era mayor o la defensa tenía mejores perspectivas se construían *castelli*, esto es, castillos. Poca relación existe entre esos primeros baluartes, con mucha más madera que piedra, y los palacios bajomedievales que han sobrevivido: la mejor comparación tendría que establecerse con los fuertes del Lejano Oeste de los Estados Unidos; ambos respondían a la misma necesidad de servir de refugio a la población campesina en casos de peligro. La ganadería, aunque atrajese más la codicia de los depredadores, tenía mejores perspectivas ante las algaras.

El avance hacia el Duero causó todavía otro efecto: la dispersión regional. La zona del alto Ebro y de la Bureba, por donde penetraban los caminos que venían por la ruta del Jalón y desde Zaragoza, tuvo que ser dotada de un número tan grande de fortalezas que cristianos y musulmanes coincidieron en llamarla Castilla. Era, al principio, un «pequeño rincón» como recordaba siglos más tarde el autor del *Poema de Fernán González*. Vieja Castilla de robledales y montes ásperos repoblada de vascos y montañeses —«*exierunt de Malacuria et venerunt in Castella*»— que, en razón del peligro que habrían de soportar, recibieron condiciones de libertad superiores a otras zonas. En el azar de una guerra casi continua se forjó el temple de hombres duros y simples que, al hablar, usando con abundancia de consonantes fricativas, revelaban el origen vascongado de sus antepasados. Lealtad y valor fueron las virtudes que los castellanos proclamaron como suyas.

En el otro extremo de la larga frontera, mientras el Duero llevaba su corriente al mar, los repobladores que venían de Galicia se encontraron menos expuestos a los ataques musulmanes y pudieron desenvolverse con mayor grado de conservación de las instituciones antiguas. En el año 868, Vimara Peres fundó Porto, en la orilla derecha del río, la más abrupta. Enfrente, en la otra ribera creció una especie de barrio abierto, Cale, muy pronto enriquecido con el vino. De la unión de ambas palabras surgió el nombre de Portugal: en el siglo X, a toda esta zona de la monarquía leonesa se la denominaba *territorium portucalense*. Los modismos de su lengua, al descomponerse el latín, sonaban dulces y melódicos.

Contemplada desde el otro lado, la frontera se mostraba al califa como un mundo variado y complejo, compuesto por pequeños principados cuya trama institucional no era fácil comprender: Portugal, León, Castilla, Navarra, Aragón, Ribagorza, Cataluña le parecían apenas provincias extremas de un imperio franco que abarcaba toda la cristiandad. Con frecuencia llamaban «francos» a sus moradores. No escapaba a los musulmanes, sin embargo, que poseían una valiosa fuente de unidad, ni tampoco que constituían para ellos un evidente peligro. Navarra, resultado de la fusión de tres núcleos de resistencia, llegaba al Ebro, beneficiándose de la prosperidad agrícola de Rioja, y desde finales del siglo IX sus príncipes tomaban título de reyes. También Barcelona, tras establecer su hegemonía sobre toda la Cataluña «vieja», pugnaba por avanzar hacia el sur.

En aquellos albores del siglo X —«grande y desconocido» como recomendaba llamarlo Roberto Sabatino López—, había personas que contemplaban los reinos del norte como promesas de liberación: mozárabes que perdían la esperanza de vencer al Islam o de lograr la justa convivencia. Emigraron en gran número. No se trataba únicamente de pobres campesinos o de jornaleros, sino de clérigos y gentes que podríamos denominar cultas. Aportaron, en consecuencia, valores de una gran importancia; no en vano la comunidad mozárabe se consideraba a sí misma como depositaria de la herencia isidoriana. Con ellos viajaban técnicas arquitectónicas (arco de herradura que reaparece en San Miguel de Escalada o San Cebrián de Mazote) y pictóricas (frescos de San Baudel de Berlanga). En torno a Alfonso III se agruparon algunos escritores y maestros que intentaban desarrollar el principio de continuidad.

Para los clérigos mozárabes, que escribían sus crónicas como si se tratara de continuar la de San Isidoro, a veces falsificando el nombre, lo que había sucedido en el norte de la Península en los siglos VIII y IX no era producto de movimientos espontáneos para la resistencia, sino de un designio providencial que aseguraba que la España perdida iba a ser rescatada. Un clérigo, Dulcidio, que figuraba en la capilla de Alfonso III, poco después del año 900, escribió una *Crónica profética* en que figuraban estas palabras: «*proximiore tempore Aldefonsus in omnia Hispania predicitur regnaturus*». Esa idea de la totalidad de España no parece haberse visto afectada por el hecho de la existente pluralidad de reinos.

A los mozárabes debe atribuirse, por tanto, en gran medida, la conservación de la conciencia de unidad perdida hasta el fin de la Edad Media: unidad regida solidariamente por varios reyes que extraían del origen común su legitimidad. El Fuero Juzgo, base de la legislación que se va elaborando en todos los reinos, desde Portugal a Cataluña, estaba en la base misma de dicha legitimidad.

La presencia del saber mozárabe se relaciona también con los abundantes monasterios que poblaban la España cristiana en las primeras décadas del siglo x; algunos de ellos remontaban su existencia a mucho tiempo atrás. En mayor medida que los obispos, convertidos en cierto modo en altos funcionarios de la Corona, estos monasterios aseguraban el progreso de la vida cristiana: eran centros de educación, modelos de vida y depósitos de saber. Escalada, Silos, Cardeña, San Millán, Leire, San Juan de la Peña, Cuixá y Ripoll cobraron amplia fama por sus bibliotecas, en que no faltaban libros procedentes del ámbito islámico. Poco antes del año 1000, Gerbarto de Aurillac viajaría desde el norte de Francia para hacer acopio de saber: España transmitió a Europa ese descubrimiento hindú de los numerales, que se llamaron «arábigos» y también «guarismos», porque se encontraban en la obra de un autor musulmán, al-Kwarismí. Con ellos viajaba el prodigioso número cero, capaz de revolucionar la matemática y, con ella, la ciencia toda.

Mientras el latín se rompía, acomodándose a formas plurales, los escritorios de los monjes libraban una batalla para conservar la vieja lengua y sus textos. Biblioteca no significa en principio otra cosa que armario para guardar las Biblias; no fueron únicamente los libros sagrados objeto de copia y cuidado. También se salvaron muchos códices con obras clásicas. La deuda que la cultura europea tiene con los monjes es, ciertamente, impagable.

Coincidió con este momento la circunstancia de que 'Abd al-Rahmān III lograra someter las revueltas proclamándose califa en el año 929 de la era cristiana, como hemos anotado. El nuevo Estado, que demostró poseer abundantes recursos económicos, no podía sentirse tranquilo: ahora la distancia que separaba a la frontera de las posiciones cristianas se había reducido y era más corta cada día. Se necesitaba demostrar a los reyes del norte que sólo podían sobrevivir acogiéndose al protectorado de los soberanos de Córdoba. Así comenzaron las ofensivas sistemáticas, que iban a prolongarse durante casi setenta años, el término de dos generaciones.

Los historiadores se refieren a esta serie de operaciones con un nombre, tal vez demasiado simple: «batalla del Duero». Quieren decir que lo que estaba en el centro del debate era si los soberanos del norte iban a ser capaces de conservar la gran línea de defensa marcada por el río. En ella se aprecian tres fases que, muy sintéticamente, podemos explicar así:

Hasta el 940 los monarcas cristianos decidieron mantenerse unidos en torno al rey Ramiro II de León y esa colaboración proporcionó la fuerza de la colaboración: consiguieron entonces frenar la acometida musulmana y cuando 'Abd al-Rahmān proyectó la que él llamaba «campaña de la Omnipotencia» le causaron una severa derrota en Simancas y Al-handega (939). Los ecos de esta hazaña llegaron a Alemania y los cronistas del emperador la registraron.

Tras la victoria, como sucede con frecuencia, los aliados se dividieron: no querían que aquélla redundase en la consolidación del reino leonés. Castilla dio la señal de la revuelta contra las pretensiones de que el *imperium*, esto es, la soberanía plena, correspondía únicamente al rey: el conde Fernán González se convirtió en el primer héroe de leyenda en la poesía épica española. Con mayor prudencia, al-Hakam II aprovechó las circunstancias tomando la revancha: adelantó sus líneas abriendo una profunda brecha e instalando dos plazas fuertes desde las que resultaba fácil alcanzar cualquier punto sensible en territorio enemigo, San Esteban de Gormaz y Medinaceli.

La tercera fase, a partir del 981, corresponde a la gran ofensiva de Almanzor. Todo el norte cristiano se sintió presa del miedo: no había nadie capaz de resistir aquel poder. Una tras otra, las grandes fortalezas cristianas, Zamora, León, Santiago, Pamplona y Barcelona, conocieron el peso terrible de la fuerza; la tumba de Jacobo fue profanada y las campanas de su iglesia llevadas a Córdoba sobre las espaldas de cautivos cristianos. Burgos se libró del desastre por algunas circunstancias coyunturales, pero este hecho cimentó un argumento: donde los otros sucumbieron, Castilla había resistido. Se inventó la leyenda de Calatañazor en donde el apóstol Santiago había también comparecido, en un caballo blanco, para guiar a los fieles desde el cielo. Jacobo, pues, Hijo del Trueno, se asociaba a la vida española. Desde entonces Castilla, esmaltada de leyendas para sus romances, comenzó a erigirse en directora.

Un monje de Cardeña, que escribía la serie de sucesos importantes para su país, al llegar al año 1002, escribió estas palabras para alivio de su miedo: «*Obiit Almansur et sepultus est in infero*».

La generación que vivió en el tiempo inmediato a la muerte de Almanzor tuvo que dedicarse a reparar los daños sufridos, aunque tenía ya conciencia de que iba a ser posible ahora, con la *fitna* que explosionaba el difunto califato, avanzar hacia el sur desbordando la frontera. Alfonso V de León se consideraba a sí mismo como el verdadero e indiscutible sucesor de los monarcas godos. Reformó las leyes, entre 1017 y 1020, dando un paso adelante de profundas repercusiones: se iba a permitir a los campesinos abandonar el estado de servidumbre llevándose su parte de gananciales. Desde un rincón de Europa se apuntaba hacia la libertad. Ramón Berenguer I, llamado «el Viejo», conde de Barcelona, unificó políticamente a Cataluña estableciendo las primeras leyes comunes, *usatges*, que renovaban la legislación visigoda.

Sancho III de Navarra —llamado el Mayor debido a que circunstancias familiares le permitieron reunir Aragón, Sobrarbe, Ribagorza y Castilla, convirtiéndose así en el más poderoso de los reyes de España— buscó afanosamente otra vía, la de la reinserción en Europa, abriendo vías a su comercio y a sus influencias. Gracias a él se introdujo en España la Orden de Cluny, preparándose la futura reforma gregoriana; apareció la liturgia unificada, con sus consecuencias sobre el latín académico; se comenzaron a construir iglesias de medio punto en el estilo que llamamos románico.

Sin embargo, la gran figura de las inmediaciones del año 1000 es el abad Oliba de Ripoll, de la estirpe de los condes de Barcelona, pariente de los demás reyes peninsulares. Él se esforzó para mantener entre todos la conciencia de una colaboración en paz, e impulsó los movimientos llamados «paz de Dios» y «tregua de Dios», que se empeñaban en conseguir un cambio en la actitud y la conducta de los violentos caballeros feudales. Cruzado el umbral del primer milenio de civilización cristiana, Europa y España con ella, parecían haber superado las horas más sombrías para entrar en un mundo nuevo.

Sancho aceptaba el principio de que cada comunidad humana tenía que mantener sus estructuras políticas independientes: no conservó la unidad de los vastos dominios sino que los distribuyó entre sus hijos. Pero al operar de esta forma favoreció territorialmente a Navarra, dándole dominios como Álava, la Bureba o Vizcaya, que eran castellanas desde el origen mismo. Su testamento fue por esta causa fuente de conflictos.

Capítulo 6

DEL *IMPERIUM* A LOS CINCO REINOS

Hace ya más de medio siglo que, reflexionando sobre los hechos capitales de la undécima centuria, don Ramón Menéndez Pidal llamó la atención acerca de la importancia que para el futuro de España tenía la conciencia de unidad asociada a la palabra *imperium*. En su más estricto sentido y vinculada al recuerdo de Roma, significa soberanía plena, con absoluta independencia de cualquier otra. De modo que aquellos monarcas —como había sucedido ya con Alfonso III y con otros hasta Alfonso VII—, que tomaban para sí el calificativo «imperator» querían significar que solamente ellos, entre los peninsulares, ostentaban esa superior condición: los demás se hallaban en posesión de una *potestas* —independiente, desde luego— no tan absoluta. En el siglo XIV, cuando la idea de *imperium* fue rechazada, todos los monarcas se presentaron como provistos de un «poderío real absoluto», que tenía idéntica significación. Pero, con imperio o con reinos, nunca se perdió la conciencia de que toda legitimidad venía de Roma y era, por tanto, única.

En el momento de la muerte de Sancho el Mayor (1035), la Península albergaba veintisiete principados independientes, de los que cinco eran cristianos y veintidós musulmanes. Muy pronto, en ambos lados de la frontera se comprendió que la división creaba debilidad: no podía considerarse en modo alguno deseable. Los más fuertes entre ellos, es decir, Sevilla y León, trataron de esgrimir en su propio provecho la memoria de unidad. Sevilla fracasó, lo que resulta lógico, pues carecía de un precedente que pudiera ser invocado. Fernando I, que comenzara siendo rey de Castilla pero que, por una afortunada circunstancia, había ceñido también la corona leonesa, tenía la enorme ventaja de la trayectoria anterior de legitimidad desde el neogoticismo.

Desde 1038, un fuerte bloque que comprendía Castilla, Cantabria, León, Asturias, Galicia y el *territorium portucalense*, se ordenaba en entidad política, incluyendo en ella nuevas formas de gobernar, con mayor respeto a las leyes y a las comunidades disidentes:

con el aplauso de Roma se suprimieron las disposiciones antijudías y se limitaron las bárbaras costumbres del reto y la venganza de sangre. Fernando nunca aceptó la segregación de territorios como Rioja y el País Vasco, ejecutada por su padre, pero no tuvo fuerza suficiente para hacerla desaparecer.

En cierto modo el *imperium* era extensivo a toda la Península y Fernando se decidió a ejercerlo de un modo original: combatiendo a los taifas, uno por uno, inculcaba en su ánimo la convicción de que eran débiles y sólo podían salvaguardar su existencia sometiéndose al soberano superior y pagándole un tributo. A este último se llamaba «parias». Había cierta ambigüedad en el lenguaje, pues los musulmanes entendían únicamente que estaban comprando el *aman*, la paz, sin merma de su soberanía, mientras que los cristianos hablaban de vasallaje, que implicaba un reconocimiento de que ya formaban parte del espacio político ocupado por su señor.

Cuando Alfonso VI, tras haberse producido la eliminación de su hermano mayor, Sancho, consiguió reunir los dominios que antes fueran de su padre, pudo considerarse como verdadero rey de España: Aragón y Navarra habían hecho ceremonias de vasallaje y todos los taifas le pagaban sus parias. Éstas estaban produciendo un efecto doble, pues en la medida en que una corriente ininterrumpida de oro fluía hacia el norte, los pequeños principados musulmanes se debilitaban. Nos encontramos en el año 1072, que puede considerarse como un eje para la historia de la cristiandad: faltaban apenas unos meses para que Hildebrando fuera proclamado Papa Gregorio VII, dando nombre a una reforma que entonces llegaba a su madurez.

El proyecto de Alfonso VI consistía en dar un paso adelante, pasando de las parias a la anexión. Hasta entonces, si se exceptúa la ocupación de Coimbra, la frontera establecida por los musulmanes se había mantenido incólume, y habían pasado más de trescientos años. La progresiva debilitación de los taifas, obligados a percibir mayores tributos para comprar su seguridad y para sostener a los mercenarios, ofrecía una nueva oportunidad: el descontento de los súbditos contra estos príncipes corrompidos que vivían en escandalosa opulencia prohibía cualquier resistencia. Alfonso tenía, además, la pretensión de que este avance fuera juzgado como empresa colectiva de la cristiandad europea, una especie de guerra santa antes incluso de que apareciese el término cruzada. Fueron atraídos caballeros y nobles borgoñones; se aceptaron todas las normas acordadas en el sínodo romano, imponiendo la nueva liturgia y rechazando la de los mozárabes; los legados pontificios pudieron actuar con autoridad reconocida; la Orden de Cluny obtuvo amplio apoyo para su labor de reforma de los monasterios benedictinos.

En el año 1085 se dio el primer paso, muy importante: mediante forzada capitulación y tras un simulacro de resistencia, el taifa de Toledo, de gran extensión y muy poblado, quedó incorporado a la corona de Castilla. Fue entonces, al sentirse dueño de la antigua capital de la Monarquía, cuando tomó el título pomposo de *imperator totius Hispaniae* adornándose a sí mismo con los calificativos de *magnificus* y *triumphator*. Badajoz, Valencia y Sevilla estaban ahora en una especie de lista de espera para las nuevas maniobras. Los nobles catalanes acudieron a Alfonso como si fuera un soberano superior y Pedro Ansúrez, fundador de Valladolid, casó a su hija con el conde de Urgel, Armengol, convirtiéndole prácticamente en su heredero. Pocos años después, en 1094, Rodrigo Díaz de Vivar, a quien los musulmanes llamaron Cid, se apoderaba del taifa de Valencia y lo incorporaba a la corona castellano-leonesa. Su primo Alvar Fáñez hacía acto de presencia en Sevilla, preparando nuevas maniobras.

Esta política resultaba demasiado manifiesta para no ser comprendida por las futuras víctimas: comprando seguridad los taifas se garantizaban apenas un plazo antes de que se produjera la inevitable anexión. Una elección dramática, entre su supervivencia personal y su religión, se les presentaba. Había ocurrido, entre tanto, un fenómeno de alcance universal en el Islam: el predominio político estaba pasando de manos árabes, fundadores y primera generación, a la de conversos de segunda o tercera hora, turcos en Oriente, berberiscos en Occidente. En las montañas que hoy constituyen el reino de Marruecos y en los oasis caravaneros del desierto, había surgido un movimiento religioso más rigorista, aunque sin alterar todavía las directrices del sunnismo: eran los almorávides que tenían a su frente a un terrible asceta capaz de vivir hasta los cien años de edad, Yūsuf ibn Tashfin. A este fanático, que consideraba el lujo como un producto infernal y hacía de los dátiles y leche de camella su alimento favorito, acudieron los taifas: al-Mu'ta'mid, de Sevilla, resumió en tristes palabras la posición: se trataba de elegir entre «ser camellero en África o porquero en Castilla».

Yūsuf derrotó a los cristianos y los empujó contra la línea del Tajo, pero no pudo nunca recobrar Toledo ni las antiguas posiciones de la frontera. En la conciencia castellana causó terrible impacto la diferencia que se establecía entre el rey, derrotado, y el Cid que era capaz de vencer en Valencia algunas fracciones del ejército almorávide. Éste gozaba de abrumadora superioridad numérica, pero en cuanto al modo de guiar las batallas era netamente inferior. La tradición literaria, en el *Cantar de Mio Cid* y en los romances tardíos, utilizó esta diferencia para señalar el contraste entre las virtudes de Rodrigo y los vicios del rey que lo había desterrado. Como sucede con frecuencia, las leyendas son injustas; no cabe duda de que Alfonso VI fue un verdadero hombre de Estado; contra él se dirigía además el grueso de las tropas enemigas.

El empujón almorávide tuvo otro efecto: Castilla pudo resistir, aunque con muy graves pérdidas... pero perdió el puesto hegemónico que en 1085 todo el mundo parecía dispuesto a reconocerle. La necesidad de suprimir los taifas mostró un lado desfavorable de la presencia de los africanos: eran fieles religiosos más estrictos, ciertamente, pero pésimos gobernantes, apenas capaces de imponer disciplina con mano fuerte. De modo que una resistencia interior, que invocaba el «andalusismo», esto es, un islamismo estrictamente hispánico, nació muy pronto. En ella pudo apoyarse el Cid. Gracias a esta circunstancia, los reyes de Aragón y Navarra, Pedro y Alfonso I, lograron adelantar sus líneas apoderándose de Huesca y a principios del siglo XII también de Zaragoza. En el momento de ocupar esta ciudad, Alfonso era rey de Castilla, de modo que hubo cierta confusión acerca de los derechos que sobre este taifa pretendía fundar. También el conde de Barcelona, Ramón Berenguer, yerno del Cid, pudo ampliar su territorio.

Alfonso VI no tenía varones que pudieran sucederle: el joven Sancho había muerto en batalla contra los almorávides. De modo que los derechos pasaban a una hija, Urraca, viuda ya de un caballero francés, Enrique, de quien tenía un hijo, Alfonso, demasiado niño, a quien custodiaban en Galicia los fieles a la memoria de su padre. El abuelo imaginó un procedimiento que permitía salvar esa «totalidad hispana»: el matrimonio de Urraca con el aragonés Alfonso que era también rey de Navarra. Pero estas «descomulgadas bodas» no complacían a aquellos sectores de borgoñones y champanoises que contaban con el apoyo del Papa y pudieron conseguir, tras la discordia entre los esposos, que el matrimonio fuera disuelto en razón de parentesco en grado prohibido. Alfonso, llamado «el Batallador», pudo en determinados momentos titularse rey de toda la España cristiana, salvo Cataluña, pero nunca ejerció dominio directo salvo sobre una parcela muy reducida.

Aun antes de la muerte de su madre, Urraca, Alfonso Raimundez comenzó a usar título de rey. Como su abuelo, introdujo en los documentos el término *imperator*. Pero buscaba en él una nueva fórmula para conservación de la unidad, bastante parecida a la que los Staufen aplicaban en el resto de Europa: el 2 de junio de 1135 se hizo coronar solemnemente en la catedral de León. Consistía el proyecto en reconocer la soberanía de los otros reyes, incluyendo en el cómputo a su primo Alfonso Enríquez de Portugal, pero afirmando en cambio la unidad mediante vínculos de vasallaje que todos aceptaron. Difícilmente podía tener éxito la fórmula, pues si el «poderío real», aunque no fuese de manera absoluta, quedaba en manos de los príncipes, el título y condición de «emperador» se convertía en un honor, pero nada más.

Sin embargo resultaba imprescindible recurrir a ella porque nuevos invasores africanos, al parecer más peligrosos, habían hecho acto de presencia en la frontera: se trataba de los almohades, más inclinados al shiismo que sus antecesores. Resultaba por ello imprescindible buscar la fuerza de la cooperación y no las divisiones que un intento hegemónico habría provocado. No se repitieron los reveses de 1086, aunque la fuerza islámica iba creciendo. El propio Alfonso VII acabó convenciéndose de que la unidad era un sueño imposible y al final de su vida disolvió los vínculos de vasallaje e incluso reconoció calidad de reino a Portugal, separando además Castilla y León para dotar con ellos a sus hijos.

La fecha de 1157, año de la muerte del emperador, fue importante: se pasaba del imperio a los cinco reinos. Los dos proyectos —primero el musulmán y después el cristiano— para restaurar la antigua Monarquía hispana estaban liquidados. Sin embargo subsistía la conciencia de que Hispania era un ámbito común —poco a poco se afirmaría la leyenda de que Roma había transmitido a los visigodos su legitimidad— y, por consiguiente, que los reinos compartían una soberanía que les era común en el origen. Cataluña se afirmó también en este ámbito de hispanidad. La división política y administrativa quedaba en un plano inferior y todos los reyes se sintieron legitimados para intervenir en los reinos vecinos, porque la estabilidad de uno afectaba a la del conjunto.

No hubo nuevas divisiones; al contrario, los soberanos comenzaron a ponerse de acuerdo para garantizar su respectivo crecimiento a costa de los musulmanes. De este modo los reinos perdieron conciencia de ser patrimonio de los soberanos y adquirieron en cambio la de que eran comunidades indestructibles, dotadas de un espacio para vivir, de unas leyes para garantizar su libertad, y de una forma consuetudinaria de administrarse. Se establecieron los primeros impuestos directos para sostenimiento de la guerra y, en definitiva, se inició el proceso de construcción de esa primitiva forma de Estado que conocemos como Monarquía. Desde hacía medio siglo en los reinos españoles estaban vigentes leyes que garantizaban a musulmanes y judíos una convivencia que era más ventajosa para ellos que la existente en el resto de Europa. Había razones de utilidad que inclinaban a la tolerancia: los infieles pagaban un impuesto especial *(capitación)*, no muy gravoso, que ingresaba directamente en las arcas reales, siendo por ello de libre disposición del monarca; además los judíos actuaban como expertos en cuestiones fiscales y financieras, una competencia de la que carecían los cristianos.

Así pues, cuando los almohades, en torno a 1147, impusieron a judíos y cristianos la ineludible condición de convertirse al Islam, Alfonso VII estuvo en condiciones de ofrecer un refugio. Cerca de Calatrava quedó establecido el que en términos actuales podríamos llamar campo de acogida, para distribuirlos después entre las distintas aljamas. Durante más de un siglo los judíos podrían disfrutar de condiciones legales que permitieron un mínimo de independencia y de seguridad, tan necesarias para la conservación de su entidad nacional. *Sefarad*, como se llamaba España, se convirtió en una segunda patria. Alfonso VII, a quien los musulmanes recibían con libros del Corán y los judíos con los rollos de la Torah, fue verdaderamente el emperador de «las tres religiones». Podría aplicarse a él un famoso enxemplo, el Cuento de los Tres Anillos: cada pueblo tenía conciencia de poseer la fe verdadera.

Unidad teórica en pluralidad efectiva; así era la España de los Cinco Reinos. Los reinos eran, de Occidente a oriente, Portugal, León, Castilla, Navarra y Aragón con Cataluña. Ninguno alcanzó forma territorial definitiva hasta el siglo XIII. Las raíces de esos reinos eran bastante antiguas y deben ser buscadas en las luchas primeras contra el Islam, o incluso antes; pero no hubieran bastado en ningún caso para provocar la división sin la presencia de los invasores africanos, almorávides y almohades. De todos modos, sería erróneo atribuir la división política peninsular a una sola causa: diferencias de clima y de cultivo, antiguas tradiciones tribales, disyunciones en la evolución de la sociedad, la lentitud en el proceso de repoblación del territorio e incluso la división de aguas entre el Atlántico y el Mediterráneo han aportado algo.

El extraño testamento de Alfonso el Batallador fue importante para la creación de la futura unidad catalano-aragonesa, que resultó muy sólida. Este misógino héroe de guerra, para quien la aventura matrimonial con Urraca debió resultar más que suficiente, tuvo la singular idea de designar como herederas de sus reinos a las órdenes militares que actuaban en Tierra Santa. Todavía no se habían fundado las peninsulares. El reino de Navarra, que se había unido al de Aragón por herencia en tiempo de Sancho Ramírez, entendió que la decisión no le afectaba y elevó sobre el pavés, según era costumbre, a un nieto del Cid llamado García Ramírez, «el restaurador».

Los navarros se encontraron ahora dentro de un recinto de fronteras terrestres muy cerradas, pues durante los años de unidad los aragoneses se habían extendido a Zaragoza y al río Jalón bloqueando el posible contacto con el espacio musulmán. Después de 1137 todos los reinos cristianos parecieron estar de acuerdo en que se debía negar a Navarra una participación en el territorio de reconquista, aunque no en la lucha, pues era empresa común de cuantos formaban la

España «perdida» del 711. El botín, en forma de bienes muebles, debía distinguirse de la anexión que se regía por el viejo principio romano de la contigüidad.

También los aragoneses rechazaron el extraño testamento, acudiendo a un hermano del difunto, monje y obispo, llamado Ramiro, que aceptó la corona. Con dispensa del Papa contrajo matrimonio con una viuda, Inés de Poitiers, a fin de dar sucesión al reino: nació una niña, Petronila, lo que fue suficiente para el antiguo monje. El 11 de agosto de 1137, esta princesa que probablemente no había cumplido un año, fue entregada en matrimonio al conde de Barcelona, príncipe de toda Cataluña, como le gustaba titularse, Ramón Berenguer IV. Las diferencias de edad, aun en casos como éste, no eran obstáculo para grandes combinaciones políticas. La niña creció, tuvo un hijo, al que llamó Alfonso y, de este modo, pudo haber nueva descendencia varonil.

Ramón Berenguer demostró ser un político prudente. No quiso fundir a Cataluña con Aragón, ni tampoco separarlos en el futuro. Sin proponérselo, quizás, puso la primera piedra para un edificio político que sería, trescientos años después, la fórmula capaz de restablecer la unidad hispana. Me estoy refiriendo a la Corona de Aragón y a los Reyes Católicos. De un lado, la unidad muy fuerte en la soberanía correspondiente al príncipe-rey; del otro, la administración consuetudinaria de cada territorio. Como moneda, ejército, comercio y política exterior dependían exclusivamente de la soberanía, la unidad se garantizaba. Como territorio, leyes y asambleas representativas corresponden a cada reino, también la diversidad era respetada. No pasaría mucho tiempo sin que los súbditos proclamasen las ventajas que nacían de la unión.

Además, Ramón Berenguer emprendió acciones militares encaminadas a suprimir los últimos enclaves musulmanes al norte del Ebro: Lérida, que se incorporó a Cataluña, y Fraga que fue reconocida como aragonesa. De este modo la asociación entre ambos reinos pasó a articularse en torno a un eje económico sustancial: el gran río desde Tudela a Tortosa. Se trataba ya entonces de una formidable vía de comunicación.

Dueños solidarios de la antigua Hispania, los titulares de los Cinco Reinos llegaron a la conclusión de que tenían derecho a la «reconquista» de su antiguo territorio. Revistieron esta empresa de espíritu de cruzada reclamando la ayuda económica y también militar del resto de la cristiandad y la presentaron así como paneuropea. En circunstancias muy difíciles a causa del gran poder de los almohades decidieron ponerse de acuerdo para asignar las zonas de reserva territorial que a cada uno correspondía. En 1151, Alfonso VII y Ramón Berenguer IV, que pronunció promesa de vasallaje, se reunieron en

Tudején; además de resolver el contencioso sobre Zaragoza establecieron los futuros límites entre ambos. Este acuerdo, ratificado en Cazorla, cerca de Soria, en 1179 y en Almizra en 1244, dejaba Valencia del lado aragonés y Murcia del castellano. Acuerdos semejantes se concertaron entre León y Castilla (Sahagún, 1158) y entre León y Portugal (Fresno-Lavandera, 1183). El objetivo era dividir la Península en cuatro franjas de dirección norte-sur, calculadas cuidadosamente para que ningún reino pudiera exceder en territorio, población y riqueza a sus vecinos inmediatos. Pero la unión castellano-leonesa alteraría estas previsiones.

Las últimas batallas de la «reconquista», las más duras e inciertas, se libraron bajo el imperativo de estos pactos, tratando cada monarca de asegurarse el sector asignado. No faltaron conflictos por lo incierto del trazado fronterizo. Deben establecerse dos etapas: la primera, iniciada tras la muerte del emperador, larga, dura y de resultado incierto en que los cristianos, aunque lograban avances importantes como la toma de Cuenca, parecían estar siempre a la defensiva, la cual culminó en la que los cronistas llamaron simplemente la Batalla y nosotros decimos de las Navas de Tolosa (1212); la segunda, muy rápida y de brillantes éxitos, pues los cristianos, en menos de treinta años, liquidaron los poderes africanos y anexionaron lo que quedaba en pie de al-Andalus.

Los almohades movilizaron masas inmensas de infantería poco disciplinadas. Para compensar esta abrumadora superioridad numérica, los reyes cristianos recurrieron a la caballería pesada, capaz de combinar potencia de choque con la velocidad en la maniobra. A imitación de las que funcionaban en Tierra Santa se fundaron órdenes militares de caballería, bajo la inspiración del Císter. No eran enteramente nuevas: en sus estatutos copiaban estrictamente los que reglan al Temple o a San Juan del Hospital, también presentes en España. Hubo una especie de distribución de sectores: desde el Atlántico al Mediterráneo se alinearon las fortalezas de los caballeros. El Temple —que en el siglo XIV pasará a llamarse Orden de Cristo o de Aviz—, Alcántara, Santiago, Calatrava, San Juan de Jerusalén y Montesa. Para su sostenimiento fueron dotadas de amplios territorios en los que impusieron una explotación predominantemente ganadera porque era la más fácil de conservar en tiempo de guerra. Esto se tradujo en una norma muy duradera. Por otra parte, las órdenes atrajeron a sus filas a segundones de la alta nobleza y a simples hidalgos, contribuyendo a difundir un espíritu de servicio en la dignidad de la caballería.

La obra por excelencia de los Cinco Reinos fue precisamente la que de ellos se esperaba: concluir la reconquista. Entre 1212 y 1250, bajo el impulso de una ofensiva generalizada, el derrumbamiento de al-Andalus se consumó. Jaime I de Aragón-Cataluña se apoderó de las Baleares y de Valencia; Castilla completó la ocupación de Córdoba, Jaén y Murcia; Portugal alcanzó la costa meridional extrema con el Algarbe; León hizo la conquista de Extremadura y remató el proceso con la de Sevilla y Niebla. En la última fase de la lucha un núcleo de resistencia musulmana andalusí se manifestó contra los almohades en Granada, Almería y Málaga, negociando su permanencia con Castilla. Fernando III admitió que hubiese una reserva musulmana dentro de su reino, con 'amir propio, Muḥammad al-Ahmar, *al-naṣrī*, pero sometido a las condiciones estrictas del vasallaje.

Capítulo 7

LA REVOLUCIÓN DE LOS ESPÍRITUS

La difusión del concepto de soberanía, que en los documentos castellanos se define como *poderío real absoluto*, inició en todas partes un proceso de identificación entre el reino, comunidad humana asentada en un determinado territorio, y el rey, depositario de esa soberanía, que en definitiva pertenece a la comunidad. La última vez que pudo efectuarse un reparto, en virtud del testamento de Jaime I —en realidad se estaba refiriendo a reinos que él ganara— hubo de tomar dos precauciones: mantener en una sola mano los tres peninsulares, y colocar Mallorca y Montpellier bajo la condición de vasallaje. Sin embargo, las fronteras estaban todavía mal delimitadas y sus reajustes dieron origen a frecuentes conflictos. La larga lucha contra los almohades contribuyó a destacar el carácter religioso de la reconquista, por encima del simplemente político, y esta conciencia perduró: la comunidad del reino se definía ante todo por la fe; de modo que únicamente los bautizados podían considerarse súbditos con el conjunto pleno de derechos.

Porque el establecimiento de los Cinco Reinos no borró la conciencia de hispanidad; en ciertos aspectos pareció reforzarla. Juntos formaban una entidad superior, la *tota Hispania*, a la que los escritores del tiempo, tanto españoles como no españoles, hacen continua referencia. El *Poema de Fernán González* dirá que «de toda España Castilla es la mejor», mientras que los cronistas de la Corona de Aragón se refieren a Cataluña como «la millor terra d'Espanya». Los metropolitanos de Braga, Toledo y Tarragona reivindicaban para sí la condición de ser primados de España. En el gran ejército que se formó para alcanzar la victoria de Las Navas, navarros y catalanes no eran considerados como extranjeros; en cambio sí lo fueron los caballeros languedocianos, gascones y borgoñones. El Fuero de Navarra, que invoca a Pelayo y Covadonga como raíces de su legitimidad histórica, recordará claramente que sus soberanos de la Casa de Champagne eran «de extraño país y de extraña lengua».

A esta conciencia de unidad contribuyeron al principio las lenguas romances: procedentes de un magma común, se diferenciaban tan poco que la reina Leonor de Castilla y los caballeros que iban en el ejército hacia Andalucía comprendían perfectamente los versos de los trovadores y a nadie se le hubiera ocurrido la necesidad de intérpretes.

El equilibrio en que se apoyaba todo el sistema se rompió por una mera circunstancia coyuntural. En 1230, tras una serie de fallecimientos inesperados, el infante Fernando, hijo de Alfonso IX de León y nieto de Alfonso VIII de Castilla, se convirtió en el monarca de ambos reinos, que ya no se separaron. De modo que el equilibrio territorial y de recursos quedó roto. La fórmula de la separación en una corona no fue aplicada en este caso, sino más bien la contraria de unificación de instituciones. En consecuencia, la Península contó con un reino, asomado a los dos mares, cuya fuerza humana y económica era superior a la de los otros tres aunque llegaran a unirse. En la conciencia de sus contemporáneos, además, no se trataba de algo nuevo sino de un retorno al tiempo anterior a 1157, enmendando lo que a su juicio había constituido un error.

La empeñada serie de campañas a que obligó la presencia de los almohades tuvo algunas consecuencias sumamente importantes, como la afirmación del autogobierno en las ciudades que proporcionaban milicias concejiles y la necesidad de recurrir a nuevas fuentes de ingresos para sostener a los soldados. También creció el poder de los obispos y de la alta nobleza, que podían invertir en la empresa, recibiendo a cambio donaciones y prebendas. Ninguna clase de «ayuda» o «subsidio» podía ser establecido sin el consentimiento de los que iban a proporcionarlo. Así surgió la necesidad de invitar a las ciudades y villas a que enviasen a la Corte sus procuradores, dotados de convenientes poderes para tomar acuerdos. No sabemos exactamente cuándo ocurrió esto por primera vez, aunque los historiadores aceptan la fecha de 1188 porque es un hecho probado que Alfonso IX, al comenzar a reinar, hizo la convocatoria en León. A las reuniones se llamaron Cortes, en plural, porque se trataba de emplear varios días sucesivos. Los procuradores no se limitaron a negociar la ayuda: tenían muchas peticiones que presentar al rey, en beneficio de su ciudad concreta o de los intereses generales del reino. Así pues, las Cortes fueron órgano de negociación, pues los procuradores podían mostrarse más generosos cuando eran mayores las concesiones que obtenían.

Aunque algunas veces se convocasen por separado, en León y Castilla, la norma general que acabó imponiéndose fue reunirlas. Muy distinta fue la norma en los reinos orientales. Cuando Jaime I conquistó Valencia no quiso anexionarla ni a Aragón ni a Cataluña;

la erigió, por consiguiente, en reino propio con territorio, fuero y muy pronto también Cortes. Lo mismo sucedió a Mallorca. Antes de 1213, la desigualdad territorial y humana entre los reinos de la corona aragonesa y los occidentales no fue percibida: Cataluña se estaba asentando en Languedoc, y parecía aspirar a ser la gran monarquía mediterránea. Pero cuando la expansión de los reyes de Francia, Languedoil, se hizo visible y, en 1258 (tratado de Corbeil), Jaime I se vio obligado a firmar la renuncia a Occitania, muchos comenzaron a preguntarse si los tratados desde Tudején a Almizra no constituían un error, puesto que garantizaban un desmesurado crecimiento de Castilla, peligroso si llegaba a producirse una guerra.

Ahora la reconquista había terminado. Pero un proceso histórico tan largo, de más de medio milenio, tenía que dejar huellas muy profundas sobre la sociedad española y su economía. Ésta reflejaba en sus diferencias las etapas que se sucedieran. Como sucedía en toda Europa —la Cristiandad, para emplear el término coetáneo—, el 90 % de la población vivía, directa o indirectamente, de la tierra. Al principio, hasta muy avanzado el siglo IX, la lucha había consistido en una defensa a la desesperada del territorio, conservándose en la estrecha franja litoral el arcaico modo de explotación de las pequeñas parcelas en que la sembradura se asocia a los huertos, frutales y pastos que alimentan una ganadería estante de escaso número de animales. Luego, en el siglo X, las «presuras» ejecutadas sobre tierras sin dueño permitieron la división en parcelas de mayor tamaño y la constitución de los primeros núcleos dominicales con campesinos dependientes de un señor. Pero la servidumbre resultaba de escasa utilidad y pronto llegó a suprimirse: el reino de León es una especie de adelantado para toda Europa al reconocer a los campesinos facultad para abandonar la tierra llevándose la mitad de los bienes que con ella hubiera granjeado.

En la segunda mitad del siglo XI comenzaron a constituirse los grandes concejos en la cuenca del Duero y a ambos lados de la cordillera central, en el Jalón y en las tierras nuevas. Estaban dotados de territorio bastante amplio (alfoz) sobre cuyos habitantes ejercían jurisdicción. Estos concejos, que recibieron amplios privilegios (en sentido estricto, privilegios significa sólo ley privada por la que se regían), estaban dirigidos por una minoría de propietarios que se dividían en dos sectores, el inferior de los hombres buenos (es decir, abonados o cuantiosos) y el superior de los caballeros, cuyas rentas les permitían sostener caballo y armas completas. No sería exagerado admitir que los concejos funcionaron como señoríos colectivos.

Las Órdenes Militares ocuparon desde Extremadura hasta Castellón una franja territorial muy ancha en la que impusieron una explotación ganadera de grandes rebaños, los cuales serían unificados en el siglo XIII mediante un sistema legal que fue conocido como Concejo de la Mesta. Cada localidad entregada a una Orden se convertía en «encomienda», lo que quería decir que uno de sus freires se encargaba de su gobierno, protegiendo a los campesinos que en ella moraban y obteniendo de su trabajo las rentas que a él o a la Orden enriquecían. Es el sistema que se aplica después en América, aunque con resultados y perspectivas muy diferentes.

Cuando el frente se derrumbó, a principios del siglo XIII y los cristianos se encontraron ante la perspectiva de anexionar un territorio muy amplio, de 180.000 km², lo que equivale a un tercio de la extensión de España, aplicaron aquí todos los sistemas ensayados con anterioridad. Predominaron, pues, las pequeñas y medias propiedades en las huertas, especialmente junto a los grandes ríos como el Júcar o el Segura. Poblaciones campesinas de musulmanes permanecieron en el país bajo la forma de encomiendas a grandes señores u Órdenes Militares. Éstas obtuvieron también villas, aldeas y castillos como recompensa a sus inversiones. Los nobles y la Iglesia tuvieron su parte. Pero lo singular viene marcado por los once grandes concejos de Andalucía, los de Murcia y los de Valencia. Las ciudades andaluzas pasaron a ser regidas exclusivamente por caballeros.

La rapidez de avance y la carencia de zonas que pudieran servir de refugio impidieron la huida en masa de la población musulmana. Permanecieron sobre todo los simples campesinos. Se aplicaron en su caso las condiciones por las que se regía ya la población judía. En uno y otro caso se habló de tolerancia, lo que no debe interpretarse con demasiado optimismo: se tolera lo que es por definición malo porque lo bueno no precisa de esta condición. Los documentos son, al respecto, muy expresivos: se abrigaba la esperanza de que, conviviendo con cristianos, acabaran reconociendo su error y convirtiéndose. Pero la conversión del islamismo al judaísmo o del cristiano a cualquiera de estas religiones estaba castigada con gran severidad. Judíos y musulmanes se agrupaban constituyendo *aljamas* —no deben confundirse con los barrios llamados juderías y morerías— para su propio gobierno; había cierta semejanza entre ellas y los concejos. Al no ser súbditos, no estaban afectados por los impuestos directos de los cristianos: les afectaba un tributo especial, *cabeza de pecho*, que percibía directamente el rey y que era, en teoría, una cantidad fija por cada cabeza de familia, si bien pronto se admitió un arreglo interno para que pudieran distribuirlo de acuerdo con la fortuna de los miembros de la aljama.

Aunque no puede hablarse, como a veces se hace, de ejemplar convivencia, es indudable que los no cristianos contaban en España con ciertas ventajas de las que carecían en Europa. No se les obligaba a vivir recluidos, aunque ellos preferían —por razones de seguridad y convivencia— agrupar sus casas en barrios especiales. Si un judío era muerto en descampado, la ciudad a la que pertenecía el territorio se hacía responsable de esa muerte, entregando a los culpables o sufriendo colectivamente el castigo. Y las sentencias de muerte dictadas por tribunales judíos en casos especiales de «malsinería» eran de ejecución obligatoria por parte de los oficiales cristianos.

Desde principios del siglo XIII, una ola de antijudaísmo comenzó a difundirse por Europa, a partir de denuncias que algunos conversos presentaron al Papa Gregorio IX que presentaban el Talmud como grave alteración de la Biblia y seriamente injurioso para los cristianos. La Universidad de París consideró fundadas las denuncias, al tiempo que el Concilio de Letrán (1215) decretaba la separación radical entre cristianos y judíos para librar a los primeros de influencias perniciosas. A finales de esta centuria, Eduardo I tomó la decisión de expulsar a los judíos de su reino, Inglaterra, y esta conducta fue pronto imitada por otros. España comenzó a aparecer como un lugar de refugio para los judíos de Europa precisamente por las condiciones legales ventajosas que ofrecía.

La sociedad medieval se presentó a sí misma como tripartita. Veía en esta condición una coincidencia con las doctrinas platónicas y un reflejo del dogma de la Trinidad: lo perfecto coincide con aquello que es a un tiempo uno y trino. Cuando las Cortes comenzaron a ser reconocidas como representación del reino, el principio trinitario se aplicó a los asistentes, que formaron estamentos: nobleza, clero, ciudadanos. Un estamento no debe confundirse con clase socioeconómica: indica el modo de vida y la función, pero no el nivel de riqueza. Había nobles ricos e hidalgos muy pobres; en el clero se unían los opulentos obispos y un verdadero proletariado; ciudadanos eran tanto los hombres eminentes como los «manobres» asalariados de Barcelona. Por otra parte, los estamentos acogían a una minoría de la población: la inmensa mayoría de campesinos quedaba fuera.

Había en toda la Península 46 sedes episcopales que se agrupaban en cinco provincias metropolitanas: Braga, Compostela, Sevilla, Toledo, y Tarragona. La misión del clero, en la que parte muy principal correspondía a los monjes, no se limitaba al servicio sagrado; a él competía la enseñanza, que era prolongación de la doctrina cristiana y también amplias funciones judiciales. Muchas de las cuestiones que se regulan hoy a través del derecho civil eran entonces canónicas. El clero era numeroso y pobre: oficios verdaderamente remunerados dentro de la Iglesia escaseaban bastante. Hasta mediados del siglo XIII los monasterios vivieron con gran holgura, pero sus rentas se inmovilizaron como las de los nobles perdiendo gran parte de su poder adquisitivo y abocándolos en consecuencia a una crisis.

Los genealogistas del siglo XVII hicieron una distinción entre nobleza «antigua», que se formó en el siglo XI y fue afectada seriamente por la gran recesión del XIV, y nobleza «nueva» constituida tras el triunfo de Enrique de Trastámara. La diferencia se establece no tanto por los linajes cuanto por el cambio en el origen de sus rentas. Es difícil, desde una mentalidad actual, comprender el significado profundo de la nobleza alto-medieval: se constituyó en el momento en que los altos oficios de la Corte se convirtieron en monopolio de algunos linajes consolidados, que podían ofrecer al rey sus servicios, sus soldados e incluso su dinero. Este dinero procedía de sus dominios agrícolas; los cultivadores abonaban un conjunto de rentas que constituían el «beneficio» del señor. Es fácil comprender que se produjera una estratificación relacionada con los ingresos: los más altos se llamaban *potentes* o *ricoshombres*; los no tan ricos *infanzones*; los más pobres tenían a orgullo titularse *hidalgos*, que significa «hijos de alguien». Entre los potentes destacaban los linajes de Haro, Castro, Lara y Meneses en Castilla-León, los Cabrera, Cardona, Castellbó y Rocabertí en Cataluña.

La gran novedad social, que corresponde al siglo XII, fue la aparición del tercer estado. Fue, en España, consecuencia de dos factores: uno, que coincide con el resto de Europa, al producirse el restablecimiento de las actividades mercantiles; otro que se debe a la reconquista, cuando se organiza en forma de concejos la ocupación del suelo. El camino de Santiago, que no era sólo ruta de peregrinos, vio nacer, en las antiguas ciudades de la Meseta, barrios que eran llamados genéricamente de «francos» porque procedían sus moradores del otro lado del Pirineo. El término *franco* evolucionó en España hasta significar «libre» y, en especial, exento de impuestos. Algunas veces aparecía el término *burgos* para denominar a esos extranjeros, pero nunca se generalizó el término burgueses, sino el de *ciudadanos*.

Donde no disponían de la facultad de autogobierno desde el primer momento, los ciudadanos se prepararon para conquistarla: lo lograron mediante compra de libertades, recurso al rey y, a veces, violencia, como sucedió en Santiago y en Sahagún. Los concejos de predominio agrícola contemplaron una evolución que hacía cada vez más restringido el ámbito de la oligarquía y daba predominio a los caballeros. Éstos tendieron a asimilarse a la nobleza. No fueron, sin embargo, muchas las ciudades españolas que consiguieron un fuerte desarrollo mercantil. El caso de Barcelona puede presentarse como verdaderamente excepcional: guardaba una estrecha relación de semejanza, a mediados del siglo XIII, con las repúblicas italianas.

Por debajo de los estamentos se hallaba la gran masa de población campesina que habitaba en villas, aldeas y lugares. No faltaban en ella los propietarios independientes, algunos de los cuales alcanzarían incluso el carácter y condición de «ricos». El término genérico que servía para identificarlos era precisamente el de «villanos», que acabaría convirtiéndose en despectivo. Los más eran cultivadores de una tierra que no era suya, por la que abonaban censos y algunas otras obligaciones. En Castilla «la Vieja» subsistía una peculiar condición, llamada *behetría* (benefactoria), que permitía a sus titulares escoger su señor, libremente o dentro de un linaje. De todas formas, con el retroceso de la servidumbre —de ella rebrotaron posteriormente algunas reliquias— la condición de libertad pasó a ser normal. La reconquista, seguida de repoblación, ayudó mucho en este proceso de liberación de los campesinos. Cuando las rentas se fijaron en dinero, inmovilizándose en la cifra establecida en el primer momento, los censatarios se vieron favorecidos: una progresiva pérdida de valor de las rentas estimadas en maravedíes hacía que el rendimiento de las cosechas que retenían aumentase. Los más perjudicados eran siempre los jornaleros: cualquier deficiencia se reflejaba en la disminución de oferta de trabajo.

La Iglesia católica fue principal protagonista en la educación y la cultura durante estos siglos. También ella tuvo que renacer de las cenizas a que la invasión musulmana la redujera. Hasta la segunda mitad del siglo XI no logró recobrar su independencia en relación con los poderes laicos, restableciendo las relaciones plenas con Roma una vez que el Pontificado (reforma gregoriana) hubo recobrado la plena autoridad. La liturgia del tiempo gótico, mantenida por la población mozárabe, quedó arrinconada mientras se extendía a todas partes el canon romano, signo de unidad. Una específica mentalidad se estaba difundiendo; valoraba la unidad como valor más positivo que la división o la pluralidad. En los siglos XI y XII fueron delimitándose las diócesis, se ordenaron sus rentas y se fortaleció la jerarquía eclesiástica.

Los obispos, estrechamente vinculados al rey, presentes en su Corte de manera continua, eran un elemento conservador. Los monjes, que aceptaban la regla de San Benito como fundamento universal de su vida fuera del mundo, eran la fuerza dinámica que introducía los cambios. En el siglo XI, los monasterios que militaban en la reforma de Cluny —a la que se sumaron los más importantes cenobios españoles— difundieron por toda Europa esa peculiar manera de construir y de dar expresión estética que denominamos *románico*. El nombre procede de la semejanza que se observaba con la arquitectura romana en el uso de la bóveda de cañón, el arco de medio punto y la cúpula redonda para coronar el crucero donde se sitúa el altar mayor.

El arte románico coincide con el predominio de lo masculino en la sociedad, un tiempo rudo en que importan más que nada los robustos caballeros provistos de espada. Las iglesias no eran muy grandes, sus paredes gruesas y el predominio de los macizos sobre los vanos contribuyeron a dar un aire de pesadez. El desconocimiento del vidrio obligaba a emplear láminas de alabastro translúcido para cerrar las ventanas que, por esta causa, eran pequeñas, dando al interior penumbroso un aire recogido de misterio. Nada de esto era obstáculo para que se lograsen monumentos de extraordinaria belleza, como la catedral de Compostela, la iglesia de San Pedro de Frómista o la de San Miguel de Tahull. Especial importancia reviste el arte románico en Cataluña.

El análisis de los edificios románicos nos ayuda a comprender muchos rasgos de la mentalidad de la época, comenzando con la noción de virtud (derivada de *vir*) que se asocia a las cualidades del varón. Cristo es el varón por excelencia, Hijo del Hombre que murió por los hombres. La iglesia, con una nave central en el caso de que haya tres, es en su plano la representación de un crucifijo donde el ábside redondo puede enmarcar perfectamente el halo que rodea la cabeza significativamente situada en el altar mayor, allí donde la nave se encuentra con el brazo transversal (crucero). Los escultores y pintores no buscaban el parecido físico: repetían los signos que permiten identificar a cada personaje por medio de su función. Y en esta función preside siempre Cristo, con los símbolos de su perfecta majestad. Reina sobre el mundo, sedente en un trono, rodeado de la «mandorla». Se sitúa su imagen en el ábside o en el centro del tímpano que, como en Santo Domingo de Soria o en el Pórtico de la Gloria de Santiago, nos describe el drama profundo de la Humanidad que debe elegir: los justos que escucharon la Palabra de Dios y la pusieron en práctica, serán llevados por los ángeles al cielo; los pecadores, conducidos al infierno por horribles monstruos.

Coincide la edad románica con un movimiento literario que permitió la fijación de las lenguas romances, separadas del latín pero todavía poco diferenciadas, en las que se expresaron los poetas: los melismas dulces galaico-portugueses fueron más adecuados a la lírica que expresa sentimientos; el catalán, heredero del languedociano, se acomodó a la poesía de los trovadores, que cantan la guerra, el amor y las querellas políticas en forma de serventesio; el castellano, con influencias fonéticas cuskéricas, resultó más adecuado para la creación épica. Esta épica fue la primera manifestación de una conciencia histórica, plagada de leyendas sin duda, pero también de profundo realismo. En la Península, se ha dicho, no anidan los fantásticos dragones. Uno se atrevió a asomarse por las montañas de Montserrat, San Jorge le dio muerte, y ningún otro se atrevió a repetir la aventura.

Dos son los sentimientos que caracterizan a la épica española: el apego a la tierra —«Castilla la gentil» dirá el autor de *Mio Cid*— y la virtud de la lealtad. Los castellanos la consideran tan propia que no admiten que la traición pueda venir salvo de los extraños. Se exalta la lucha, en términos descriptivos de gran crueldad —«por la loriga ayuso la sangre destellando»— pero más el respeto a la palabra dada. Y hay un sentido crítico hacia el poder. En la frase del *Poema*, tantas veces repetida, «Dios, qué buen vasallo si oviera buen señor», se da por seguro que Rodrigo es el buen vasallo; la duda gira en torno a Alfonso VI, que puede no ser buen señor.

Desde 1140, nuevas familias monásticas llegan a España: se trata de los cistercienses, que cuentan con una figura extraordinaria y singular, la de san Bernardo de Claraval, y los *premonstratenses*, fundados por san Norberto, que renuncia a la regla de san Benito para tomar la de san Agustín. Unos y otros trataban de mostrarse más rigurosos y exigentes en la oración, la contemplación y el desprendimiento de bienes. El Císter enseña que todas las profesiones, incluso la de los caballeros, son susceptibles de aplicación a la vida religiosa: de él procede también un gran impulso para la economía agropecuaria, que incluye la fabricación de vinos ricos y la destilación de licores. Sobre todo ejecutan una revolución que puede identificarse con el descubrimiento del valor de lo femenino. Partiendo de un razonamiento muy simple —ninguna criatura puede compararse a la Virgen María, que es definida por la Iglesia como Madre de Dios— se llegaba a reconocer en ese otro componente del ser humano, la femineidad, virtudes y valores que antes no se tuvieran en cuenta. Por vez primera, monasterios femeninos cistercienses como La Huelgas de Burgos o Marvão pudieron organizarse con entera independencia. El culto a la Virgen servía también para acentuar la contemplación de la humanidad de Cristo.

Una mayor importancia otorgada a la oración tuvo que reflejarse en el modo de construir: las iglesias tenían que ganar en altura, dando predominio a los vanos sobre los macizos, a fin de reflejar el estado de ánimo que se eleva, por medio de la oración, al cielo. En lugar de arcos redondos, ojivas que al cortarse daban la peculiar bóveda de crucería. Paredes delgadas, aunque para sostenerlas haya que emplear esa especie de muletas exteriores que son los arbotantes. Vidrieras de colores, que matizan la luz según las horas del día y permiten el estallido de los rayos de sol. A este arte de la ojiva llamaron despectivamente «gótico» los artistas del Renacimiento italiano. España conserva algunas de las catedrales góticas más importantes del mundo, como las de León, Burgos, Toledo, Segovia, Sevilla, Zaragoza, Valencia, Mallorca o Barcelona; en esta última ciudad se conserva todo un barrio «gótico» como recinto monumental.

Un templo gótico se reconoce en su autenticidad por un signo característico. La puerta principal —o, al menos, una muy importante— se divide en dos por una columna que ampara la imagen de la Virgen María. Se intenta expresar así un concepto teológico que hace de la Madre de Dios una medianera universal. Es como si se intentara decir que no es posible entrar a formar parte de la Iglesia sin el amparo del manto de la Virgen María. La devoción a la Virgen, extendida por todo el Occidente, fue un motor decisivo en el cambio de la masculinidad a la feminidad con la aparición del sentimiento. No se redujo exclusivamente al ámbito religioso: la lírica, procedente de Francia, penetró también con sus temas el mundo ibérico.

Esa lírica, que tuvo en el sur de Francia su temática propia del «amor cortés», no llegó a arraigar en España con los mismos temas hasta un tiempo posterior. En el siglo XIII domina la piedad en torno a María. La estrofa lírica típicamente española será el «tetrástrofo monorrimo» que escogieron tanto Gonzalo de Berceo como el rey Alfonso X el Sabio para cantar a la Virgen. Llamado también «cuaderna vía», este esquema métrico se presentaba como culto, distanciándose así del sistema popular de los trovadores. *Los milagros de Nuestra Señora*, como las *Cantigas*, aportan una serie de pequeñas narraciones versificadas que se atribuyen a la Virgen como acciones prodigiosas. En ellas encontramos ya temas que se repetirán frecuentemente en la literatura castellana. Desde principios del siglo XIII los argumentos piadosos servirán también para pequeñas piezas teatrales que se representaban dentro o fuera de las iglesias.

Mucho se ha debatido la influencia que los judíos han podido ejercer sobre la cultura española. Aunque es cierto que en el momento de la emigración desde al-Andalus los grandes maestros, como fuera el caso de Maimónides, prefirieron viajar hacia otros países musulmanes donde podían encontrar un ambiente más refinado y culto, también lo es que los que se instalaron en las ciudades cristianas poseían un nivel intelectual que puede considerarse, en bastantes aspectos, superior. Un arzobispo de Toledo del siglo XII, Bernardo de Salvetat, tuvo la idea de aprovechar el conocimiento que esos judíos tenían del árabe y del castellano para llevar a cabo una empresa de traducción de textos clásicos griegos, que faltaban o habían llegado en versiones muy deterioradas. El procedimiento consistía en reunir a un sabio cristiano con uno judío: ambos tenían en común la lengua castellana y manejaban respectivamente el latín y el árabe. La traducción no era simple transcripción de palabras sino captación completa de un pensamiento.

La tarea más importante fue asumida por Domingo González, arcediano de Segovia, y un misterioso judío que parece puede identificarse con Abraham ibn David, Rabad I. El descubrimiento consistió en las *Categorías* de Aristóteles. Gracias a ellas, el arcediano pudo proponer una nueva División de la Ciencia, rompiendo los esquemas del *trivium* y *quatrivium*. Su libro, popularmente conocido por *Gundisalvus*, fue ampliamente utilizado en la Universidad de París. Puede decirse que en él se encuentra la raíz primera, todavía insignificante, de la ciencia moderna. Por este tiempo, segunda mitad del siglo XI, España estaba abundantemente dotada de Escuelas monásticas y catedralicias, pero carecía de Estudios Generales. Un intento, en 1208, para crear el de Palencia, no prosperó.

Sin embargo, el IV Concilio de Letrán (1215) había tomado importantes decisiones para estimular la afluencia de alumnos a los Estudios; un remedio, según se creía, al bajo nivel intelectual y moral del clero, y también para evitar los errores doctrinales que se estaban produciendo. Probablemente en 1218 se estableció el Estudio General de Salamanca y pronto su Universidad. Con este nombre se designaba la corporación de alumnos y maestros que recibían importantes privilegios. Años después, todavía dentro del siglo XIII, nació Valladolid. Mientras Salamanca tendería a especializarse en Derecho y Filosofía, las aulas vallisoletanas se harían famosas por la Medicina. Hasta el siglo XIV no serían establecidos otros Estudios Generales.

Un género literario, el apólogo, es producto de la influencia judía. En España fue conocido como *enxemplo* y se encuentra relacionado con la novela, que es el modo más expresivo usado en nuestra lengua. Todo enxemplo conduce a una enseñanza aunque no signifique un propósito moralizador. Los personajes son inventados y el argumento también, pero nada hay en ellos que nos induzca a creer que no puedan existir en realidad. La fantasmagoría se excluye. Las dos primeras colecciones de apólogos, muchos de los cuales tenían origen oriental, fueron la llamada *Disciplina clericalis* del judío converso Pedro Alfonso y el *Calila e Dimna*, anónimo, aunque de origen asimismo judío. Es fácil medir la importancia de los enxemplos: el *Conde Lucanor* y *El Libro del Buen Amor* son colecciones de enxemplos; en casi todas las grandes obras literarias hallamos introducida la costumbre de cortar el texto, para introducir la pequeña historia ilustrativa; el propio Cervantes concedió gran importancia a las que llamó *Novelas ejemplares*.

Capítulo 8

EL IMPULSO HACIA FUERA

En 1275, aprovechando un momento de ausencia del rey de Castilla —Alfonso X, que pretendía reivindicar la herencia imperial de la Casa de Staufen—, los nuevos sultanes de Marruecos, *merinidas* o *banu Marin*, intentaron repetir la hazaña del paso a la Península, como sus antecesores almorávides y almohades. No lograron otra cosa que transitorias cabezas de puente. Pero hubo dos importantes consecuencias de esta operación: el reino de Granada rompió los lazos de vasallaje y no pudo ser reconducido a la antigua posición de dependencia; entre castellanos, granadinos y marroquíes se inició una larga batalla de tres cuartos de siglo para asegurar el dominio del Estrecho. Esta cuestión interesaba especialmente a las repúblicas italianas, en especial a Génova, que ayudaron a Castilla y a Portugal a convertirse en fuertes potencias marineras, lo que antes no eran.

La pugna entre Castilla y Granada —un estado virtual de guerra interrumpido por treguas de diferente duración— habría de prolongarse otros doscientos años sin que hubiera ganancias territoriales apreciables. Cristianos y musulmanes levantaron castillos para su defensa y ensayaron una nueva forma de lucha, que consistía especialmente en realizar ataques —«entradas»— con objeto de hacer prisioneros y capturar botín. Así nació una clase especial de combatientes, los «fronteros», con mentalidad muy peculiar, y hasta un género literario muy concreto, el de los «romances fronterizos». Cristianos y musulmanes, todos andaluces, acabarían por establecer, de hecho, unas reglas de juego para el peligroso arte de la guerra.

Desde 1264 ya no quedaban tierras para reconquistar: los roces fronterizos que surgieron tampoco podían modificar sustancialmente el espacio correspondiente a cada reino. Se iniciaba, además, una fuerte crisis económica en toda Europa, que pronto llegó también a España. Era forzoso a los reinos españoles buscar en el exterior nuevo campo de acción saliendo afuera, es decir, al mar. Para los reinos orientales ese mar era el Mediterráneo, en donde se hallaban establecidos fuertes poderes mercantiles. Para Castilla sería el golfo de Vizcaya, hacia el canal de la Mancha y los mercados de Flandes, Francia e Inglaterra, en donde sus productos —lana, miel, hierro, cueros— tenían buena acogida. Para Portugal, que fue también el último en ponerse en marcha, el mar era el Atlántico. Desde 1340 habría conciencia de que, al occidente de la Península, una cadena de islas, de Azores a Canarias, delimitaba un trozo de océano invitando a la exploración.

Coincidiendo con el final de la reconquista española, un cambio político de grandes proporciones había tenido lugar en Europa: el Reich alemán (Santo Imperio Romano Germánico era su nombre completo) entró en un proceso irreversible de desintegración. Federico II otorgó a los príncipes laicos o eclesiásticos el ejercicio de la soberanía en un esfuerzo, por otra parte fracasado, para asentar su poder en Italia. La dirección política de Europa —ejercida hasta entonces por los Staufen— pasó de hecho a Francia: un reino sólido, el más poblado, el más rico, que contaba además con el prestigio de la santidad proporcionada por san Luis. Después de la muerte de Federico II, el título imperial permaneció vacante durante un cuarto de siglo y, cuando fue restaurado, era un honor y nada más. Sobrino, por su madre, de Federico II, Alfonso X se consideró a sí mismo como el último de los Staufen.

Los reinos españoles se vieron directamente afectados por estos cambios. La reconquista había reforzado en ellos la conciencia de que formaban una sola monarquía, aunque regida solidariamente por cuatro reyes, e incluso los conflictos internos que pudieran surgir eran tan sólo eso, asuntos interiores. Pero en 1234, una hábil maniobra francesa había desbancado las aspiraciones de Jaime I, instalando a la Casa de Champagne en el trono de Navarra y, desde 1274, por vía de matrimonio, el propio rey de Francia, Felipe IV, ciñó esta corona. La resistencia de los navarros fue reprimida con dureza —«guerra de la Navarrería»— y en Pamplona se instaló un gobernador francés, Eustache des Champs, con tropas. Una situación que habría de prolongarse hasta 1328, dando la sensación de que Navarra iba a salir del ámbito hispano para insertarse en el de Francia.

En otro escenario, un hermano de san Luis, Carlos de Anjou, que era señor de Provenza, logró del Papa los títulos necesarios para apoderarse de Nápoles-Sicilia, renovando los sueños hegemónicos de Federico II. Apuntaba ya a la conquista de Constantinopla, que había vuelto a ser la capital de un Imperio bizantino en la agonía. Si Marsella, Génova y Palermo se unían en una estructura de monopolio bajo el poder angevino, el comercio catalán en el Mediterráneo se vería gravemente amenazado. La hegemonía francesa esgrimía como principio el güelfismo, una doctrina que asignaba al Papa y a las repúblicas y señoríos, poder superior al del imperio. Podía contar con las grandes organizaciones mercantiles interesadas en mantener este tipo de esquema.

Así pues, los reyes de Castilla y de Aragón se vieron empujados al ghibelinismo, aunque no entendían muy bien de qué se trataba. Alfonso X fue invitado por los enemigos de la Casa de Anjou a que pasara a Italia reivindicando el título imperial que le correspondía y poniéndose al frente del movimiento. Pedro III de Aragón estaba casado con una nieta no legítima de Federico II, hija de Manfredo, llamada Constanza, que podía reclamar el reino de Nápoles. Algunas conspiraciones contra el poder angevino fueron urdidas, pero aquél contaba con el apoyo del Papa, a veces con cierta exageración.

Alfonso no fue a Italia pero reclamó el título de emperador, iniciando agotadoras negociaciones con el Papa que no llevaban a parte alguna. Probablemente no estaba interesado en ser cabeza de ningún movimiento ghibelino, aunque sí de «trasladar» a la Península la corona imperial, asegurando su hegemonía y desde luego su superioridad. Llamado el Sabio, era un verdadero hombre de ciencia, autor o inspirador de libros que demuestran un gran progreso científico.

Asociado muy pronto a las tareas de gobierno por su padre san Fernando, e hijo de Beatriz de Suabia, lo que le proporcionaba mayor lustre en un linaje que se sabía descendiente de godos, Alfonso X puede ser considerado como el primero, entre los reyes españoles, que tuvo conciencia de la posibilidad que como primera forma de Estado encierra una Monarquía: sobre una determinada comunidad humana, que se define por su conciencia histórica, sus costumbres y su fe, se edifica una doble legitimidad, aquella que procede del origen y que los reyes reciben como una herencia por vía de linaje, y aquella otra, más importante, de ejercicio, que consiste en la administración de justicia. A partir del siglo XIII y en las Cortes se desarrollará una clara teoría que en Cataluña se llamó pactismo: entre rey y reino existe una especie de contrato en que ambas partes se obligan, con recíproco juramento, a cumplir las obligaciones legales. En Castilla se empleará la formula de «leyes, fueros, cartas, privilegios, buenos usos y buenas costumbres» —así, literalmente— porque todas ellas constituían las libertades del reino. Naturalmente, en esta especie de contrato se halla implícito un derecho por parte del reino, a desobedecer al rey cuando éste pierde la legitimidad de ejercicio y pretende algo que atenta sustancialmente al mismo reino. Tal fue precisamente el caso de Alfonso X en 1282: un Ayuntamiento de ciudades en Valladolid le depuso porque pretendía resolver el problema de sus nietos, infantes de la Cerda, partiendo el reino.

Por otra parte, es Alfonso quien culmina la obra de los Traductores causando impacto muy considerable sobre la cultura europea.

Sin apartarse de la tradición isidoriana ni de Casiodoro, antes bien, tratando de insertarlas en los nuevos esquemas de los Estudios Generales, Alfonso X no pretendía mostrarse original; su principal interés estaba en recopilar, ordenar y poner al día mediante trabajos colectivos, el saber más avanzado de su tiempo. Lo mismo que sucedería con su yerno, Dionis, rey de Portugal, estaba preparado para comprender y estimular la tarea que en Salamanca y Valladolid —pronto en Coimbra— se estaba realizando. La más duradera y fundamental de las tareas de su reinado corresponde a las traducciones, en que colaboraron judíos y musulmanes.

Preocupaba especialmente en los círculos que rodeaban a Alfonso X y a los maestros universitarios el gran problema de la clasificación de las ciencias, ya que éstas no eran presentadas como mera praxis sino como una explicación del orden que Dios ha puesto en la Creación. Se empleaba, a este respecto, tanto en Salamanca como en París la obra de Domingo González, *De divisione philosophiae*, conocida comúnmente como Gundisalvus, en que se proponía el paso de los dos niveles, *trivium* y *quatrivium*, hasta entonces admitidos, a estos tres:

— Ciencias propedéuticas. Conservando la Gramática, Retórica y Dialéctica, otorgaba a la Historia autonomía dentro del cuadro.
— Lógica, que debía constituir por sí misma un nivel independiente.
— Ciencias de la sabiduría añadiendo a la Aritmética, Geometría, Astronomía y Música la Medicina, la Agricultura y las Ciencias Ocultas.

Pedro III de Aragón/Cataluña/Valencia, a quien empujaban sin duda los intereses de sus comerciantes, se mostró, en su ghibelismo, mucho más pragmático y osado que su pariente de Castilla, acaso porque no podía abrigar pretensiones al Imperio desde su posición marginal dentro de la dinastía. Entró en contacto con aquellos sectores sicilianos que preparaban un levantamiento contra los franceses y, con pretexto de cruzada, llevó su flota a Túnez, esperando que los acontecimientos le dictaran la línea de conducta. El martes de Pascua de 1282 el alzamiento tuvo lugar («il Vespro» o vísperas sicilianas como dirían los cronistas españoles). Los catalanes acudieron y Pedro fue reconocido como rey en cuanto marido de Constanza, la hija de Manfredo. Reiteradamente derrotado en el mar, Carlos de Anjou pudo sostenerse en Nápoles, de modo que el reino (Realme, según la terminología italiana) quedó prácticamente dividido en dos. Sin embargo Pedro no se atrevió a incorporar Sicilia al conjunto de sus dominios, de modo que la corona pasó al segundo y después al tercero de sus hijos. Los intereses catalanes en Palermo y en Mesina quedaron asegurados, abriéndose así el camino hacia el Oriente Mediterráneo, donde pudieron contar con la simpatía de Venecia y del Imperio bizantino y con la tremenda enemistad de Génova. Desde una perspectiva eclesiástica y siendo el Reino feudo de la Sede romana, se había cometido una tropelía. La nobleza aragonesa, obligada a luchar contra Francia que prestaba todo su apoyo a los angevinos, reprochó a sus sucesivos reyes, Pedro, Alfonso III y Jaime II —que previamente reinara en Sicilia— que hubieran colocado a la corona en una incómoda e injusta posición. De ahí que se iniciaran negociaciones, que incluían siempre como cláusula necesaria la renuncia a Sicilia. En una de estas negociaciones (Anagni, 1295), en que Jaime II llegó a comprometerse a colaborar militarmente con los angevinos contra su hermano Fadrique que ahora reinaba en Sicilia, el Papa reconoció algo muy importante: los catalanes tenían derecho a intervenir en Córcega y Cerdeña para restablecer el orden, compensando con esta ganancia las pérdidas que pudiera experimentar al abandonar Sicilia. Pero los sicilianos se negaron a someterse y no faltaron ayudas desde Cataluña. Empeñadas luchas culminaron en el tratado de Caltabellota (1302) que reconocía la independencia de Sicilia, sometida a una rama menor de la dinastía reinante en Aragón.

A la espera de ulteriores decisiones políticas, fue creada ya entonces la ruta mercantil que provocaría el extraordinario desarrollo del comercio barcelonés que hasta 1391 crecería sin detenimiento. Vicens Vives y Mario del Treppo han propuesto llamarla «ruta de las islas» o «de las especias» según que se otorgue más importancia a la existencia de una cadena de puertos o a las principales mercancías que por ella circulaban asegurando su prosperidad. Alejandría era el extremo oriental de la misma y allí no tardaron en poseer los catalanes un *fonduk* que funcionaba como puerto franco, alojamiento y almacén bajo autoridades propias, *cónsules*, que nombraba la ciudad de Barcelona. Las especias, de poco peso y moderado volumen, alcanzaban precios satisfactorios porque eran elementos esenciales en la fabricación de medicinas. Los catalanes se mostraron identificados con esta política que compensaba, en parte, los perjuicios que había podido acarrearles el fracaso de la política occitánica.

La nobleza, tanto en Castilla como en Aragón, se mostró descontenta de la conducta de sus reyes que buscaban fuera de la Península un refuerzo de su poder; temía que esto trajera aparejada una disminución de su influencia y que, además, alienara a sus soberanos respecto a los intereses del reino propio. La protesta se condensó en una demanda de que se limitaran los poderes reales. En Castilla la coyuntura fue proporcionada por la muerte prematura del primogénito, Fernando «de la Cerda». De acuerdo con la doctrina jurídica de las Partidas, correspondía a los hijos de éste la herencia en virtud de «representación». La vieja costumbre castellana daba preferencia al hermano en aquellos casos en que el primogénito no había llegado a reinar. Alfonso X se mostró vacilante: pretendió incluso segregar reinos subsidiarios para esos «infantes de la Cerda», pero el reino no lo consintió. Un Ayuntamiento de procuradores de las ciudades (no Cortes porque faltaba convocatoria real) celebrado en Valladolid en 1282 reconoció a Sancho como legítimo heredero y suspendió a Alfonso de sus funciones. El acto de 1282 —la coincidencia con las Vísperas es notable— fue objeto posteriormente de debate por parte de quienes negaban su legitimidad.

En Aragón, lo mismo que en Valencia aunque con menos intensidad, los nobles constituyeron una Unión, a la que invitaron también a las ciudades más importantes de los reinos, a fin de obligar al monarca a admitir un compromiso (Privilegio de la Unión) que garantizara todas las «libertades» hasta entonces conseguidas, esto es, los usos, costumbres y leyes propios de cada reino y de los estamentos.

Durante la primera mitad del siglo XIV, más o menos hasta la década de los años 40, asistimos en toda la Península a una primera fase de la lucha entre nobleza y Monarquía. La maduración de ésta, que Alfonso X anunciara de forma tan contundente, despertaba recelos entre quienes se consideraban víctimas de aquel «poderío real absoluto» que los soberanos invocaban para sí. La aristocracia «antigua», consolidada en sus ganancias, sintiéndose protagonista principal, de la Reconquista, aspiraba a que el nuevo sistema incluyese un poder compartido que obligase al monarca a concertar con ella sus acciones. Esta diferencia se hacía notable en el caso aragonés, que contemplaba la empresa siciliana, con su secuela de guerra con Francia como algo contrario a los intereses del reino. El resultado de la pugna pareció muchas veces incierto; los propios reyes, que necesitaban imprescindiblemente de la nobleza para gobernar, se mostraron indecisos en cuanto al camino a seguir. Tanto Alfonso III con Jaime II parecen haber estado dispuestos a condescender con la Unión y sus exigencias.

Anagni aparece, así, como una especie de capitulación. Pero Jaime II, reinando ahora en Cataluña, Aragón y Valencia, tenía conciencia de que necesitaba de alguna empresa exterior que le devolviera prestigio a los ojos de sus nobles. No podía replantearse toda la cuestión occitánica porque esto implicaba un enfrentamiento con Francia que era lo que las Cortes rechazaban absolutamente. De Cerdeña y Córcega no valía la pena ocuparse por ahora puesto que Sicilia seguía resistiendo; era preferible guardar los derechos reconocidos en Anagni para un futuro en que muchas cosas estuviesen ya olvidadas. Quedaba la Península en donde dos largas y muy revueltas minoridades, la de Fernando IV y la de Alfonso XI, abrían la posibilidad de que se lograra un reajuste territorial apetecible.

De acuerdo con Dionis de Portugal y con algunos muy ilustres agitadores del interior, utilizando los resquemores que creara el acto de 1282, Jaime II propugnó dos alternativas: la separación de Castilla y León, restableciendo el equilibrio de los Cinco Reinos —lo que no aportaba ventajas concupiscentes que ofrecer a sus propios súbditos— o significativas compensaciones territoriales que, incrementando el poder de Portugal y de Valencia, disminuyesen el desnivel producido en 1230. María de Molina, reina madre y abuela en ambos casos, supo mantener firme el llamamiento a las Cortes, las cuales, dominadas por las oligarquías ciudadanas y adheridas a la causa de la fuerte unidad monárquica, hicieron imposible la primera solución. Respecto a la segunda, el rey de Portugal no pudo lograr ninguna de las reivindicaciones territoriales propuestas. Jaime II, que había reclamado todo el reino de Murcia, cerrando la fachada mediterránea castellana, logró tan sólo la anexión de Alicante, Elche, Orihuela y sus Ollas. Algunos de los territorios que forman hoy parte de la que se llama a sí misma Comunidad valenciana para evitar el título de Reino, como es el caso de Villena, permanecieron en Castilla hasta la reforma provincial de Javier de Burgos en la primera mitad del siglo XIX.

Las fronteras se estabilizaron, comenzando a definirse por medio de mojones y las guerras con objetivos territoriales perdieron su razón de ser. Desde 1325 Alfonso XI, declarado mayor de edad, pudo empezar a construir, mediante progresiva legislación, el poder político que, como a Rey, correspondía. Ahora Castilla, que se estaba beneficiando de sus comunicaciones mercantiles con Flandes e Inglaterra, volvía a ser la gran potencia. Nuevas líneas de nobleza venidas de Andalucía, de Navarra, del País Vasco y de Asturias, proporcionaban los medios para una renovación de la nobleza «antigua», cuyos troncos principales se encontraban próximos a su extinción. Jaime II comprendió que hubiera sido locura enfrentarse con ella y, lo mismo que Alfonso IV de Portugal, buscó las vías de la paz. Pasados veinte años de Caltabellota decidió que era llegado el momento de ejercer los derechos de pacificador de Cerdeña que Anagni le había reconocido. En 1323 las primeras unidades catalanas desembarcaron en la isla, enarbolando una «senyera» cuyos colores serían más tarde asumidos por la bandera nacional española. Por otra parte, en 1328, al extinguirse la sucesión masculina de Felipe IV, Navarra se reintegró al seno de la «nación» española, aunque sus reyes conservaran dominios señoriales bastante extensos en Francia. Con la amarga experiencia de la guerra de la Navarrería a sus espaldas, las Cortes impusieron a Carlos II, que prefería vivir en París y no en Pamplona, el juramento del Fuero «amejorado» convenientemente. Navarra estaba dotada de los tres elementos que hacen un Reino: territorio, Fuero y Cortes.

La larga pugna interior entre nobleza y Monarquía, ha sido juzgada muy equivocadamente por los historiadores del siglo XIX que, herederos de una tradición jacobina y antiaristocrática, colocaban a un lado el rey bueno y al otro revoltosos y perversos nobles. El conflicto, sin entrar a definir quiénes eran los buenos y los malos, puede explicarse desde muy distinta perspectiva. En cuanto a la conveniencia del sistema monárquico, todos estaban de acuerdo: la disyunción empezaba cuando se planteaba la cuestión de las dimensiones y límites que debían atribuirse a ese «poderío real absoluto». Puntualicemos que absoluto en este caso no significaba otra cosa que independiente, es decir, no procedente de otro al que se considerase superior. Algunos consejeros del rey tendían sin embargo, ya en esta época, a considerarlo como ilimitado. Cuanto mayores fuesen las dimensiones otorgadas a la «señoría mayor» del rey —concluían—, mejor sería administrada la justicia en el reino. Por su parte, los nobles afirmaban que en la conservación estricta de ese juramento de guardar las «leyes, fueros, cartas, privilegios, buenos usos y buenas costumbres» radicaba la esencia de las libertades. En plural y no en singular, como se hace en nuestros días, pues no se pretendía establecer un principio sino de salvaguardar facultades concretas. Aquí era donde los «privilegios», trinchera de los nobles, se insertaban en la conciencia de libertad.

Es precisa una lectura atenta de las obras de don Juan Manuel, que a sí mismo se llamó infante porque era nieto de Alfonso X, para comprender con exactitud el trasfondo del conflicto. Especialmente útiles son el *Libro del caballero y del escudero*, el *Libro de los Estados* y el *Conde Lucanor*. No es, meramente, un observador de los sucesos. Se trata de uno de los principales protagonistas del siglo XIV, suegro de Pedro I de Portugal —que se asocia al oscuro drama de Inés de Castro— y de Enrique de Trastámara, a quien una revolución hará rey, sus coetáneos ya señalaron las numerosas contradicciones entre su elevada doctrina y su interesada conducta. La Monarquía se dibujaba, desde sus obras, como un modelo político en que las exigencias de derechos se encuentran sometidas y supeditadas a las de deberes. Los reyes se encuentran sometidos a las leyes y éstas a los principios de la moral. El imperio de la justicia y la búsqueda del bien común primaban, en los reyes, por encima de cualquier otra consideración.

Creció, en todos los reinos, la importancia de las Cortes: es cierto que la crisis económica obligaba a recurrir a ellas, pero una vez convocadas, los asuntos de que se hablaba y sobre los que se negociaba eran amplios y daban origen a un enriquecimiento legislativo. Para los reyes era importante contar con el respaldo de los procuradores ciudadanos. De las Cortes fue emergiendo una especie de nueva conciencia política, aquella que afirma que al rey no asiste el derecho de reinar sino el deber de hacerlo, impuesto por Dios, en consecuencia muy serio. Ese deber le obliga a someterse a las leyes y usos del reino. Uno de los grandes politólogos del tiempo, Álvaro Pelayo, que había asistido en Italia a algunos muy serios conflictos, definiría todos aquellos casos en que, por incumplimiento del deber, el rey se convierte en «tirano». Los reinos tienen el derecho y, probablemente, también la obligación de resistir a los tiranos.

En la década de los años 40 del siglo XIV, cuando la crisis económica se hallaba todavía en su fase recesiva, los Reyes Alfonso XI y Pedro IV consiguieron una victoria bastante completa sobre sus respectivas aristocracias y esto les permitió afirmar el poder real. Ninguno de ambos incurrió en los errores del personalismo, que tanto desfiguró la obra de Felipe IV en Francia, sino que aceptaron el principio formulado por los juristas acerca de la existencia de un pacto entre rey y reino que se expresa por medio de leyes; sólo que estas leyes tendían a definir y consolidar el poder real. No creo que haya inconveniente en admitir que las principales disposiciones de ambos monarcas tuvieron rango constitucional. Fueron, de hecho, las primeras Constituciones de la Monarquía española y sus efectos duraron largo tiempo. Me refiero al *Ordenamiento de Casa y Corte* de 1344 (que los investigadores modernos aconsejan llamar Leyes Palatinas), promulgado por Pedro IV de Aragón y el *Ordenamiento de 1348*, que fue publicado por Alfonso XI de Castilla en las Cortes de Alcalá de Henares. En este segundo se percibe claramente el intento de convertir en leyes la doctrina jurídica que Alfonso X vertiera en las Partidas. Hay coincidencia entre ambas leyes en un aspecto fundamental: se estaba avanzando hacia la objetivación en las formas de gobierno.

Surgía, en ambos casos, una institución que podemos llamar la Corona, y que era el resultado de una larga evolución en las funciones otorgadas al Rey. Persona privada, llamada por Dios a desempeñar las más altas funciones, tiene una representación, y para realizarla en debidas condiciones dispone de su Casa. En todas las horas del día el soberano está cumpliendo su papel. En cierto modo podríamos establecer la comparación con el teatro. También tiene un escenario, el Palacio, los lugares oficialmente pensados para ello, en que desempeña sus funciones e incluso un vestuario adecuado, el cual constituye un atributo de tal naturaleza que la mayor prueba de distinción a un súbdito puede consistir en regalarle el traje que hubiera usado en determinada ceremonia. La intimidad le está vedada: sus comidas forman parte de ese mismo espectáculo y hasta en la noche de bodas, algunos personajes le rodean para certificar la consumación del matrimonio que se confirma al pueblo mediante la exhibición de la sábana que garantiza la virginidad de la princesa o reina.

Pero al mismo tiempo, reina. Uno de los grandes politólogos del siglo XIV, que en 1340 estaba dando sus primeros pasos, Pedro López de Ayala lo explicará diciendo que no hay alternativa: «el rey rey reina, y el rey no rey no reina mas es reinado». Reinar, es decir, administrar justicia, mantener el orden y la paz, defender el reino y hacerle prosperar, es función pública y para ayudarle en ella dispone de la Corte. La Corona es la reunión de ambas cosas o, para decirlo de otra manera, el lugar desde el que se establecen las relaciones con el reino en esa función de reinar. De que la Corona funcione correctamente —y aquí entran también las obligaciones morales— depende el bienestar del reino. El refuerzo de la Corona, venían a decir los grandes reyes del siglo XIV, no impide la conservación y fortalecimiento de las libertades, es decir, las leyes e instituciones del reino.

El resultado más visible de todo el impulso hacia fuera, en sus dos ejes, vertical entre Flandes y África, horizontal desde la Península a Egipto, fue la aparición de esa unión de reinos que, ya en esa época se conocía como Corona del Casal d'Aragó. Sus propios beneficiarios la considerarían tan importante y ventajosa que muy pronto la declararon indisoluble. En conjunto la formaban seis reinos —a ella se incorporaría a finales del siglo XV también Nápoles— de los que cuatro eran españoles y dos italianos, de modo que puede considerársela como una verdadera Monarquía mediterránea. Un firme estado de conciencia a favor de la unidad, como más conveniente al interés común, preparó poco a poco su constitución. En el momento en que Alfonso IV, renunciando a la división de reinos, pretendió dotar a sus hijos de grandes dominios a costa del patrimonio real de cada uno de ellos, las Cortes protestaron: se trataba —dijeron— de una amenaza contra la unidad misma, tan preciosa. Un poder soberano fuerte —la Corona— garantizaba la unidad, las libertades y era presupuesto imprescindible para la prosperidad. Y el procurador valenciano, Guillem de Vinatea, usó entonces argumentos muy fuertes que la leyenda ha recogido con exageración —«cada uno de nos somos tanto como vos, y todos juntos mucho más que vos»— pero reflejando lo que eran un estado de ánimo y una posición en dicho tiempo. El reino había cobrado conciencia de que era el protagonista, estando el soberano ligado a él por un compromiso de servicio. Para decirlo en otras palabras, la Corona había conseguido absorber y diluir la persona concreta del soberano dándole continuidad. Los reyes fallecían, la Corona, no.

Desde 1323 los catalanes estaban instalados en Cerdeña, empeñados en lograr la pacificación de la isla, frente a las añejas querellas de una nobleza local dividida en clanes y alentada en su resistencia por Génova que durante muchos años se sirviera de ella como de una base. Fue una guerra larga, costosa y difícil. Los catalanes dominaron Cagliari (Cáller en los documentos españoles) y muy pronto vaciaron Alghero (Aluger) para repoblarla de catalanes, imponiendo una lengua que ha durado en este punto hasta hoy. También se hallaban sólidamente establecidos en Sicilia, aunque se trataba de un reino independiente. Sobre estas apoyaturas se había construido la ruta entre Barcelona y Alejandrina, cuya importancia hemos destacado. Para defenderla contra el enemigo natural, Génova, los catalanes procuraron y obtuvieron una alianza con Venecia, que la necesitaba perentoriamente. También extendieron, por medios no siempre recomendables —los terribles profesionales de la guerra llamados almogávares, a quienes la paz de Caltabellota dejara sin empleo— su dominio a ciertas regiones de Grecia (Atenas y Neopatria) combatiendo a los otomanos que empezaban su expansión y usurpando bienes a griegos y francos.

La rivalidad con Génova no era el asunto principal de la política mediterránea. La defensa del Tirreno frente a los piratas sarracenos, a cuyo lado pronto combatirían los turcos, llegaría a convertirse en tarea esencial. Por eso hubo treguas y falsos entendimientos. Génova reforzó su posición mediante las estrechas alianzas con Castilla y con Portugal. Aunque expulsada de Cerdeña, la República conservó sus bases en Córcega y, gracias al desarrollo de su arquitectura naval y de sus bancos, siguió dominando las rutas de Occidente. Su presencia comenzaba a ser señalada con nombres que evidenciaban este origen en las islas del Atlántico.

La larga lucha contra los benimerines, que llamamos «batalla del Estrecho», terminó prácticamente en 1340 (batalla del Salado). Ahora, el monarca castellano, dueño de Tarifa aunque no de Gibraltar, dotado de embarcaciones que eran técnicamente muy avanzadas, junto a sus aliados de Génova que le proporcionaban almirantes y técnicas, estaba en condiciones de asegurar el tránsito desde el Mediterráneo al Atlántico. Banqueros y comerciantes genoveses instalados en Lisboa y en Sevilla se vieron provistos de importantes privilegios y fuertes capitales. Desde Sevilla se organizó el comercio con el norte de África en donde podían obtenerse grandes cantidades de oro que venían del interior de África a través de las tres grandes pistas caravaneras que cruzaban el Sahara: «comercio mudo» de Cadamosto. A principios del siglo XV, el 90 % de todo el oro que llegaba a Europa tenía esta procedencia y pasaba por las manos de los banqueros genoveses: Grimaldi, Centurione, Spinola, Doria, son nombres que aparecen ligados a la construcción de la nación española.

Gracias a este maridaje, castellanos y portugueses progresaron mucho en la ingeniería naval. Los astilleros sevillanos lanzaron un excelente buque de guerra, la galera de alto bordo, mientras que en los del Cantábrico se producía la adaptación de la *kogge* hanseática para convertirla en la *coca* vizcaína. Los portugueses inventaron la carabela, que podía remontar las altas olas del Atlántico. Los castellanos lanzaron luego la nao. Una nao y dos carabelas mandadas por un genovés descubrirán América. Nada de esto es casual. Sin tales avances, ni el viaje a la India ni la travesía del Atlántico hubieran podido realizarse. Ese curioso nombre de Lanzarote, que lleva una de las islas Canarias, no es remedo del famoso caballero del Rey Arturo, sino reflejo de un genovés, Lancelotto Malocello, que tuvo el honor del descubrimiento.

Pedro IV de Aragón, III en Cataluña y II en Valencia, que reinó durante medio siglo (1336-1387), emprendió la tarea de reintegrar al dominio de su Corona todos los reinos y territorios que eran el fruto de la expansión catalana, logrando, como dice Muntaner, que hasta los peces de Mediterráneo llevaran en sus lomos las cuatro barras de la bandera. Los métodos que empleó no siempre fueron correctos, pero él hubiera podido responder que la importancia del objetivo propuesto y las ventajas que para los moradores de este espacio significaban no permitían detenerse en cuestiones secundarias. En 1343 despojó, mediante un amañado proceso, a su primo Jaime III de Mallorca, y pudo contar con el apoyo de los súbditos de éste. En 1335 declaró que había concluido la empresa de pacificación de Cerdeña, que en adelante podría funcionar como reino, con territorio, fuero y Cortes. En 1337, al extinguirse la línea dinástica reinante en Sicilia, también se posesionó de este reino y de sus anexos, los ducados de Atenas y de Neopatria. De este modo quedó finalmente constituida la original y fecunda fórmula política que se conocía como Corona del Casal d'Aragó. El Casal, esto es, la dinastía, quedaba definitivamente absorbida por la Corona.

La Corona representaba la unidad de la soberanía. No es correcto referirse a ella como a una confederación de reinos porque la potestad regia, con todo aquello que constituye o significa atributo de poder, era única para los cinco Reinos y el Principado que la componían. Ninguna ciudad ostentaba la capitalidad, aunque es evidente la preferencia de Pedro IV y sus sucesores por Barcelona; ningún Reino ejercía predominio. De hecho, hasta la gran crisis de 1391 —quiebra de la Banca catalana— Cataluña tuvo una especie de dirección, pero en el siglo XV estaba prácticamente en Valencia. Al rey correspondía la señoría mayor de la justicia, lo que permitía recibir apelaciones de todas las sentencias, así como la dirección de la política exterior, la organización y mando del Ejército y el derecho a acuñar moneda que, al ser un valor real y no fiduciario, circulaba libremente por todo el reino cualquiera que fuese el lugar de su emisión. Las piezas de oro y plata se fabricaban en las cecas reales, pero los monetarios de cada reino acuñaban la moneda menuda, aunque fuese oficialmente de aleación de plata.

Nunca se pensó en establecer unidad ni pluralidad lingüísticas. El rey se dirigía a sus súbditos en el idioma que en cada caso le parecía más conveniente sin sujetarse a ninguna regla u obligación, salvo la de hacerse entender. En Aragón se hablaba castellano, con algunas variantes que contribuyeron a la evolución de esta lengua hacia su meta de convertirse en español. El catalán progresó en su gramática y sintaxis hasta convertirse en instrumento adecuado para grandes obras literarias. Valencianos y mallorquines empleaban una lengua de escasísimas diferencias con el catalán, pero que consideraban propia: Joanot Martorell dirá de sí mismo que escribía en «vulgar valenciano». Los otros reinos peninsulares se acostumbraron a considerar con admiración a la Corona de Aragón por la madurez institucional que había llegado a alcanzar. Se abrió, sobre todo, paso una conciencia de que el refuerzo de la autoridad central debía considerarse como suceso favorable y no al contrario. Por su parte la Corona veía en los reinos un modo de administrar más racional y económico, en definitiva, más rentable.

Los intereses económicos comunes desempeñaron papel muy destacado en la consolidación de esa peculiar estructura política que adoptará después la Monarquía española del siglo XVI. Cuando en 1410 se extinguió la línea de directos sucesores de Ramón Berenguer IV y Petronila, abriéndose una crisis sucesoria, todos los reinos, tanto españoles como italianos afirmaron que, con independencia de la persona que fuese llamada a ocupar el trono, la unidad de la Corona debía mantenerse, ya que a todos era ventajosa. Aquella gran vía mediterránea permitía que circulasen especias y seda, trigo, coral, conservas de pescado, lana, tejidos y manufacturas. De ello todos extraían beneficios.

Capítulo 9

LA CASA DE TRASTÁMARA

La apertura del Estrecho de Gibraltar permitió a los monarcas castellanos superar la crisis económica. La ruta marítima que unía Italia con Inglaterra y Flandes benefició a los puertos peninsulares, tanto del sur como del norte: los comerciantes burgaleses que controlaban una Hermandad de la marisma creada a finales del siglo XIII —utilizando así a transportistas vascos y cantábricos— llegaron a imponerse en Brujas donde vendían lana, hierro, vino bordelés, miel, cera y corambres, aprovisionándose de tejidos y quincalla. Un verdadero eje económico, de sentido norte-sur, llegó a organizarse. En Brujas se organizó una universidad de mercaderes que fue conocida como «nación española» y recibió importantes privilegios para el desarrollo de su comercio. La conservación de esta ruta encerraba serias dificultades, especialmente cuando Francia e Inglaterra iniciaron la serie de guerras que conocemos como de Cien Años por su extraordinaria duración. A Castilla convenía permanecer neutral, pero ¿cómo lograrlo? Cualquier gesto en relación con Francia era considerado inamistoso por parte de Inglaterra, y a la inversa. Hasta su muerte (1350) Alfonso XI conservó la neutralidad.

En esta guerra se debatían cuestiones complejas: Francia significaba el predominio de la nobleza, y Gran Bretaña, el apoyo a las burguesías de ciudadanos. De modo que, en Castilla, el retorno de la nobleza al poder durante la breve minoridad de Pedro I fue sellado con un matrimonio francés y con una represalia británica sobre el comercio castellano (destrucción de la flota en Winchelsea, 1350). La ruta, además, exigía fuertes compromisos con Génova, cuyos intereses se vinculaban más con los ingleses que con los flamencos; a fin de cuentas, la apertura del Estrecho iba a provocar la ruina de las Ferias de Champagne. Cuando llegó a la mayoría de edad, Pedro I —que era un esquizoide con manías depresivas— decidió ejecutar un cambio en todos los aspectos: perseguir a la nobleza, cambiar la amistad con Francia por la de Inglaterra y reforzar los vínculos con Génova, buscando represalias contra la Corona de Aragón.

En 1356, Pedro se consideraba el más fuerte: tranquilo respecto a las fronteras de Portugal y de Navarra, dueño de fuertes reservas de oro que le permitieron emitir una magnífica moneda, la *dobla*, consciente de la debilidad de su rival —Pedro IV, obligado a dispersar sus fuerzas para sostener el imperio mediterráneo— decidió, con notorio arcaísmo, resolver el problema del equilibrio peninsular arruinando los reinos que formaban la Corona de Aragón. No tomó en consideración el hecho de que sus persecuciones, al obligar a muchos nobles a exiliarse y provocar la hostilidad de la Iglesia, estaban provocando el nacimiento de un partido en el exterior, que podía llegar a convertirse en muy fuerte.

Un incidente naval provocado inició la guerra. Al principio, Génova prestó su apoyo incondicional, pero pronto comprobó que los objetivos del monarca castellano iban más lejos de lo que a ella convenía y empezó a replegarse; sin embargo, durante mucho tiempo, los almirantes castellanos seguirían siendo genoveses. La superioridad militar castellana quedó demostrada en tierra y mar: Zaragoza y Valencia se vieron amenazadas de cerco y Barcelona hubo de contemplar impotente la pérdida de algunos barcos. Pedro IV aceptó la derrota entrando reiteradamente en negociaciones, hasta que comprobó que su homónimo rival apenas si buscaba otra cosa que ganar tiempo para hacer más fuertes sus ataques. Los intereses de Francia, el Papa y la Corona de Aragón coincidieron: había en Castilla un evidente caso de «tiranía», ya que en el ejercicio de su poder, con crueldad y falta de respeto a las libertades, se demostraba ilegitimidad y era preciso poner término a dicha situación. La dificultad estaba en que, asesinada su esposa Blanca, y rechazada la tesis de que hubiera podido contraer matrimonio con María de Padilla, no había descendientes ni colaterales que pudiesen asumir el gobierno. Se aceptó que un hermano bastardo de Pedro —Enrique, conde de Trastámara—, viviendo en el exilio, pudiese ejercer la «señoría mayor» del reino. Más tarde se dijo que al extinguirse la línea legítima, los derechos recaían sobre los descendientes de don Juan Manuel; la menor de sus hijas, Juana Manuel, era precisamente la esposa de Enrique de Trastámara.

Se creó una verdadera sociedad económica para atender a los gastos de la empresa. Una guerra civil de tres años concluyó con la derrota y muerte de Pedro I, al parecer por la propia mano de su hermano bastardo, en 1369. La victoria de Enrique II fue presentada como retorno a la legalidad, esto es, a la vigencia de las leyes, fueros, cartas, privilegios, buenos usos y buenas costumbres que constituían las «libertades» del reino. La nobleza, que consideraba a Enrique como uno de los suyos, entendió también que había conseguido la victoria. Sin embargo, no entró nunca en los cálculos del nuevo rey debilitar la estructura de la monarquía. Garantizó a los otros reinos peninsulares acerca de sus intenciones pacíficas, rehuyendo cualquier cuestión territorial, pero firmó los tratados de paz después de haber demostrado su superioridad militar. Una literatura áulica se encargó de insistir en el viejo argumento de que España era ámbito de una monarquía heredada de Roma, regida solidariamente por los cuatro reyes, pero a través de él se adivina el propósito de presentar a Castilla como una especie de *primum inter pares*.

Un ingenioso sistema de equilibrio social fue establecido. Las ciudades evolucionaron hasta convertirse definitivamente en auténticos señoríos colectivos con la posibilidad para ellas de extender a aldeas y lugares su poder jurisdiccional; en su interior, las oligarquías dominantes se cerraron en forma de linajes asimilándose en su modo de vida a una verdadera nobleza local, como en Italia estaba sucediendo con el patriciado. La nobleza, clase política y militar, se dividió en tres sectores. El inferior, más numeroso, estaba compuesto por los simples *caballeros*, que apenas se diferenciaban de los que en las ciudades usaban de este título. El intermedio, formado al principio por dieciséis linajes, constituía la que los genealogistas posteriores llamaron nobleza «nueva». No porque las familias lo fuesen —parte de los linajes procedían de apellidos antiguos— sino porque las rentas de las que se sustentaban ya no eran censos o rendimientos de la tierra sino, sobre todo, procedentes de un ejercicio jurisdiccional. Para garantizar el estatus económico y la pervivencia de los miembros de este verdadero cuerpo político, los reyes autorizaron la constitución de mayorazgos: el conjunto de los señoríos —lo que no podía aplicarse a las propiedades inmuebles o mobiliarias directas— permanecía unido sin posibilidad de disgregarse. Un mismo noble, si sus ganancias lo permitían, podía fundar varios mayorazgos. Esas nuevas rentas jurisdiccionales quedaban al resguardo de su posible deterioro. Por encima de esta segunda nobleza estaban los que comenzaban a llamarse «grandes»: se trataba, al principio y con exclusividad, de miembros del linaje real a quienes se otorgaban «estados» amplios que merecían título de conde, marqués o duque, en esta jerarquía.

Todas las reformas, incluyendo la frecuencia y regularidad con que se convocaban las Cortes —a las que se llamaba únicamente a ciudades y villas que tuviesen de antiguo este derecho— conducían a establecer una nueva forma de gobernar. Puede decirse que se produjo un reparto de funciones entre el realengo que componían las ciudades y aquellas otras localidades administradas directamente por la Corona, el abadengo perteneciente a la Iglesia, y el señorío. En general, los dominios que se otorgaban en señorío eran los de difícil acceso o que contaban con más dificultades para su administración.

Deliberadamente, los tres primeros Trastámara, Enrique II, Juan I y Enrique III, se sirvieron del modelo institucional de la Corona de Aragón. Pero lograron al mismo tiempo un paso sumamente importante. Por vez primera se afirmó que la *potestas regia* discurría por tres cauces que debían moverse con recíproca independencia: el legislativo, correspondiente a las Cortes —una ley promulgada en Cortes sólo podía ser modificada por otra que tuviese la misma condición—; el administrativo y ejecutivo, incluyendo la justicia criminal, que correspondía al Consejo, y el judicial atribuido a la Audiencia o Chancillería, que funcionaba como Tribunal supremo para todas las causas civiles y como sala de primera instancia para ciudades, nobles o cuestiones de importancia. Los judíos, por ejemplo, podían acudir directamente con sus querellas al Consejo.

Enrique II recomendó a sus descendientes poner término a las guerras peninsulares —que tanto daño hicieran— mediante matrimonios exclusivamente con personas de otros reinos españoles, a fin de lograr que todos los monarcas que, solidariamente, los regían, se sintiesen miembros de una sola familia. Es cierto, por ejemplo, que los miembros de la segunda generación, Juan I de Castilla, Carlos III de Navarra, Juan I y Martín I de Aragón, se movieron en política dentro de esta mentalidad, como parientes. No quería, en cambio, renunciar al impulso hacia fuera, como tampoco la Corona de Aragón y Portugal estaban dispuestos a hacerlo. La guerra civil le había convertido en aliado de Francia y aprovechó esta circunstancia para imponer las navegaciones en el golfo de Vizcaya, combatiendo y venciendo a los ingleses. Desde 1372, vencedor en La Rochela, se vio respetado en sus pretensiones. Estableció, en consecuencia, una hegemonía en el golfo de Vizcaya que se prolongaría hasta el desastre de la Invencible.

Esta política contaba con una importante limitación: obligaba a tratar a los ingleses como a enemigos. Desde 1389 las treguas se hicieron cada vez más frecuentes y prolongadas y, a su amparo, barcos de ambos países pudieron practicar el comercio; pero una tregua no permite establecer las condiciones jurídicas necesarias para el establecimiento de compañías mercantiles estabilizadas. Éstas se daban en Brujas, muy pronto en Rouen y también en Nantes. Desde mediados del siglo xv los castellanos, vencedores de la Hansa, pudieron imponer a los barcos de la famosa institución alemana sus condiciones.

La consolidación de la nueva dinastía coincidió con el comienzo de una reforma religiosa en Castilla, de la que la nueva Orden de los Jerónimos españoles llegaría a ser principal representante. Esta reforma, que otorgaba a la oración contemplativa auténtica primacía, se encuentra estrechamente vinculada al gran movimiento que llamamos humanismo, a Petrarca y a santa Catalina de Siena. Pero el Humanismo se presentó en su primera fase peninsular como «llullismo». Ramon Llull, nacido en Mallorca de familia catalana, educado en la Corte, donde llegó a desempeñar papel de relieve, pasado a la vida religiosa cuando era de edad madura, conocía bien el árabe y el latín, aunque empleó en sus obras literarias únicamente el catalán, del que puede considerársele uno de sus principales maestros creadores. El aspecto fundamental de su pensamiento lo hallamos en su afirmación de que la verdad cristiana podía demostrarse con argumentos racionales, sin recurrir a principios de autoridad. Así era como debía procederse con musulmanes y judíos, hasta llevarlos a la conversión.

Establecía, de este modo, una especie de axioma: si el cristianismo es la Verdad indefectible, revelada por Dios, la razón, que ha sido dada al hombre por el mismo Dios, no puede hallarse en contradicción con ella. En el *Llibre del gentil e dels tres savis* imagina el diálogo de un pagano con los tres portadores de las religiones reveladas: la conclusión, que se sugiere, es que el cristianismo logra demostrar su superioridad sobre judaísmo e Islam. Compuso un tratado de Lógica, *Ars Magna*, destinado a la formación de alumnos en su colegio de Miramar, fundado precisamente con la intención de preparar expertos misioneros que enseñasen en árabe a los habitantes del norte de África.

El llullismo, cuya huella en España fue profunda y duradera, sigue muchos de los cauces de santo Tomás de Aquino, a quien sobrevivió más de cuarenta años. Ignoramos la fecha exacta de la muerte de Llull, pero en todo caso es posterior a 1315. En sus tesis se mostraba radicalmente distinto de Ockham: confiaba en las cualidades de la razón humana. Su influencia fue dominante en la literatura española del siglo XIV, abrumándola de apólogos, enxemplos y cuentos moralizadores que descubrían de qué modo el hombre es capaz de realizar obras meritorias en la presencia de Dios. El cristianismo no era sólo fe y liturgia en la presencia de Dios, sino forma de vida que penetra todas las acciones humanas.

Llull y Alfonso X coincidieron en un punto: la necesidad de dar a la lengua vulgar la riqueza y flexibilidad suficientes para poder expresar los conceptos propios de la filosofía o de la ciencia. Para el misionero mallorquín esta lengua era el catalán. El monarca castellano, a pesar de sus preferencias personales por el gallego, escogió la habla de Castilla porque era la más extendida en la Península y la más adecuada, a su juicio, para expresar los conceptos de la Historia y del Derecho.

Como un movimiento paralelo y, en ciertos aspectos, anterior al llullismo, se estaba desplegando el intento de acercar los reinos a una conciencia histórica, la cual aparece incluso en documentos como el Fuero de Navarra, que se inicia recordando a Pelayo y al modo como los montañeses proclamaban rey. Las *Partidas* de Alfonso X —divididas en siete capítulos a fin de que cada uno comenzara con la letra correspondiente del nombre del rey— no fueron proyectadas como el texto de una ley que debiera promulgarse, sino como un gran cuerpo de doctrina jurídica que permitiera disponer de los principios del «ius» y de su desarrollo en la ulterior empresa de dotar al reino de buenas leyes, como así sucedió. En la misma dirección se mueve la *Crónica General*, proyectada en esa época y continuada después hasta la redacción «definitiva» de 1344: se trataba de proporcionar a los españoles y no sólo a los castellanos, conciencia de su identidad por medio del pasado. Se trata de un pasado al que se despoja de mitos, pero al que se incorporan todas las leyendas épicas sin el menor sentido crítico, porque en ellas se encuentran los signos de dicha identidad.

A través de esta conciencia se descubre un sentimiento de apego del hombre a la tierra, al tiempo que de los valores propios de la caballería. Toda una trayectoria de *laudes Hispaniae* aparece renovada. En el *Llibre dels feyts*, atribuido a Jaime I, se dice expresamente que «Catalunya es lo mellor regne d'Espanya». Es el mismo sentimiento que se manifiesta en la *Crónica* de Bernat Desclot de 1288.

Los siglos XIII y XIV fueron de gran empuje desde el punto de vista artístico. Al término de la «reconquista» se sintió la necesidad de rehacer prácticamente todas las grandes catedrales, considerándose inadecuados los edificios que las albergaban. Se iniciaron de acuerdo con el nuevo estilo ojival. Pero la crisis económica que sobrevino casi inmediatamente paralizó muchas de las obras, que no volvieron a reanudarse hasta la segunda mitad del siglo XIV y se concluyeron ya muy entrado el siglo XV. En el intervalo se incorporaron nuevas tendencias más estilizadas: Santa María del Mar, en Barcelona, tiene detalles exquisitos; Batalha, en Portugal, incorpora los gustos ingleses; la catedral de Mallorca adquiere tonalidades que recuerdan el movimiento de un barco cuando despliega al viento su arboladura.

Hay una sincronía entre las catedrales góticas y la Alhambra de Granada: es la obra de más de un siglo emprendida por los nasríes y uno de los escasísimos monumentos musulmanes que se han conservado. Sus diversos elementos se suman e intercalan en un prodigio de fragilidad, exquisita belleza y alarde de naturaleza. El agua es, en la Alhambra, tan importante como los elementos arquitectónicos. Esbeltez en las formas era lo que igualaba a los artistas cristianos y musulmanes. A mediados del siglo XIV, el primero de los grandes pintores españoles, Ferrer Basa, tenía instalado su taller en Pedralbes, en las inmediaciones de Barcelona.

El llullismo suscitó en Castilla al primero de sus grandes literatos de valor universal, que ya hemos mencionado: don Juan Manuel. En su séquito figuraban dos judíos, Isaac y Salomón ibn Wakkar; de uno de ellos diría que tenía en mente cuando escribió el hermoso cuento del «amigo y medio». Transformó las simples colecciones de apólogos en un verdadero diálogo en que, siguiendo a Llull, se demuestran con argumentos racionales las excelencias de la fe cristiana *(Libro del caballero y del escudero y libro de los Estados)*, o en una novela ejemplar *(El conde Lucanor)* cuyo argumento consiste en señalar la importancia que tienen la lealtad y las demás virtudes, ya que ellas son las que hacen al caballero. Pues Patronio está dedicado a cincelar tales virtudes en el conde mediante la explicación por medio de apólogos. En opuesto sentido, aunque marchando siempre en la misma dirección, el *Libro de Buen Amor*, atribuido a Juan Ruiz, arcipreste de Hita (Guadalajara), también recurre a los enxemplos para revelar las consecuencias del «loco amor del mundo», lo que coincide con el pensamiento de Petrarca al describir el amor humano como «desorden de las sensaciones». Para don Juan Manuel, el espíritu de la caballería se quintaesencia en una especie de religión del honor. El arcipreste hace un gesto de burla resignada —«humanal cosa es pecar»— y concentra todo el sentido de la existencia en un debate entre los dos extremos, la sensualidad (don Carnal) y el ascetismo (doña Cuaresma). Pocas dudas quedan al lector acerca de las preferencias verdaderas del autor.

La crisis económica del siglo XIV hizo estallar en la Iglesia una profunda crisis que se venía gestando desde mucho tiempo antes. El deterioro de las rentas obligó a consentir que una misma persona acumulara varios beneficios eclesiásticos: una vez rota la barrera era imposible poner un límite. De hecho, los servicios inherentes a dichos beneficios se interrumpieron o fueron prestados por suplentes que formaban un verdadero proletariado eclesial. Los monasterios, arruinados, vieron caer la disciplina y se preguntaron seriamente si no era conveniente reducir el número de monjes. La consecuencia no podía ser otra que el desorden, las malas costumbres, la ignorancia. Muchos clérigos tenían de esta condición apenas el nombre. En España la situación fue agravada por la guerra y por la actitud de Pedro I en relación con sus obispos.

Siguiendo al arzobispo de Toledo don Gil de Albornoz en su exilio, muchos eclesiásticos españoles se refugiaron en Avignon, precisamente por el tiempo en que la Curia iniciaba esfuerzos para restablecer la disciplina, y Petrarca empezaba a dejar sentir su influencia. Cuando la guerra civil terminó con la victoria de la Casa de Trastámara, los exiliados regresaron a la Península y pudieron ocupar cargos eclesiásticos de importancia. Así se constituyó en las Cortes de

Enrique II y de Juan I un grupo de reformadores entre los que cabe destacar a don Pedro Tenorio, arzobispo de Toledo, Gutierre de Toledo, obispo de Oviedo, Álvaro de Isorna que lo sería de Cuenca y de Sevilla, don Juan Serrano, prior de Guadalupe y fray Fernando de Illescas, confesor del rey.

En 1375, Pedro Fernández Pecha y fray Fernando Yáñez, pertenecientes a muy ilustres familias de la Corte, fundaban en Lupiana un gran eremitorio que no tardaría en convertirse en cabeza de una nueva Orden bajo la advocación de san Jerónimo. La propuesta era intensificar la humildad y la meditación contemplativa; por ejemplo, los jerónimos españoles se prohibieron a sí mismos introducir procesos de canonización para sus miembros. La importancia de la Orden crecería en los siglos XV y XVI: basta considerar lo que El Prado de Valladolid, Guadalupe, Yuste, San Jerónimo el Real de Madrid, la Sisla de Toledo y El Escorial han significado en la historia española para hacerse idea de su importancia.

Como una parte de las reformas que proyectaba en la monarquía castellana, el rey Juan I impulsó ésta de la renovación religiosa que consistía, en gran parte, en devolver a las órdenes su antiguo espíritu. Hay una estrecha relación entre este fenómeno y otros movimientos semejantes que se daban en Europa, como fueron la *devotio moderna* de Renania y la *observantia* italiana. Los jerónimos guardan mucha relación con Catalina de Siena, entre cuyos discípulos («caterinatos») se contaba precisamente un hermano de Fernando Yáñez. La obra principal de fray Pedro, llamado ahora de Guadalajara, los *Soliloquios*, recuerda a los *Diálogos* de la mantellata de Siena. En 1387 se inició la observancia en La Salceda, de donde los franciscanos la trasladarían al Abrojo. Al año siguiente, las Cortes de Palencia aprobaron unas Constituciones del clero redactadas por el legado don Pedro de Luna.

En 1390 se tornaron simultáneamente tres decisiones. Establecer en Valladolid un monasterio benedictino de nuevo cuño para la reforma de esta Orden por vía de congregación, entregar a los jerónimos Guadalupe con sus poderosas rentas, e instalar en el Paular de Segovia a los cartujos. Todo el movimiento de reforma se apoyaba en una doble tradición tomista y llulliana: lo importante era colocarse en presencia de Dios y ejercitarse en la vida espiritual. En el siglo XV un prior vallisoletano, fray García Jiménez de Cisneros —que no tiene relación alguna con el famoso cardenal—, redactó unas *Exercitationes spirituales* que, llevadas a Montserrat por el mismo autor, sirvieron de inspiración a san Ignacio de Loyola.

Capítulo 10

NOBLEZA VERSUS MONARQUÍA: LA CRISIS DEL SIGLO XV

El sistema imaginado por Enrique II para el gobierno de Castilla significaba el reconocimiento de la nobleza como única clase política, si bien se la dividía en dos sectores: el más elevado, de parientes de la dinastía, identificado por los títulos, debía tener la primacía en el poder social gracias a las rentas que le independizaban; mientras que el segundo, de mediana nobleza, estaba destinado a asumir el servicio del rey, ocupando los oficios de su Casa y Corte. Este segundo sector estaba abierto a los caballeros que podían ascender de acuerdo con sus méritos. Pero Juan I cometió un grave error: entendió que la política en relación con Portugal, consistente en demostrar su fuerza para asegurar la paz, podía cambiarse acelerando un proceso de unidad dinástica y supeditación a los intereses económicos franco-castellanos. El resultado fue una derrota espectacular (Aljubarrota, 1385) y una disyunción profunda que tardaría casi medio siglo en remediarse.

En esta guerra los miembros de la alta nobleza se mostraron contrarios al rey, rebeldes e incluso traidores en favor del enemigo, mientras que la nobleza media, que experimentó grandes pérdidas, cobraba predicamento por su lealtad y valor. De este modo, cuando Juan I murió dejando un heredero menor de edad, Enrique III, esta segunda nobleza, que dominaba el Consejo Real, pudo proyectar y llevar a término un proceso de eliminación de todos los parientes del monarca. Hubo una excepción, el hermano de Enrique, Fernando, un año menor que éste, titular de extensos señoríos entre los que el ducado de Peñafiel y el condado de Alburquerque eran los más significativos. Conforme iba madurando este infante, no sólo se afirmaba como cumbre de la aristocracia sino que creaba, en torno a su persona, una leyenda de exquisita lealtad que fue sumamente útil. Cuando Enrique III murió (1407) dejando un varón de muy corta edad, esta leyenda le atribuyó el gesto de haber rechazado la corona que los otros nobles le ofrecían, convirtiéndose en el mejor garante de los derechos de su sobrino Juan II.

Sin embargo, es muy probable que tras la mente de don Fernando se escondiera una gran ambición. Al menos preparó cuidadosamente a sus hijos, instalándolos en posiciones claves de fuerte poder como si hubiesen de ser árbitros del reino. Siendo todavía regente decidió que había que emprender la guerra de Granada, remediando el perjuicio que la independencia de este reino causara. Así llegaría a ser conocido como «el de Antequera» por la conquista de esta ciudad, que amenazaba seriamente la existencia misma del reducto musulmán. En una línea congruente con el humanismo, Fernando supo rodearse de intelectuales y cronistas que organizaron muy bien su propaganda.

En 1410 murió Martín I, rey de Aragón, sin descendientes directos. Los reinos que componían la Corona de Aragón decidieron, ante todo, permanecer unidos. Como los derechos de los parientes colaterales no eran muy claros, se recurrió al juicio de nueve juristas, tres por cada uno de los antiguos reinos peninsulares, para que, reunidos en Caspe, determinaran quién, de entre todos ellos, debía ser presentado a las Cortes como «príncipe de mejor derecho». Aunque hubo algunas variaciones en cuanto al criterio a seguir para el orden de sucesión, los compromisarios (Caspe, 1412) fueron unánimes en considerar que Fernando «el de Antequera», nieto de Pedro IV por su madre Leonor, era en aquellos momentos el más conveniente, pues era el que podía poner los recursos castellanos al servicio de la recuperación catalano-aragonesa, que alcanzaba entonces un punto agudo en su crisis. Una política que será finalmente asumida por un nieto de este rey, de su mismo nombre, esto es, Fernando el Católico.

Entre septiembre y noviembre de 1416, cuando Fernando estaba ya en su última enfermedad, el emperador Segismundo permaneció en Perpignan discutiendo la estructura de Europa: dividida por el Cisma, la Cristiandad se enfrentaba con una creciente amenaza turca; destruida la resistencia serbia y encerrada Constantinopla, era difícil contener su expansión. El emperador, rey de Hungría y de Bohemia, contando como heredero al archiduque de Austria, podía y debía montar la defensa de los Balcanes, mientras que a la Corona de Aragón correspondería la defensa del Mediterráneo. Éste era el plan trazado: el segundo de los hijos, Juan, instalado en Sicilia con designio de apoderarse de Nápoles, tendría esa vanguardia que cierra el Tirreno y penetra en el Egeo hacia Rodas y también hacia Alejandría. Algunos catalanes se contarán entre las víctimas del asedio de Constantinopla en 1453. Pero a Juan debían apoyarle sus hermanos, Alfonso V, el mayor, casado con su prima María de Castilla, y Enrique, Sancho y Pedro, cumbre de la nobleza en Castilla, que se proponían gobernar y dueños, además, de las Ferias de Medina del Campo, el mayor instrumento financiero entonces existente. Las hermanas, María y Leonor, estaban destinadas a sentarse en el trono de Castilla y Portugal, respectivamente.

Este plan, excelentemente urdido, que hacía de los «infantes de Aragón» —«verduras de las eras» como recordaría con nostalgia Jorge Manrique— árbitros de toda la península y emperadores del Mediterráneo, exigía una condición que el padre, antes de morir, recordó a los hijos: permanecer unidos, y leer con atención la *Crónica* del rey don Pedro. No lo hicieron así. Alfonso V, que actuara como intérprete en aquellas visitas de Perpignan, decidió sustituir a su hermano Juan en Sicilia y Nápoles; le ofreció una doble compensación, la boda con la heredera de Navarra, Blanca, que le permitiría ceñir una corona, y el gobierno del vasto patrimonio familiar en Castilla. Para esto último tenía que desplazar a Enrique, que era ya maestre de Santiago e iba a casarse con la infanta Catalina, hermana del rey.

Enrique no se conformó; una parte de la nobleza castellana que gobernara en tiempos de Enrique III, tampoco. Decidió arrebatar a su hermano la dirección de los asuntos, desplegando primero una propaganda en las Cortes contra su mal gobierno. En junio de 1420 tomó un peligroso camino: el golpe de Estado de Tordesillas, apoderándose de la persona del rey y alejando a los servidores que hasta entonces le rodearan. Hizo una excepción en favor de un bastardo de ascendencia aragonesa, Álvaro de Luna, que gozaba de un ascendiente muy fuerte sobre el monarca, esperando que le ayudase a dominar y encauzar su voluntad. Éste fue su error: don Álvaro era hombre «nuevo» pero de gran ambición. Primero organizó la fuga del rey (noviembre de 1420) y luego se sirvió de un hermano contra el otro, mientras él acumulaba títulos y poder con el despojo de los infantes y de sus fieles. En esta especie de pequeña revolución se dio un paso importante: por primera vez miembros de la segunda nobleza obtuvieron títulos accediendo a la «grandeza» de los señoríos autosuficientes, ante todo el propio De Luna, que era conde de San Esteban de Gormaz, señor de Escalona, condestable y maestre de Santiago.

Castilla se dividió en dos bandos y la mayor parte de los nobles fluctuaron entre uno y otro, según las ocasiones. No todo era falso en los programas políticos que se manejaban. Había entre los nobles quienes insistían en la necesidad de constituir una Liga para el bien del reino, a fin de imponer al soberano que, prescindiendo de «privados», meros ejecutores de sus dictados, se atuviese a las decisiones del Consejo en que la nobleza y los expertos en derecho estuviesen cabalmente representados. Otros oponían a este argumento el peligro que de la violencia y debilitación de la corona se estaba derivando, pues cada cambio político se traducía en despojo de los vencidos para reparto de prebendas entre los vencedores. Para estos últimos, el refuerzo del poder del monarca era también garantía de su propio estatus social.

Durante un cuarto de siglo, en una especie de movimiento pendular, los infantes de Aragón y don Álvaro de Luna se turnaron en el ejercicio del poder. Hasta que, en 1445, el condestable consiguió la expulsión definitiva (batalla de Olmedo). Enrique y Pedro fallecieron. Alfonso V, instalado en Nápoles, renunció a todo poder en la Península, de modo que Juan —rey de Navarra, lugarteniente y heredero en Aragón— concentró el poder que aún quedaba a los «infantes». Pero entonces la nobleza castellana decidió que no era necesario don Álvaro de Luna y organizó una fuerte conspiración para derribarlo. Crueldad excesiva: se le hizo morir en público, degollado en Valladolid, y su cuerpo fue enviado a una sepultura común de delincuentes ajusticiados.

En esta última fase de la guerra había estado mezclado el heredero y príncipe de Asturias, Enrique. Cuando se convirtió en rey, rodeado de fuerte desprestigio por un divorcio pronunciado «por impotencia», los nobles decidieron mantener y consolidar la Liga, como si fuese necesaria para el bien del reino. Se trataba, con apoyo del antiguo infante don Juan, ahora rey de Aragón, de someter al monarca a un programa de gobierno que limitase sus funciones. Hubo un momento en que las cosas parecieron apuntar en sentido distinto: contra Juan II se alzó en Navarra y en Cataluña una formidable rebelión. En el fondo, las quejas se debían a la fuerte crisis económica que ambos reinos padecían, pero en público se afirmaban otras cosas, como la supuesta tiranía del monarca, a quien acusaron incluso de haber provocado la muerte de su primogénito Carlos, príncipe de Viana.

Los dos rivales, Enrique IV y Juan II, guardaban profundas diferencias entre sí: débil, condescendiente, ciclotímico «eunucoide» (Marañón) el primero; enérgico, fuerte y constante el segundo. En 1463 todo parecía en contra de Juan: navarros y catalanes pedían a Enrique que aceptara ser su rey. Pero los nobles de la Liga se impusieron, favoreciendo al último de los infantes de Aragón. Enrique renunció a Cataluña, entregó Navarra a un laudo arbitral de Luis XI que, desde luego, sólo quería servir a Francia, y acabó poniéndose en manos de sus nobles con la esperanza de que éstos le ayudaran a salvar la sucesión de una niña, Juana, nacida de su esposa, Juana de Portugal, con la que el matrimonio adolecía de muy serios defectos por falta de dispensa. Pero los nobles extremaron las presiones exigiendo un compromiso escrito (sentencia de Medina del Campo) que reducía a poca cosa el poder monárquico y cuando, en una reacción explicable, el rey lo rechazó, colérico, ellos le declararon desprovisto del trono y le despojaron, en efigie, de sus insignias reales. Uno de los nobles dio una patada al muñeco que representaba al rey pronunciando las palabras más inauditas: «¡fuera, puto!».

Ahora sólo quedaban dos jóvenes varones de la dinastía: Alfonso, hermano de Enrique, en Castilla, y Fernando, hijo de Juan II, en la Corona de Aragón. Los nobles castellanos, especialmente aquellos que temían que el retorno de «los infantes» perjudicara sus dominios, se apresuraron a proclamar rey a Alfonso, al que no obedeció más que una parte, aunque muy considerable, del país. En reserva guardaban a la infanta Isabel. La Casa de Trastámara se estaba concentrando, al final, en muy pocas personas, mermando las posibilidades de los conspiradores. Así que, cuando en 1468 murió Alfonso, todavía muy joven, los nobles castellanos se vieron obligados a elegir: Juana —a la que declaraban ilegítima, adornándola, además, con epítetos calumniosos—, Isabel, a fin de cuentas mujer, y Fernando, el que recogía todas las corrientes dinásticas.

Isabel no permitió que la proclamasen reina, aunque reclamó para sí el titulo de princesa de Asturias con la sucesión en el trono. La Liga, dominada ahora por los descendientes de los portugueses emigrados a principios de siglo, y especialmente por el marqués de Villena, aceptó a Isabel poniendo condiciones matrimoniales muy precisas. Ella, por su parte, exigió otras dos: claridad en la calificación de ilegitimidad de Juana, por razones jurídicas —invalidez del matrimonio— y no por argumentos especiosos, y garantía de que no se la obligaría a casarse contra su voluntad. Una vez reconocida desengañó a todos: era su intención casarse con Fernando «y no con otro alguno». La boda se celebró en Valladolid, en octubre de 1469, en condiciones bastante azarosas. Aunque Villena y sus parientes intentaron desandar el camino, ya no pudieron hacerlo. Ni siquiera podían alegar que Juana fuese despojada de derechos que no le pertenecían, pues su ilegitimidad había sido declarada en presencia del legado *a latere* con toda solemnidad. Tal vez una sentencia del Papa hubiera sido eficaz, pero dicha sentencia jamás se pronunció.

Durante cinco años los jóvenes príncipes maniobraron para conseguir atraer a los nobles. Su propuesta coincidía con algunas de las demandas que se venían haciendo: garantía de su estatus social y económico a la nobleza; reconducción de la monarquía a una estructura de gobierno ajustada al cumplimiento de la ley.

Para una más correcta comprensión de las páginas anteriores es necesario llegar a definiciones más precisas acerca de lo que hemos de entender por nobleza y por monarquía. Las grandes guerras del siglo XIV y los conflictos políticos continuados del XV permitieron la promoción de las familias nobiliarias constituidas bajo los Trastámara y no parece que hayan perturbado la recuperación económica. Fueron poco sangrientas y escasamente destructivas todas estas contiendas: era lucrativo hacer prisioneros y un mal negocio causar muertes. Los cambios acentuaban las tensiones sociales y la escasa eficiencia de sistema penal hizo florecer el bandidaje, aunque en forma distinta según las regiones. En los cuatro sectores sociales, de ciudadanos y campesinos, nobles y clérigos, hay individuos que se enriquecen incluso escandalosamente mientras en el extremo opuesto encontramos los que se empobrecen. Los poetas aludían a los golpes de la «inconstante Fortuna».

Es imposible calcular la población española de esta época; los datos que utilizan los demógrafos carecen de la necesaria precisión porque no se apoyan en registros sino en estimas redactadas por razones tributarias. Se puede suponer que, en el momento de producirse la Peste Negra de 1348 que, en varias oleadas sucesivas, fue muy mortífera, la corona de Castilla tenía entre 3 y 4 millones de habitantes, uno la Corona de Aragón y aproximadamente 80.000 almas el reino de Navarra. En este cálculo no se incluye a los judíos, que han podido sumar en el momento de máxima prosperidad las 150.000 personas, un número drásticamente reducido tras las persecuciones de 1391.

En la nobleza española la revolución Trastámara significó un relevo, y las contiendas intestinas del siglo XV una oportunidad de ascenso que no todos pudieron aprovechar ni de la misma manera. Había conciencia de que los linajes «viejos» se habían extinguido por causas naturales. Fernán Ruiz de Castro, último descendiente del famoso linaje, hizo que en su tumba colocaran la leyenda de que «aquí yace toda la fidelidad de España» como si con él concluyera una época. Los nuevos linajes, promocionados desde el nivel de los simples caballeros, rompieron como dijimos, desde 1420, la barrera que les impedía el acceso a la grandeza. Pero al iniciarse el movimiento de ascenso arrastraron a otros que venían detrás: de este modo, el siglo XV generó un poderoso impulso entre quienes buscaban un ascenso en la escala social. Los simples hidalgos de las pequeñas villas y aldeas se sintieron inquietos; había ejemplos de promoción que a ellos les movían a imitarlos. América será el gran aliviadero para las inquietudes insatisfechas.

Entre la mentalidad e intereses de esta nobleza, que equivalía al 5 % de la población, y la estructura económica dominante en el país había perfecta adecuación. Los nobles necesitaban rentas para poder vivir y no en cambio trabajo para crear beneficios. Del trabajo —como de los impuestos— se consideraron excluidos, porque distintas eran sus funciones sociales. Pero esas rentas eran lucrativas cuando procedían directa o indirectamente del comercio o de los ingresos del Estado. Cervantes, en una de sus novelas, llegará a decir que el ideal de su gente es «poseer un juro en hierbas de Extremadura», esto es, un título de renta sobre los ganados de la Mesta. Rebaños y mercaderías generaban las rentas más seguras. Toda la ganadería lanar se hallaba inserta en dos grandes organizaciones, la Mesta en Castilla y la Casa de los Ganaderos en Aragón; ambas estaban en manos de la nobleza, obedeciendo a sus intereses.

La influencia mental y moral de la nobleza sobre la sociedad española no tuvo contrapartida: si exceptuamos Barcelona, ninguna ciudad poseyó una sociedad que pudiera calificarse de burguesa. Las pequeñas oligarquías ciudadanas estuvieron cada vez más dominadas y representadas por el sector de «caballeros» que, en Andalucía, era el único admitido en el regimiento. Pero esos caballeros —los padres de Melibea o el de Olmedo del drama de Lope de Vega— ya no se distinguían de los hidalgos rurales: casa, vestido, modos de comportamiento y hasta el profundo sentido del honor eran completamente nobiliarios. El sentimiento religioso influyó desde luego profundamente; al unirse a los ideales de la caballería, generó una peculiar ética social que rodeaba a las mujeres de muchas e inútiles precauciones, ya que el «honor» se reputaba principal elemento en la «opinión» que los demás formaban de uno mismo. Un honor, por otro lado, que los varones estaban deseando destruir en la mujer ajena, reclamándolo con vigor en la propia.

Había nobles muy ricos y también muy pobres. Lo mismo sucedía con el clero, al que el deterioro de las rentas había acostumbrado a separar su percepción del cumplimiento de los servicios requeridos. Ese proletariado eclesiástico a que hemos aludido era fermento para el deterioro de las costumbres. Un panorama semejante se descubre en los campesinos: entre los jornaleros que, cada mañana, venden en la plaza su trabajo del día y los que aparecen en los documentos calificados de «ricos» —antecesores del Camacho del *Quijote* o de Pedro Crespo, el alcalde de Zalamea— hay una gama amplísima de muy variados tipos, con evidente predominio de los pobres. Un rasgo iguala a la sociedad campesina: el duro clima que establece profundas desigualdades entre unos y otros.

En cuanto a la administración del territorio, éste se hallaba dividido en tres sectores jurisdiccionales de dimensiones bastante aproximadas: realengo, abadengo y señorío. La diferencia consistía en la forma de designación de las autoridades locales y del destino de las rentas. En teoría, las ciudades y villas con capacidad de autogobierno formaban parte del realengo, pero las cartas y privilegios otorgados las convertían en verdaderos señoríos colectivos. Incluso las vacantes en los regimientos se cubrían por un sistema de cooptación que el rey se limitaba a confirmar. De ahí que desde finales del siglo XIV se fuera extendiendo la práctica de la designación de corregidores. En su sentido más estricto, el término significa que el oficial enviado por el rey gobierna *con* el regimiento; en la práctica sucedía que *sustituía* al regimiento en sus funciones esenciales.

Una cosa es el territorio propio de la ciudad, que llamamos *alfoz*, y otra muy distinta el señorío jurisdiccional que ha llegado a conseguir, el cual gobierna de la misma manera que hacen los grandes nobles con sus aldeas. Desde el punto de vista de los campesinos, la jurisdicción no resultaba tema importante. Hallamos protestas de los procuradores en Cortes contra aquellos que abandonan el realengo para vivir en señorío, no a la inversa. La queja se justificaba diciendo que con ello se disminuía el número de contribuyentes. Durante las guerras del siglo XV se produjeron abusos por parte de los grandes, que intentaron someter villas y ciudades a su jurisdicción. Luego se producían movimientos de revuelta, pero partían siempre de los antiguos linajes de caballeros que perdían su influencia en el concejo. El famoso caso de Fuenteovejuna nada tuvo que ver con el honor de una muchacha inocente, ni fue el comendador enemigo, sino partidario de los Reyes Católicos y muy apreciado por éstos. Se trataba de una maniobra de la ciudad de Córdoba, que quiso aprovechar la guerra civil para recuperar el señorío sobre esta villa que le fuera arrebatada años antes por don Pedro Girón, maestre de Calatrava. Un señorío —insisto— no era propiedad, solamente ejercicio jurisdiccional.

En conjunto el siglo XV es, en la Península, época de frágil prosperidad, excepto en Cataluña, donde las consecuencias de la quiebra de los bancos en 1381 y del deterioro de la vida mercantil en el Mediterráneo no pudieron ser frenadas. Las tensiones sociales se aplacaron, aunque surgían nuevos problemas como el de los *payeses de la remensa* de la vieja Cataluña, a quienes los propietarios presionaban para obligarles a abandonar una tierra que se había hecho rentable; condiciones de servidumbre olvidadas fueron aplicadas de nuevo con este fin. La Península seguía dedicando el 90 % de sus esfuerzos económicos a la agricultura y ésta padecía alteraciones en el ritmo de las cosechas, con tiempos de abundancia y períodos de escasez. La mejor muestra de la riqueza nos la ofrecen los grandes monumentos arquitectónicos y los retablos, algunas veces importados de Flandes o de Italia.

Al concluir el siglo XIV, Castilla consiguió realizar con éxito una operación estabilizadora de sus cambios en el dinero. Desde entonces dispuso de la que, probablemente, era la moneda más fuerte de Europa. Esta circunstancia se debía al hecho, ya apuntado, de que la inmensa mayoría del oro que llegaba desde África hacía su entrada por los puertos andaluces, en donde los banqueros genoveses lo aprovechaban. Desde principios del siglo XV funcionaban las Ferias de Medina del Campo, un encuentro mercantil en que el dinero era el principal producto. Poco a poco llegaría a controlar la compraventa de los instrumentos de cambio y crédito, garantizando la holgura de las transacciones.

Castilla y Aragón establecieron sistemas monometálicos de patrón oro, acuñando respectivamente *doblas* de 4,5 gramos de metal fino, y *florines* de 3,5, en relación con las cuales se dejó flotar la moneda de plata y la de vellón. Los precios se expresaban, en el comercio interior, en maravedíes, sueldos y dineros —esto es, moneda de cuenta—. Las crisis militares del siglo XIV y la abundancia de mercancía en el XV presionaron sobre esta moneda de cuenta, provocando un aumento continuado de los precios que los Reyes Católicos, en 1480, consiguieron detener.

La inflación no parece haber perjudicado mucho al comercio exterior, ni a las rentas de los grandes, que se hallaban ya vinculadas a los precios, pero sí en cambio a la Hacienda real, obligada a pagos cada vez más cuantiosos, y a la de las ciudades importantes, que se encontraron en permanente déficit: una y otras tuvieron que acudir a procedimientos que hoy llamaríamos de deuda pública. Los reyes comenzaron recurriendo a empréstitos forzosos que los vecinos más acaudalados debían aportar, resarciéndose después con el montante de los impuestos. Pero en el siglo XV recurrieron a la venta de *juros*, es decir, derechos a percibir una determinada suma sobre determinadas rentas; se decía, en consecuencia, que estaban *situados* en ellas. Los resultados eran desastrosos: muchas veces los impuestos estaban gastados antes de que pudieran cobrarse, pero como las necesidades permanecían, había que recurrir a nuevos juros o *censales*, que era el nombre que se empleaba en Cataluña.

De ahí una de las paradojas del siglo XV: reinos ricos, los españoles, vivían en permanente déficit. Era la consecuencia de que se gastaba más de lo que podía recaudarse; la monarquía —en cuanto estructura de poder— estaba creciendo y no poseía aún ninguna clase de programa que se asemejara a un presupuesto. Un monarca ahorrativo, como Carlos III de Navarra, estaba en condiciones de disponer de un tesoro, que se empleaba incluso en préstamos a otros príncipes, precisamente porque estaba al frente de un reino pequeño, sin grandes empresas. Pero eso mismo le tornaba extraordinariamente débil.

Como anotamos, hasta finales del siglo XIV, Cataluña había sido opulenta gracias al comercio mediterráneo. Pero cuando se produjo la sucesiva quiebra de sus bancos (1381-1410) el eje económico de la Corona de Aragón se desplazó hacia Valencia. Después de Caspe, esta ciudad estuvo en excelentes condiciones para desempeñar el papel de intermediaria en la salida al mar de los productos de la Meseta, lana en primer término. Aunque no en la misma medida que Medina del Campo, Valencia supo desarrollar el comercio del dinero creando reservas potenciales. De ella salieron los capitales necesarios para la gran operación del matrimonio de Fernando con Isabel, que iba a incorporar definitivamente Castilla a la Corona de Aragón. Tampoco es escasa la aportación a los descubrimientos oceánicos.

De este modo, defraudada en sus esperanzas, Cataluña llegó a convertirse en el miembro enfermo de la Corona de Aragón. La decadencia del comercio mediterráneo, cada vez más suplantado por las rutas del Atlántico que preferían la escala valenciana a la barcelonesa, el avance de los otomanos y la terca rivalidad entre genoveses y venecianos, unido todo ello a la insuficiente y arcaica estructura de las empresas catalanas, acabaron con una legendaria prosperidad. La deuda pública se consolidó dando origen a un desequilibrio —*desgavell*— que no sería enjugado hasta la época de Fernando el Católico. Durante un largo período de tiempo quedó en suspenso el consulado catalán en Alejandría, cerrándose la ruta directa hacia las especias con beneficio para Venecia.

La consecuencia más grave fue, sin embargo, la ruptura de la sociedad catalana en dos bandos que se mostraron irreconciliables: el patriciado tradicionalista constituía la *Biga*; veía en las instituciones del pasado la garantía de prosperidad y se negaba incluso a modificar las acuñaciones del *croat* de plata, a pesar de las consecuencias desastrosas que se derivaban de su especulación; los oficios medianos y menudos se agrupaban en la *Busca*, que confiaba en que la intervención de los reyes cambiase la organización tanto en la ciudad como en la Diputación del general y les otorgase mayores cotas de poder. La Biga, que culpaba a Juan, el infante, en su calidad de lugarteniente y luego de rey, de todos los males que estaba padeciendo, se lanzó en 1463 a una revuelta armada —«traició al geni de la terra», como la llamara Vicens Vives— que acabó asestando un golpe final a la ya maltrecha economía catalana. Nueve años de guerra (1463-1472) provocaron dolorosas pérdidas.

Capítulo 11

¡QUÉ FUERON, SINO VERDURAS DE LAS ERAS!

En 1477, lleno de nostalgia por un tiempo que identificaba con su difunto padre don Rodrigo, Jorge Manrique, último caído de una guerra civil, ponía el epitafio sobre una época llamándola «verdura de las eras». Tiempo de juventud hacia una España que comenzaba entonces a vivir una desmesurada aventura. El instrumento que lo hizo posible, aportación muy valiosa a la estructura política europea, es la Monarquía. No se trata de un régimen, sino de la forma que adopta el Estado. En la Península, los varios reinos que la formaban se sentían solidarios en esa curiosa unidad que invoca —así lo hacen reconocer en el Concilio de Basilea— la herencia de Roma, pues ellos fueron, en otro tiempo, Hispania, diócesis del Imperio, entregada a los visigodos. La Monarquía hace referencia a la soberanía, que es completa, ya que no reconoce superior a las leyes y costumbres, al destino común. En cambio, los reinos aparecen definidos por la convergencia de tres elementos: un territorio que se delimita por medio de mojones en la frontera, un fuero que garantiza las libertades de sus habitantes, y unas Cortes que son ámbito para ejercer el poder legislativo.

Salvo en Aragón, donde se mencionan cuatro brazos, las Cortes, representación cabal del reino, están integradas por tres estamentos. Pero así como en la Corona de Aragón la costumbre era que cada estamento o brazo se reuniera por separado, lo que daba a la nobleza y al clero una mayor capacidad de resistencia ante el príncipe, en la de Castilla las Cortes fueron, en realidad, reuniones exclusivas de ciudadanos. Una especie de diálogo había llegado a establecerse antes de que se iniciara el siglo XV: de un lado estaban el rey con sus nobles y obispos trabajando, además, en ausencia del soberano; del otro, los procuradores, que solían ser dos por cada ciudad. Para que el diálogo fuera fructífero se precisaba reducir el número de interlocutores. En la época de Juan II se introdujeron dos importantes modificaciones:

a) La convocatoria dejó de ser arbitrio del monarca. Éste decidía el lugar y la fecha en que las Cortes debían reunirse —una fecha que no podía dilatar, pues sin ella se quedaba sin recursos— pero no las ciudades y villas que tenían que ser convocadas, pues reconoció a éstas el derecho o, para decirlo en un término posterior, el voto en Cortes. De modo que los reyes españoles nunca pudieron disponer de «burgos podridos» como los ingleses ni les fue dado reconvertir como en Francia las Cortes en meras asambleas regionales.

b) El número de ciudades y villas con voto en Cortes fue restringido: desde luego ninguna de señorío, eclesiástico o laico, podía poseerlo. Las grandes ciudades, celosas de esta prerrogativa, buscaron remedios para impedir a otras que accediesen a él. Finalmente fueron dieciséis ciudades y villas las del «derecho». Aunque esto signifique una exclusión, a menudo injusta, también representó un aumento en la eficacia.

Las funciones de las Cortes fueron importantes. Sólo a ellas correspondía otorgar legitimidad al heredero, mediante recíproco juramento, con el que este último garantizaba la conservación de las libertades. Era escenario imprescindible para la promulgación de las leyes, aunque el monarca ejercía su potestad también por medio de ordenanzas. Y sobre todo votaba los impuestos que, en forma de monedas, ayuda o servicios, podía percibir el rey. Sin Cortes no había dinero.

Al rey corresponde el deber de velar por el bien de «la república de estos reinos» —expresión que hallamos repetida en los documentos— y esto le convierte en el primer magistrado responsable ante Dios. La sucesión masculina por vía de herencia era justificada con razones objetivas: es Dios quien otorga la vida a quien quiere y con ello se evitan las discordias y divisiones que cualquier otro sistema traería consigo. El gobierno de uno es preferible al de muchos. Esta norma no excluía a las mujeres; en defecto del hijo varón, el soberano presentaba a las Cortes la mayor de sus hijas o su única hermana, como fue el caso de Enrique IV. En la Corona de Aragón existía un matiz: la mujer no podía reinar y sí, en cambio, transmitir derechos. De esa definición de la realeza como deber, los tratadistas españoles, como Rodrigo Sánchez de Arévalo, extraían otra consecuencia: además de la legitimidad de origen, que permite el reconocimiento por las Cortes, existe una legitimidad de ejercicio, sin duda superior.

Esta segunda era una puerta abierta: la sucesión hereditaria era procedimiento normal, pero no exclusivo. Ya hemos visto cómo la «tiranía» —esto es, desviación en la legitimidad de ejercicio— sirvió para que Enrique II sustituyera a Pedro, su hermano. De un modo semejante, las Cortes de Coimbra de 1385 rechazaron otros sucesores legítimos o más próximos e instalaron a la Casa de Avis. Y en Caspe se escogió a Fernando porque era el más conveniente a los intereses de la Corona. Guisando falló la sucesión entre dos mujeres alegando la ilegitimidad del segundo matrimonio de Enrique IV, al que, en efecto, faltaban las condiciones exigidas por la Iglesia, aunque éstas, si el legado *a latere* presente hubiera querido, podían subsanarse *a posteriori*. La conclusión a que los historiadores deben llegar es, por tanto, que no existe ninguna ley, en las postrimerías de la Edad Media, aunque sí una costumbre consolidada, que garantice la forma de transmisión del poder. De ahí que los reyes tengan que incluir en su Testamento, que tiene valor de ley, las previsiones sucesorias.

Para el ejercicio de sus funciones, los reyes aparecen dotados de instrumentos muy eficaces: el Consejo Real, una de cuyas secciones funcionaba como supremo tribunal de causas civiles, ayudaba a tomar las decisiones políticas y mantenía el contacto con las autoridades territoriales y locales; la Contaduría, que en Aragón estaba dirigida por un maestre racional, se encargaba de ingresos y gastos; la Cancillería registraba los documentos, validándolos; la Audiencia o Chancillería era el tribunal supremo de causas civiles. Al frente de cada uno de los grandes territorios aparecía un Adelantado mayor, normalmente muy duradero; en los reinos que formaban la Corona de Aragón usaban título de virreyes, gobernadores o lugartenientes generales.

Sigue abierta una discusión entre los historiadores: ¿es lícito hablar de un Estado en las postrimerías de la Edad Media, más allá de los estrechos límites propuestos por los italianos, *lo stato*, es decir, lo establecido? La nobleza utilizaba el término «estados», generalmente en plural, para designar los señoríos jurisdiccionales que proporcionaban la renta. En este sentido hemos de reconocer que el reino constituye el «estado» propio del rey. Es un hecho que, al menos desde el siglo XV, se alcanza un notable grado de objetivación en el gobierno de dicho estado: incluso la aristocracias justifica la creación de partidos o ligas con menciones del «bien común» o del de «la república de estos reinos». Una nueva noción, por consiguiente, de cosa pública, que procede de textos latinos, se emplea con preferencia para indicar los deberes del rey y de su gobierno. La Monarquía, pues, existe para el reino y no a la inversa.

En relación con ese servicio público aparecen los impuestos que descubriremos bien ordenados en la época de los Reyes Católicos. Esencialmente, y pese a las diferencias de nombre y aun de cuantía, son cuatro: dos directos y dos indirectos. En Castilla los impuestos directos fueron llamados *monedas* y *servicios*. Una moneda es una cantidad fija por cada contribuyente; las Cortes aprobaban el número de monedas que se podrían cobrar aquel año, habiendo siempre una estrecha relación entre la fortuna personal del pechero y el alcance de su contribución. El servicio era una suma global otorgada por las Cortes, que se distribuía entre las ciudades a fin de que éstas, de acuerdo con la estimación de las fortunas, cobrasen después a sus vecinos. Importa mucho señalar una diferencia esencial de mentalidad con el sistema actual: se daba preferencia a los impuestos indirectos —es justo que pague más quien más consume— y nunca se estableció un criterio progresivo. Pagaba el capital, se eximía a los pobres, pero una vez alcanzado el límite máximo de abono cuanto por encima de dicho nivel se ganase no estaba sujeto a tributación. Hay un fondo esencial: la riqueza es un bien que debe ser protegido, no perseguido, pues de ella depende el bienestar común.

Los impuestos indirectos reciben diversos nombres como *montazgo* de los ganados, *alcabala* en Castilla o *bolla* en Cataluña, que gravaba la compraventa, *almojarifazgos* o *diezmos de la mar* para las importaciones y exportaciones, *sisas* cuando son de carácter local. Las ciudades, dominadas por pequeñas oligarquías, buscaban procedimientos para transformar en indirectos los impuestos directos.

Hay una íntima relación entre el esquema político de la monarquía y la sociedad para la que había sido construido. Tras la victoria de Enrique II, el proceso de aristocratización se afirmó, asociándose a la difusión del Humanismo. Los humanistas, salidos del ámbito de la cultura latina, estaban descubriendo en el ser humano una profunda dimensión que llamaban «vertú». Cada hombre nace con ciertas aptitudes que son las que le permiten llegar a ser lo que es: sin la aptitud correspondiente no se es cantante, mercader, artista o general. Pero las aptitudes permanecen dormidas a menos que se las ejercite pasando a la acción: a ese ejercicio, extensible a la esfera religiosa, es al que se conoce como *vertú*. Ella lleva a un reconocimiento por parte de los demás, expresado en forma de «opinión», que es el cimiento de la «fama» que perdura incluso después de la muerte. Si las virtudes cristianas conducen al premio de la salvación, esta nueva virtud secularizada recibe también su premio: el «virtuoso» sigue viviendo en la memoria de los hombres. Cobrar fama era el objetivo primordial de los viajeros y conquistadores de América. En toda la literatura española del siglo XVI la «opinión», que afecta al honor, constituye uno de los temas sustanciales.

Todo esto entra dentro del «espíritu de la caballería». Mientras domina en Europa el mundo legendario de Arturo, se está forjando en la Península el tema de *Amadís*, que alcanzará definitiva forma literaria a principios del siglo XVI. Dos rasgos caracterizan ese espíritu: el artificio de lo heroico —importa sobre todo que los demás comprendan la hazaña— y la nostalgia de una vida más bella, normalmente situada en el tiempo pasado —«dichosa edad», dice don Quijote al referirse a los «siglos dorados»—, aunque también puede colocarse en un futuro Eldorado, que se debe alcanzar. Artificio de lo heroico hay en el gesto de Garcilaso al clavar el cartel del Ave María en la mezquita de Granada, pero también lo hallamos en Pizarro cuando traza la raya sobre la arena. Muchos caballeros e hidalgos en el siglo XV, hasta alcanzar en el registro efectuado por Martín de Riquer una cifra sorprendente, ejercieron de hecho el oficio de la «andante caballería» probando fortuna en torneos, cabalgadas y «pasos» destinados a proporcionar honra.

Dos novelas, *Tirant lo Blanch*, de Joanot Martorell, y *El ingenioso hidalgo don Quijote de la Mancha*, de Cervantes, sintetizan mejor que ningún otro ejemplo el sesgo español de la caballería. Pues en ellas lo fantástico deja de desempeñar un papel y la aventura, heroica, discurre a nivel del suelo. Isabel la Católica tenía, en su biblioteca, ejemplares suficientes de novelas de caballería. A la peculiaridad del tema contribuyó sin duda el realismo heredado, pero probablemente también el hecho de que la Península fuese un lugar situado en equilibrio de influencias entre Italia y Flandes.

El Humanismo que, en la Península, aparece como una continuación del llullismo, según hemos anotado, puede dividirse en tres etapas, aunque todas ellas permanecen íntimamente unidas por ese sentimiento de la caballería que confía en las elites. Se hace extraordinariamente difícil de comprender cuando hay un alejamiento de los valores propios de la aristocracia. La conciencia del deber es el primero. Pero también se advierte un retorno al predominio de la masculinidad, consecuente con un fenómeno general en Europa. Comenzaba a ser frecuente representar al diablo con figura femenina.

a) Primera etapa bajo el signo de una desmitificación del héroe, sometido a las cambiantes veleidades de la fortuna. En los romances del siglo XV el Cid o Fernán González aparecen dibujados con la soberbia que corresponde al propio tiempo. Dos son las figuras eminentes: el canciller Ayala y el franciscano Eiximenis. Pedro López de Ayala, consciente imitador de Tito Livio, hombre de relevante actividad política, hizo de sus *Crónicas*, tan exactas y documentadas, el escenario para profundos dramas políticos. Esta condición las convierte en profundamente realistas. Junto a ellas, el Rimado de Palacio, compuesto al menos en parte durante su prisión en Portugal, constituye un ensayo para explicar y desmitificar todas las estructuras del poder. Fray Francisco Eiximenis, valenciano, se propuso escribir un gran poema didáctico que fuese a la vez enciclopedia del cristianismo, bajo el título preciso de *Lo Chrestià*. No llegó a concluir más que la primera parte, a través de la cual se percibe la principal preocupación: la quiebra de principios morales era la causa de los desarreglos reinantes, incluyendo el Cisma de Occidente. Entendía que la femineidad era causa del mal en el mundo, pues a través de Eva había entrado el pecado, y afirmaba que cuanta más libertad disfrutaran las mujeres, mayores serían también los males. Algo que le ponía en dificultad a la hora de considerar el caso de la Virgen María y la promesa de que varones y hembras tienen las mismas oportunidades de salvación. La respuesta le parecía por demás sencilla: en el cielo las mujeres se transfigurarán en hombres.

Coinciden en esta época el remate de las grandes catedrales y la difusión de una nueva técnica en la construcción que se caracteriza por el uso del ladrillo: por su relación con los artífices musulmanes se la denomina *mudéjar*. En determinadas ciudades, como es el caso de Teruel, de Olmedo o de Medina del Campo, el nuevo estilo consiguió proporcionar una fisonomía peculiar. Desde entonces, el ladrillo se incorpora definitivamente como uno de los principales materiales arquitectónicos. Guadalupe, convertida en cabeza de la reforma española y, más tarde, en fuente de conflictos con la Inquisición, se nos presenta como una de las mejores muestras en este estilo. Comenzaba también la espléndida floración de la pintura. Jaime y Pedro Serra, Bernat Martorell —cuyo espléndido *San Jorge* custodia el Museo de Chicago—, el prodigioso *Retablo de Quejana*, que fuera propiedad de la familia de Ayala, componen lo que se ha dado en llamar «arte internacional», porque se trata de un primer intento de hacer penetrar en el arte español los valores y esquemas italianos, en especial de Simone Martini.

b) En esa primera etapa, coincidente con el primer impulso de la reforma religiosa, podríamos hablar de mayor racionalismo; una actitud que cambia en torno a 1420 para abrir paso al sentimiento. Esto llevará al desbordante triunfo de la lírica. Penetran desde Francia los grandes temas caballerescos, mientras se vive esa especie de dorado esplendor de los torneos —«¿fueron sino devaneos?», se preguntaría luego Jorge Manrique— y de las justas. En el mes de julio de 1434 un pariente de los condes de Luna, Suero de Quiñones, junto con diez compañeros, libró más de setecientos combates en el puente sobre el río Órbigo, y así consiguió liberarse de una argolla que todos los jueves, por amor a su dama, llevaba al cuello. Las famosas justas de Valladolid de 1428, en honor de la infanta Leonor de Aragón, que iba a sus bodas en Portugal, desbordaron cuanta fantasía e imaginación se juzgaba posible. Todavía hoy, cuando visitamos Olite, podemos percibir un trasunto de ensoñación como se estuviera contemplando el imaginario Camelot. Así lo vio Carlos de Viana, príncipe de trágico destino.

Si buscamos dos autores que sean signo de la segunda etapa del Humanismo español habremos de detenernos en Íñigo López de

Mendoza, que en 1445 recibió el título de marqués de Santillana, y en Ausiàs March. La irrupción del sentimiento plantea en términos agudos el debate en torno a la mujer y el gusto por la alegoría, al modo dantesco. Juan de Mena, en su *Laberinto de fortuna*, tan poblado de flores y de símbolos, aborda un tema muy profundo: el de los caprichos de la veleidosa fortuna: «ved de cuán poco valor —seguirá diciendo Manrique— son las cosas tras que andamos y corremos; que en este mundo traidor, aun primero que muramos las perdemos». La presencia de Alfonso V en Nápoles, rodeado de nobles castellanos, fue la oportunidad para que la influencia italiana franqueara el camino.

Sin embargo esta influencia encontró un fuerte competidor. En 1429, el pintor Juan van Eyck —en calidad de embajador de Juan el Bueno— viajó por Castilla, dejando en la catedral de Palencia ese impactante cuadro que conocemos como *La iglesia y la sinagoga*. El propio Alfonso V decidió entonces enviar a Flandes a su pintor de Cámara, Luis Dalmau, para que captara las nuevas técnicas. Resultado muy satisfactorio: en 1445 Dalmau pinta *La Verge dels consellers*. Rápidamente los pintores catalanes del siglo XV lograrán una asimilación sin mostrarse demasiado sumisos; ellos habían madurado ya en un estilo propio. Diferente sería la situación en Castilla, donde Fernando Gallego y Jorge el Inglés logran la gran explosión de color y patetismo.

c) En la tercera etapa del Humanismo español la influencia italiana vuelve a ser dominante. Es la consecuencia natural de dos hechos. Las relaciones incluso de Castilla con la Península se han estrechado, y en Roma, Florencia y Venecia se está produciendo el gran salto que conduce a Leonardo da Vinci, Miguel Ángel Buonarroti y Rafael Sanzio de Urbino. No es extraño que el viaje a Italia se convierta en el sueño de los artistas castellanos, ni tampoco que los grandes nobles que viajan a Roma regresen acompañados de maestros a los que proyectan encomendar la educación de sus hijos. Los Mendoza harán de Guadalajara un centro portentoso, intentando también repetir la experiencia de los antiguos traductores: la primera versión castellana se hace en este tiempo bajo la dirección de Moshe Arragel. La expulsión de los judíos impediría que llegase a fructificar un Humanismo típicamente hebreo.

En la literatura se presencia una especie de ruptura íntima. El hombre se convierte definitivamente en protagonista, mostrando las dos caras de su efigie. Las Historias generales ceden el paso a la biografía o a las Crónicas de sucesos particulares. Se consolida la novela: entre 1460 y 1468 aparece, cabalgando de la mano de Joanot Martorell, *Tirant lo Blanch*, «el mejor libro del mundo» según Cervantes, que de esto sabía mucho. Las *Generaciones y Semblanzas* de Fernán

Pérez de Guzmán, señor de Batres, o *El Victorial* de Gutierre Díez de Games, son espléndidos retratos: no les pidamos demasiado apego a la simple realidad. La poesía desciende al nivel de las crudas contiendas políticas, revistiéndose de tonos soeces como en *Coplas del Provincial* o *Mingo Revulgo*.

Siempre, como fondo, el inquietante tema de lo femenino para su elogio —como en el *Corbacho* del arcipreste de Talavera o en el ensayo de que fue autor don Álvaro de Luna— o para su vituperio, como en el *Maldecir de mujeres* de Pedro Torrellas.

La nostalgia de una vida más bella implica la decepción ante la presente. Una especie de fatiga comenzó a invadir las filas de aquella nobleza, que comenzaba a preguntarse si aquella sumisión fiel y rendida al espíritu de la caballería conducía a alguna parte. Pues todo parece conducir a la extrema realidad de la muerte. Volviendo una vez más a Jorge Manrique, conciencia de una generación, le oímos decir que «nuestras vidas son los ríos que van a dar en la mar, que es el morir» tratando de advertir a sus contemporáneos contra el espejismo de que «cualquiera tiempo pasado fue mejor». «No se engañe nadie, no, pensando que ha de durar lo que espera más que duró lo que vio, pues que todo ha de pasar por tal manera.»

Fernando e Isabel no fueron, probablemente, restauradores milagrosos de una España en discordia ni se propusieron cambiarla, puesto que compartían su estado de conciencia. Simplemente dieron el golpe de timón necesario para que la nostalgia invirtiera la dirección de su sueño, con la mirada hacia el frente y no hacia atrás. La infantería española se proponía sustituir a la caballería.

Capítulo 12

MONARQUÍA CATÓLICA ESPAÑOLA

A principios del siglo XVII un gran politólogo italiano, Tomás de Campanella, se preguntó a sí mismo por la definición que debía darse a aquella gran constelación de reinos que formaban la corona de Felipe III y de Felipe IV, cuya estructura, en lo fundamental, respondía a la que fuera en tiempos propia del «Casal d'Aragó». No halló otro término que pudiera superar al de «monarquía católica española». No sólo por el título que otorgaran los Papas a sus soberanos —nadie pensaba en llamar a Francia «monarquía cristianísima»— sino porque en el catolicismo se hallaba el núcleo sustantivo de unidad. Estaba formada por la unión en una sola Corona de dos reinos americanos, Méjico y Perú, seis peninsulares, Portugal, Castilla-León, Navarra, Aragón, Cataluña y Valencia, y tres italianos, Cerdeña, Sicilia y Nápoles. Los Países Bajos, resto de la herencia borgoña, eran dominio patrimonial de la dinastía, pero no se hallaban integrados en el conjunto ni respondían a su peculiar morfología.

Es un error referirse a esa Monarquía como si fuera un imperio colonial, pues la organización proporcionada a América fue de reinos semejantes a los de la Península y no de colonias: se intentó organizar y someter a la población indígena, no sustituirla. La aparición del luteranismo, que tuvo lugar cuando dicha Monarquía estaba ya constituida, la convirtió en brazo armado de la Iglesia. Se estableció una incompatibilidad entre ella y el protestantismo; para este último, la derrota y, a ser posible, la destrucción de la Monarquía española en inexcusable condición de victoria.

El matrimonio de Fernando, heredero de la Corona de Aragón, con Isabel, princesa de Asturias y heredera de Castilla-León, que se celebró en Valladolid el 18 de octubre de 1469 de acuerdo con ciertas capitulaciones previas que se firmaron el 5 de marzo, se había propuesto como objetivo lograr la unión personal entre Castilla y los reinos que formaban la Corona de Aragón de acuerdo con la estructura que ya poseía esta última, esto es, conservación de las instituciones propias de cada reino y refuerzo de la soberanía, como vínculo común. Aunque algunas veces se ha sostenido la idea de que Castilla hizo la unidad, esto no es cierto. Con más razón podría decirse que la operación consistió en la inclusión de Castilla en la Corona de Aragón; pero aquel reino poseía unas dimensiones económicas y demográficas tan grandes que desequilibró con su peso las relaciones en el interior de la nueva formación política.

En una sentencia arbitral que dictó el cardenal Mendoza en Segovia el 15 de enero de 1475 se reconoció, como parte de la costumbre castellana, el derecho de las mujeres a reinar, reduciendo así los riesgos sucesorios. Este derecho, sin embargo, no era extensivo aún a la Corona de Aragón, donde se reconocía la línea sucesoria femenina pero desembocando en todo caso en varón. Isabel y Fernando procedieron a un sistemático refuerzo de la autoridad real, ahora refundida, como garantía de estabilidad. En 1475 Isabel otorgó a su marido los mismos poderes que ella disfrutaba en Castilla y en 1479, cuando Fernando sucedió a su padre, hizo lo mismo con la reina. Mientras no hubiese una imposibilidad física, las disposiciones eran tomadas a nombre de ambos. Exigieron de los cronistas oficiales que mencionasen siempre «el rey y la reina» y de ahí nació la curiosa leyenda de que un día Fernando del Pulgar les propuso dar cuenta del nacimiento de Juana escribiendo que «en tal día el rey y la reina parieron una hija». De acuerdo con los hábitos de la caballería escogieron signos y lema. Isabel tomó para sí las flechas —F, de Fernando— porque eran el signo de unión, mientras que el rey escogía una Y —inicial de Isabel— para nombrar el yugo, según la recomendación de Nebrija que le recordaba que en Gordion, Alejandro Magno había cortado el nudo que le ataba diciendo «tanto monta», es decir, da lo mismo cortar que deshacer. Sólo estas dos palabras y no otras, aparecen en los monumentos de la época.

El cardenal Mendoza propuso a los nobles, al comienzo del reinado, la supresión de ligas y partidos para unirse estrechamente en torno a ambos soberanos. Pero el bando portugués, agrupado en torno a la nobleza de este origen —Pacheco, Acuña, Pimentel— que en 1468 defendió la candidatura de Isabel precisamente porque les parecía un antídoto contra el retorno de los «aragoneses», esto es, de la otra rama Trastámara, rechazó la propuesta e intentó, demasiado tarde, resucitar la candidatura de Juana, que él mismo descalificara antes en términos muy duros. Los ahora rebeldes —que contaban con el apoyo del arzobispo Carrillo, su pariente, pero que se movía por razones distintas—, solicitaron la ayuda de Alfonso V de Portugal. La guerra civil rebasó los límites de una contienda sucesoria para convertirse en un conflicto peninsular, europeo y atlántico.

Luis XI de Francia también intervino. Y el *modus vivendi* que se observaba, con respecto a la primacía portuguesa en la navegación a

Guinea, también se rompió. Desde la base de Cádiz y Canarias los marinos andaluces se lanzaron también por esta ruta. Fernando e Isabel no tuvieron grandes dificultades en sofocar la revuelta interior, ofreciendo a los disidentes una especie de generosa reconciliación. Vencieron al rey de Portugal (Toro, febrero de 1476) y liquidaron la contienda. Sin embargo, aquella guerra de tres años obligaba a un replanteamiento de todas las relaciones exteriores. Con Francia fueron renovados los viejos tratados de estrecha amistad, que no eran, sin embargo, extensivos a la Corona de Aragón, lo que constituía una amenaza de quiebra en un futuro muy próximo.

Los acuerdos de Alccobas-Toledo (1479) revisten enorme importancia para el futuro. Aunque los documentos suscritos fueron cuatro, afectaban a tres principales cuestiones:

— Se ofrecieron garantías de que el trazado de las fronteras entre Portugal y Castilla no iba a discutirse en el futuro; con ello se insistía en la intangibilidad de la independencia de Portugal. Los dos reinos podrían, en adelante, desarrollar su propia política sin tener que preocuparse del vecino inmediato. Como es fácil suponer, estas garantías tardaron algún tiempo en generar recíproca confianza.

— Se aplicaron los criterios matrimoniales que desde Enrique II parecían ser vehículo de amistad. A Juana, la «hija de la reina», se ofreció la boda con el primogénito de los reyes, Juan, garantizada con una fuerte indemnización. El futuro rey de Portugal, Alfonso, fue prometido a Isabel, la mayor de las hijas de Fernando e Isabel. Este segundo matrimonio se celebró años después, alcanzando su objetivo. Pero Juana, que se titulara reina de Castilla y estaba dotada al parecer de gran dignidad, rechazó aquel marido de pocos años que se le ofrecía y decidió ingresar en un monasterio. Aunque Isabel trató de evitarlo —imaginaba un engaño— hubo de ceder. Juana viviría en Coimbra rodeándose con el título ambiguo de «excelente señora».

— Muy importante fue el tercer asunto. Castellanos y súbditos de la Corona de Aragón renunciaron a navegar, sin licencia portuguesa, al sur del cabo Bojador. No se habló de los límites occidentales del compromiso porque en aquellos momentos la navegación en esta zona era una incógnita. Fueron reservadas a Castilla las islas Canarias y un pequeño andén litoral, entre los cabos Nun y Bojador, con la esperanza de que, a través del antiguo reino de Bu Tata, se pudiera llegar al contacto directo con una de las tres rutas de las caravanas que traían el oro desde el interior de África.

Significativa fue la forma en que los Reyes Católicos resolvieron la rebelión interior, última fase de la vieja contienda entre nobleza y Monarquía. En modo alguno es admisible la leyenda que les presenta como enemigos de la aristocracia: en el caso de Fuenteovejuna la realidad histórica es inversa a la leyenda creada por Lope de Vega; los monarcas consideraban al comendador como «muy leal» y castigaron desde luego a sus asesinos. La nobleza, clase política y militar, era imprescindible para la conservación de la Monarquía: ninguno de sus linajes sufrió despojo; las rectificaciones de algunas concesiones indebidas de señorío se hicieron mediante compensación muy estudiada. Por primera vez la guerra no se cerró con despojo de los vencidos y reparto de prebendas entre los vencedores. La equiparación se logró mediante ascenso de los leales Velasco (duque de Frías), Mendoza (duque del Infantado) y Álvarez de Toledo (duque de Alba) y no por el repliegue de los que no lo fueran.

La liquidación de la guerra civil se hizo en las Cortes de Toledo de 1480: se había generado en los últimos decenios una enorme deuda pública que bloqueaba gran parte de las rentas de la Corona. Muchos de los títulos de esa deuda (juros) tenían origen discutible; por esta razón pudo establecerse un criterio de legitimidad antes de proceder a la revisión. Ninguna alusión se hizo a la existencia de vencedores y vencidos y únicamente el análisis sutil de las cuentas permite apuntar a un mejor trato hacia los leales, aunque esto probablemente es debido a que los otros habían recibido más en la etapa anterior. En estas Cortes se confirmó una ley adoptada ya en las de Madrigal de 1476, por la cual se creaba una gran fuerza de policía rural proporcionada y pagada por las ciudades del reino. Fue llamada Hermandad General.

En 1479 los Reyes Católicos insistieron en lograr el reconocimiento de su libertad de acción en la que llamaban Berbería de Levante, es decir, África mediterránea; anunciaban de este modo que su gran objetivo inmediato iba a consistir en el cierre del Tirreno para defensa de la cristiandad contra los turcos y para el restablecimiento del comercio catalán. Queda, en lontananza, el sueño de retornar a Jerusalén, envuelto en la leyenda del murciélago, el príncipe que habría de surgir de la oscuridad, identificado por algunos autores con Fernando. Sin embargo, en la correspondencia diplomática nada hallamos de reconquista de Constantinopla; todo parece moderado, prudente, realista. Hubo reivindicaciones territoriales, como Rosellón o Canarias, pero no proyecto de expansión hacia zonas sobre las que no hubiera título.

En 1480 se presentaban tres opciones: recobro de los condados pirenaicos que Francia retenía en garantía de un préstamo desde 1463; socorro de Nápoles amenazada por los turcos, que llegaron a disponer de una cabeza de puente en Otranto; reintegración de Granada a la corona de Castilla volviendo al estatus anterior a 1275. Las tres tenían que ser ejecutadas, de modo que las vacilaciones se referían al orden cronológico en que debían ser colocadas. El 'amir Abū-l-Hassan precipitó las cosas creyendo que la crisis interna le brindaba la oportunidad de mejorar militarmente sus posiciones en la frontera para negociar con ventaja: saqueó las afueras de Cieza (1476), conquistó Zaraha mediante un brillante golpe de mano (1481) y rechazó luego las demandas de reintegración en el vasallaje. De ahí nacieron las leyendas románticas de «ya murieron los reyes que pagaban tributo...» y del arrancar uno a uno los granos de esa granada.

Abierta la guerra, fue menester atender al otro frente. El asesinato de Blanca y el matrimonio de Leonor con Gastón de Foix habían tenido, como consecuencia, incorporar el reino de Navarra a un conjunto de estados señoriales que se gobernaban desde Pau. Los nuevos monarcas navarros eran vasallos de Luis XI y contemplaban el reino como el menos rentable de sus dominios. Parecía repetirse la situación conocida ya en los siglos XIII y XIV. Una fracción de la nobleza navarra, los beamonteses, cuyo jefe era cuñado de Fernando, buscaba ahora el auxilio exterior para mantener la españolidad de Navarra con sus condiciones de territorio, fuero y cortes. El Rey Católico utilizó este partido para establecer guarniciones en algunos puntos e imponer una especie de protectorado. A ello respondieron los Foix casando a su heredera con Juan de Albret y acentuando el predominio feudal francés.

En 1485 Fernando llegó a vacilar: ¿no era acaso más prudente demorar la guerra de Granada y resolver antes la cuestión pirenaica aprovechando la muerte de Luis XI y su manda testamentaria de restituir el Rosellón? Fallaron, en este caso, las Cortes de la Corona de Aragón, que no quisieron asumir la responsabilidad del gasto, e Isabel impuso su criterio: para Castilla, como para la defensa del Mediterráneo, lo más urgente era suprimir el reducto de Granada. Esta decisión implicaba una derrota provisional frente a Francia.

La guerra de Granada fue larga y costosa; mucho más de lo que en un principio se calculara. Debe ser considerada, ante todo, como un gran proyecto para restablecer la unidad de Andalucía: por eso Sevilla, apoyada por Córdoba, Jaén y las otras ciudades andaluzas, llevó el peso principal mientras que la nobleza andaluza ocupaba las posiciones de vanguardia. No se trataba de una guerra de episodios brillantes —las pocas batallas en campo abierto no arrojaban resultado favorable para los castellanos—, sino de asedios sistemáticos en que la logística era más importante que la táctica. Esta forma de operar ha dado origen, sin duda, a la frase que se atribuye a Fernando de «tomar uno a uno»; condujo en todos los casos, salvo el de Málaga, a capitulaciones pactadas. Los grandes cercos de Málaga (1487) y Baza (1489) marcaron verdaderos hitos para la historia militar de Europa. Cuando la guerra terminó, en enero de 1492, mediante entrega de la capital, España había adquirido ventaja sobre los otros países europeos: sabía cómo se organizaba un ejército, se le pagaba y se le alimentaba; los primeros rudimentos de la sanidad militar datan de entonces.

En estos años Fernando e Isabel trabajaron intensamente hasta conseguir un esquema de gran alianza con la Casa de Habsburgo que ocupaba el Imperio y los Países Bajos y la de Tudor, que reinaba en Inglaterra, capaz de compensar la fuerza que poseía Francia, el reino más poblado y más rico de Europa. Esta alianza —sus miembros tenían como insignia el Toisón de Oro— ha sido interpretada como medio para obligar a Carlos VIII a ceder territorios que indebidamente ocupaba. Pero iba más lejos: aseguraba a los españoles el comercio con los puertos del Canal, un negocio de gran importancia, y permitía una especie de colaboración frente a los turcos; los súbditos de Fernando combatían en el Mediterráneo y los Habsburgo lo hacían en los Balcanes. Carlos VIII, que abrigaba grandes proyectos sobre Italia en concurrencia con los españoles, prefirió negociar con los miembros de la alianza a fin de deshacerla. En 1495 pactó la restitución de los condados pirenaicos.

Ahora los monarcas españoles habían conseguido reunir todos los territorios sobre los que reclamaran derechos. En 1495 se completaría también la conquista de Canarias. El reino de Granada no conservó su estructura; una nueva ciudad fue añadida a las que tenían voto en Cortes y eso fue todo. Pero las capitulaciones firmadas garantizaban la permanencia de la población musulmana con permiso para seguir practicando su religión. El número de personas que, por no haber recibido el bautismo, no podían formar parte de la comunidad política llamada reino, aumentó, comenzando a producirse un factor de desequilibrio. El resultado de estos cambios era que la Corona, ampliada y consolidada, aparecía como una gran potencia. A pesar del acuerdo con Francia, los Reyes Católicos no renunciaron a sus planes de estrechar las relaciones de amistad con Tudor y Habsburgo; se estaba hablando ya de matrimonios, lo mismo que en Portugal: Juan y Juana de Trastámara casarían con Margarita y Felipe de Habsburgo, y Catalina con el príncipe de Gales. Probablemente los intereses económicos primaban sobre los políticos.

La guerra de Granada no interrumpió el proceso iniciado en las Cortes de Madrigal y de Toledo, que pretendía para la monarquía hispana un régimen político estable y eficaz. El respeto a la estructura de cada uno de los reinos obligaba a depositar en la Corona todo desarrollo de poder político o administrativo común. La consecuencia fue que el centro tendía a desarrollarse mientras que las estructuras regionales se detenían. La fuente fundamental de unidad procedía del catolicismo, que proporcionaba el orden de valores común e inalterable. Fernando e Isabel admitieron que, para que la Monarquía fuese aceptada, era imprescindible someterla al imperio de la ley, en ese juego que Vicens Vives recomendó llamar «pactismo», muy evidente en Cataluña pero también en los otros reinos. En 1480 los monarcas ordenaron a un eminente jurista, Alfonso Díaz de Montalvo, que recopilara toda la legislación castellana vigente a fin de proporcionar a los jueces un compendio impreso. Tal fue el «Ordenamiento de Montalvo» que se distribuyó a todas las ciudades y villas de cierta entidad. Objetivada la norma, no había inconveniente en admitir que también el Estado se somete a ella. Los Reyes Católicos crearon los primeros procuradores fiscales, encargados de representar los intereses de la Corona.

España no era un país muy densamente poblado. Aunque nuestras estadísticas fallan, puede admitirse como cifra probable la de los seis millones de habitantes: cuatro en Castilla, algo más de uno en la Corona de Aragón, medio millón en Granada y menos de cien mil en Navarra, que no se incorporó hasta 1512. Vicens estimaba que el 85 % de esta población correspondía a los campesinos. Desde 1481 una pragmática declaró que se extinguían todos los restos de servidumbre que pudieran aún subsistir en regiones muy apartadas. Todos los habitantes del reino con la condición de súbditos serían en adelante libres. Esto obligó a Fernando a enfrentarse con el problema de la población rural de Cataluña Vieja, donde aún subsistían obligaciones serviles llamadas *malos usos*. Los propietarios de la tierra presionaban, valiéndose de ellos, porque querían que los *payeses de remensa* la abandonaran; aquéllos obtenían muy escasa rentabilidad a causa de la inflación. Los remensas, que consideraban la tierra como una posesión heredada, ofrecieron pagar una indemnización a los dueños. En 1486 (sentencia de Guadalupe), Fernando fijó la cuantía de la indemnización y también los plazos para su abono.

En adelante la sociedad española se hizo jurídicamente homogénea. Aún aparecen mencionados esclavos: éstos procedían de fuera, no eran cristianos en principio y desempeñaban un muy escaso papel económico. Nadie podía ser reducido a esclavitud. Esa sociedad formaba una pirámide de base muy amplia y vértice muy estrecho, en donde la nobleza desempeñaba un papel muy importante en cuanto a la conformación de la mentalidad. La principal novedad, dentro de la Monarquía, venía significada por el poder que algunos doctores y licenciados universitarios estaban desempeñando, a través del Consejo Real, de la Audiencia o de la Contaduría: Alfonso de Quintanilla, Luis de Santángel, Fernando de Vargas o Fernán Álvarez de Toledo son clara demostración. Tendían a integrarse en la nobleza al término de su carrera. Los grandes, como los caballeros y el clero, acentuaron su carácter privilegiado con la exención de impuestos, pero mucho más porque el género de vida que se atribuían estaba sirviendo de modelo para el resto de la población. Todo cuanto se refiere a «nobleza» se reviste de dignidad.

Desde finales del siglo XIV se había establecido, también por influencia de las reformas de Pedro IV de Aragón, un sistema de gobierno que dividía la potestad real en tres esferas: legislativa con las Cortes, judicial con la Audiencia, ejecutiva con el Consejo que alcanzaba también a la justicia en causas criminales. La importancia y funciones del Consejo siguieron creciendo a lo largo del siglo XV, moviendo a los Reyes Católicos a redactar un Ordenamiento que se consideraba definitivo. Era el Consejo garantía de que las decisiones adoptadas en nombre de los Reyes —en la inmensa mayoría de los casos sin su participación— se producían conforme a Derecho, tras minucioso examen de expertos. El número de asuntos se hizo abrumador. Fernando e Isabel decidieron crear Consejos especiales por cada rama de la administración: al lado del de Castilla aparecieron los de Aragón, luego de Inquisición, de Hacienda, de Italia, de Hermandad, quedando la puerta abierta para otros. El régimen político de la Monarquía fue en adelante «polisinodial». Desde la época de los Reyes Católicos la administración española adquirió un ritmo lento que muchas veces generaba críticas; puede ser oportuno sin embargo recordar que la justicia es lenta, mientras que la arbitrariedad es rápida. Un Enrique VIII no hubiera podido sostenerse en España. La Monarquía española ofreció garantías superiores a las de sus contemporáneos.

Los efectos de una disociación entre el precio del oro y la moneda de cuenta (maravedí, sueldo) se venían arrastrando desde el siglo XIV generando una inflación muy perjudicial. Sin embargo, los aportes de oro desde África a través de los puertos andaluces, bien manejados por la banca genovesa, colocaban a Castilla en inmejorable posición para una reforma estabilizadora como la que emprendieron los Reyes Católicos: se fijó el precio de la *dobla* en 485 y en algo más el que se llamó *excelente de la granada* por su calidad. De acuerdo con este valor real, se fijó y estabilizó también el de las piezas de plata y el de las monedas extranjeras que circulaban en el interior de la Península. Sin modificar los impuestos se consiguió que los ingresos por rentas de la Corona pasasen de 27 millones en 1477 a 541 en 1504. La guerra de Granada fue financiada con empréstitos, donativos de nobles e iglesias y un impuesto especial sobre judíos. El establecimiento de la Hermandad obligaba a prescindir de ayudas y monedas a cambio de que las ciudades la sostuviesen.

Prosperidad de la Hacienda pública que era debida a un mejor manejo de los impuestos y, en especial, de los diezmos de la mar, almojarifazgos y servicio y montazgo de los rebaños, es decir aquellos que vinculaban a la Monarquía con las actividades mercantiles. En consecuencia, el rey se decantó en favor de éstas otorgando un favor excesivo a la Mesta: las cañadas por donde discurrían los ganados trashumantes, venas inmensas que cruzaban el país de norte a sur, fueron protegidas en detrimento de la agricultura. Se construyeron puentes y caminos carreteros para mejora de las comunicaciones. Por las mismas causas se favoreció el comercio marítimo y fueron creados los consulados de Burgos y de Bilbao, a fin de corregir las discordias entre transportistas y mercaderes. Se procuraba favorecer la construcción de buques mayores: también se detectan proyectos proteccionistas para la fabricación de armas y la industria textil.

Más difícil resultaba sanar la dolencia económica de Cataluña. La sentencia de Guadalupe (1486) transfirió a los propietarios barceloneses una parte del dinero ahorrado por los remensas, pero no bastaba para lograr el estímulo de los negocios. Fernando —que, en principio, contaba con el apoyo de los «buscaires»— quería atraerse también al patriciado de la Biga a fin de ejecutar una reforma a fondo tanto en el gobierno de la ciudad *(«Consell»)* como en la Diputación del General y romper los excesos del conservadurismo: las elecciones de *consellers* permitían la permanencia de los mismos linajes con los mismos intereses; de ahí que el Rey tratara de establecer la «insaculación», el sorteo que daba las mismas oportunidades a todos los ciudadanos inscritos en una lista de los más capaces. El patriciado se amplió, pero no fue sustituido.

Lograda la reforma y, con ella, iniciado el proceso de reabsorción de la deuda *(«redreç»)*, los Reyes Católicos ofrecieron a la oligarquía barcelonesa algunos monopolios como el del coral sardo y el de la seda y los tejidos en Italia, que significaban sacrificio para otros reinos pero lograron sanear el comercio catalán. Vicens Vives no abrigaba dudas al respecto: desde la época de Fernando el Católico, Cataluña comenzó a remontar la crisis.

Volvamos al punto de partida y a la definición de Campanella: Monarquía católica, es decir, comunidad de bautizados de la que los no cristianos sólo podían formar parte mediante la conversión. Invirtiendo los términos del famoso esquema de Lutero podríamos definirla mediante el principio de *«cuius religio eius regio»*, pues todo quedaba sometido a la religión. En el proyecto político de Fernando e Isabel la conservación, defensa y expansión de la fe se convirtió en la más importante de sus obligaciones. En conversaciones sostenidas en Sevilla con el enviado del Papa Sixto IV, en 1476, se trató de las especiales circunstancias de la Península con fuertes comunidades de judíos y de musulmanes, amparadas por leyes y usos antiguos.

Los judíos, contra los que se dirigían algunos predicadores en forma muy violenta, eran odiados por el pueblo y protegidos, por interés, por los nobles y los reyes. Contra ellos se manejaban con frecuencia dos acusaciones: practicaban la usura (hasta nuestros días ha sobrevivido la identificación del usurero con el judío) y cometían crímenes rituales por odio a los cristianos, como la profanación de Formas consagradas o el asesinato ritual de niños el día de Viernes Santo. Las calumnias no necesitan ser verdaderas, ni siquiera razonables, para ser creídas. Resultaba por otra parte difícil distinguir la usura de las operaciones de crédito en un momento en que los prestamistas necesitaban rodearse de garantías para no perder su dinero.

Desde que los judíos fueran expulsados de Inglaterra y Francia y perseguidos en el resto de Europa, se había creado una situación difícil, ya que la Península parecía haberse convertido en lugar de refugio. Se ejercieron fuertes presiones para que se aplicasen en ella las disposiciones vigentes en otros países. No siempre pudieron ser resistidas. En 1391, aprovechando la confusión creada por la muerte accidental de Juan I, un arcediano de Sevilla llamado Fernando Martínez organizó un grupo que llamó «matadores de judíos» y lo lanzó al asalto de las juderías. No es posible calcular el número de víctimas, pero algunas de las más importantes aljamas, como Valencia y Barcelona, desaparecieron. No era fácil huir. Así pues, muchos judíos entonces se bautizaron para salvar su vida con la esperanza acaso de retornar a su condición cuando la tormenta amainara. Pero, aplicando el Derecho cristiano, no se les consintió seguir siendo judíos: España se encontró con un considerable número de personas que, siendo oficialmente cristianos, seguían siendo judíos en su corazón.

La cuestión se complicó porque aquellos eclesiásticos que condenaron la persecución y la violencia se propusieron aprovecharlas para realizar un nuevo intento de conversión en masa. El Papa Benedicto XIII presidió incluso en Tortosa una gran catequesis que dio resultados menores de los esperados, pero siempre importantes, mientras que se ponía en vigor una nueva ley (Ayllon, 1412) que restringía los derechos de la población judía. La comunidad hebrea no desapareció, sin embargo; aunque reducida en el número, había resistido la persecución y era ahora más firme en su fe: nobles y reyes seguían acudiendo a sus servicios porque los necesitaban. Abraham Seneor, rabino mayor, fue uno de los importantes colaboradores de Fernando e Isabel, a quienes ayudó en forma decisiva. Con independencia de esta protección seguía creciendo el ímpetu con que algunos eclesiásticos, como fray Alonso de Espina, autor del *Fortalitium fidei*, denunciaban su presencia como un mal. Para estas personas, el cristianismo estaba sufriendo daños por el contacto con el judaísmo. No fue así como enfocaron los Reyes el problema. Su postura puede ser definida como de «máximo religioso»: si la fe es el valor más importante que puede poseer una sociedad, esta fe debe ser defendida con todas las armas. Lo mismo que hiciera ya Enrique IV aceptaron que la existencia de falsos conversos era un peligro muy grave. Dos o tres generaciones después de la catástrofe de 1391 habían presenciado entre los descendientes de conversos una reacción firme de retorno, al menos en secreto, al judaísmo. Un bautizado que vive fuera del cristianismo es un hereje y la herejía debe considerarse como peligro social muy serio. Ya Enrique IV había aceptado el establecimiento de tribunales inquisitoriales para averiguar dónde estaba la desviación, y dónde la corrección. Pero la vieja Inquisición diocesana era poco eficaz.

En sus conversaciones sevillanas con Nicolás Franco trataron de la necesidad de establecer una «nueva» Inquisición, dependiente más directamente de la Corona y así lo otorgó Sixto IV (1 de noviembre de 1478). Esa Inquisición «nueva» era tribunal eclesiástico por sus componentes y su cometido —averiguar dónde se hallaba la «herética pravedad»—, pero inserto en el naciente Estado y por ello muy poderoso. Los primeros inquisidores nombrados se mostraron además extraordinariamente duros y crearon un clima de persecución que afectaba a todos los conversos y no a unos pocos. El Papa se asustó tratando de imponer una rectificación. Fue entonces cuando fray Tomás de Torquemada, sobrino del cardenal de este nombre, descendiente de conversos, se instaló como Inquisidor General. Los investigadores actuales tienen la impresión de que en torno a este personaje se ha trazado una leyenda de exageraciones: de hecho se aminoró la crueldad de los primeros años. De cualquier modo se hace difícil la comprensión del problema: todos los reinos castigaban a los disidentes religiosos, a los apóstatas, a los sodomitas y a los hechiceros; la Inquisición no fue el más duro sino el menos de cuantos sistemas se encargaron de esta cuestión. Pero había una fuerte anomalía, pues a través de la Inquisición parecía estar actuando la Iglesia y no el Estado, cambiando las funciones respectivas. Naturalmente, los enemigos del catolicismo han sentido y sienten la necesidad de describir a la Inquisición del modo más siniestro; forma parte de toda propaganda.

En 1484 el cometido de Torquemada consistía en resolver el problema converso: descubrir y penitenciar en diversos grados a los que «judaizaban». Casi inmediatamente empezó una fuerte presión sobre los Reyes. ¿Cómo impedir esa práctica si la fuente misma del judaísmo permanecía amparada por las leyes? Los inquisidores no vacilaban: era imprescindible apartar a los conversos del contacto con judíos prohibiendo a éstos la estancia en el reino. Primero se ensayó una medida intermedia, la expulsión de Andalucía (1485), que coincidió con una conjura de los conversos de Zaragoza que produjo el asesinato de uno de los inquisidores, Pedro de Arbués. Los judíos abrigaban todavía la esperanza de permanecer e incluso de que un día se autorizase su retorno. Pero finalmente el 31 de marzo de 1492 los Reyes firmaron el decreto preparado por Torquemada que les prohibía residir en sus reinos y les daba un plazo para realizar sus bienes y marcharse. La única opción era recibir el bautismo.

Los más recientes y concienzudos investigadores evalúan en ochenta mil el número de judíos residentes en España. No es posible saber cuántos se bautizaron antes de la salida ni cuántos retornaron tras el exilio para hacerse cristianos. La conversión fue más abundante entre los ricos e influyentes. Abraham Seneor, por ejemplo, fue apadrinado por los Reyes que resucitaron para su familia el apellido Coronel, insertándola de este modo en la nobleza. La sensación que se obtiene al contacto con la documentación es que la salida fue la opción más abundantemente escogida. El problema converso no desapareció, pero los procesos inquisitoriales por esta causa se hicieron cada vez más escasos. La sociedad cristiana «vieja» desconfiaba de los «nuevos»; lentamente se pasaba del antijudaísmo al antisemitismo. La Inquisición, proyectada al principio como transitoria, se consolidó.

Desde 1492 el problema de la minoría religiosa disidente quedaba reducido al de los musulmanes, *mudéjares* o *moriscos*, como se les llamaba. No eran muchos en Castilla, constituían una parte esencial de su población en el reino de Valencia, y predominaban en Granada al amparo de las capitulaciones. No cabe duda de que los Reyes enfocaban ahora el problema como una anomalía que debiera ser corregida: aplicaron dos métodos paralelos, intensificar la predicación del cristianismo y estimular la emigración a África de quienes se resistían, especialmente entre los más ricos. Los hijos de Boabdil, bautizados, se integraron en la alta nobleza. Los métodos iniciales dieron escaso resultado, ya que fray Hernando de Talavera, arzobispo de Granada, el «alfaquí santo», se atenía estrictamente a las normas de una conversión voluntaria. En 1499 llegó a Granada el cardenal Cisneros y, con licencia de la reina, comenzó a aplicar medios muy duros, incluso crueles, para obligar al bautismo. Los musulmanes podían decir que no se respetaban las capitulaciones. Una revuelta comenzada en Albaicín pronto se generalizó por las Alpujarras y la sierra de Ronda; al producirse la pacificación, Fernando e Isabel argumentaron que con la revuelta cesaban las garantías capituladas y que, por consiguiente, a los sometidos o rendidos quedaban únicamente dos opciones: bautizarse o emigrar. Sabemos que la inmensa mayoría escogió el bautismo. La misma medida se aplicó a las antiguas aljamas existentes en Castilla: por razones económicas se toleró la presencia de moriscos en Aragón y Valencia, si bien la opinión popular era que constituían un peligro porque auxiliaban a los piratas berberiscos y a los turcos que comenzaban a arriesgarse muy al oeste.

A finales del siglo xv la Monarquía católica española estaba, en lo esencial, constituida.

Capítulo 13

ENTONCES SURGIÓ AMÉRICA

Desde 1340, aproximadamente, se sabía que al oeste de la Península un rosario de islas, desde Azores a Canarias, delimitaba un trozo de océano, al que los historiadores portugueses de hoy aconsejan llamar «Mediterráneo atlántico». Instruidos técnicamente por los genoveses, castellanos y portugueses se lanzaron a navegar por él, al principio sin perder de vista la costa. A comienzos del siglo XV, Castilla logró un reconocimiento de los herederos de Bethencourt que consideraban Canarias integradas en la Corona de este reino. Todavía durante la primera mitad del siglo XV la navegación estaba limitada por un nombre fatídico: Bojador; quienes se arriesgaban a doblar el cabo no regresaban jamás hasta que un marino arriesgado, Gil Eanes, se lanzó a la aventura de regresar navegando hacia el Oeste hasta encontrar la corriente del Golfo. Comenzaron, en 1434, las exploraciones portuguesas a lo largo del litoral africano.

En este momento Castilla y Portugal debatían sus respectivos derechos, alegando la primera que a ella correspondía la herencia romana, incluyendo Tingitania y las islas, y la segunda que el criterio de contigüidad unido al *ius nullius* debía primar sobre otra consideración. La paz de Alcaçobas estableció en 1479, como indicamos, una especie de reparto. Portugal tendría el monopolio de las navegaciones africanas, Castilla veía reconocido su derecho a Canarias, que no tardó en ejercer por completo, y asumía la tarea de la expansión en África mediterránea. Antes de 1490 Portugal tuvo la evidencia de que existía un paso que, doblando el extremo meridional del Continente Negro, conducía a la India.

Genovés de nacimiento, Cristóbal Colón, con 25 años de edad, presionaba desde 1476 cerca de las autoridades de Lisboa movido por un sueño, que poco a poco, y partiendo de errores de cálculo, fue perfilando: si se navegaba hacia el Oeste se alcanzarían las costas de China y de las islas de la especiería. Pero los técnicos portugueses examinaron el proyecto y lo rechazaron como irrealizable. Colón pasó entonces a Castilla; viudo ya de Felipa Moniz de Perestrello, la hija del gobernador de Madeira, tenía parientes en Huelva. Así entró en contacto con los franciscanos de La Rábida, que eran depositarios de la misión evangelizadora por decisión pontificia. Los franciscanos pusieron a Colón en contacto con algunas grandes familias y con los Reyes. Éstos consultaron a sus expertos que también respondieron negativamente: la distancia a las costas de Asia era mucho mayor de lo que Colón pretendía y con los barcos entonces existentes resultaba imposible una travesía tan larga.

Isabel, ayudada por algunos colaboradores prominentes como Quintanilla y Luis de Santángel, sin desestimar las opiniones recibidas, decidió que valía la pena una pequeña exploración con sólo tres barcos y un gasto de dos millones de maravedíes, de los que la Corona tendría que aportar únicamente un barco y doscientos mil maravedíes. Así se llegó a la firma de unas capitulaciones (Santa Fe, 30 de abril de 1492) que hubieran resultado absurdas si se tuviera la más leve sospecha de que, al otro lado del mar, aguardaba un continente.

La asociación con los marinos de Huelva —obligados a proporcionar servicio a los Reyes por cierta sentencia judicial—, especialmente con los hermanos Pinzón, permitió finalmente a Colón organizar su flotilla de dos carabelas y una nao, alquilada a Juan de la Cosa y rebautizada como *Santa María*. De este modo, el 12 de octubre del mismo año se llega a la isla de Guanahaní: a pesar de los fantásticos informes colombinos allí no había especias, ni oro en cantidad ni civilizaciones orientales. Aunque se seguía hablando de las Indias —más adelante matizadas como «Occidentales»—, poco a poco se abrió paso la conciencia de que se había llegado a un Nuevo Mundo. En todo caso obligaba a revisar los acuerdos de Alcaçobas.

No fue demasiado difícil llegar a un entendimiento: los portugueses estaban especialmente interesados en el camino de la India y aunque se reservaron una parte de ese nuevo mundo —seguramente tenían alguna noticia de la costa que luego sería Brasil—, estaban dispuestos a hacer concesiones en el oeste a cambio de salvar su monopolio. Diplomáticos y cartógrafos se reunieron en Tordesillas y elevaron después su propuesta al Papa para que una bula de Alejandro VI (13 de febrero de 1495) las legitimase. La Monarquía española y la portuguesa acordaban respetar los respectivos monopolios en dos zonas separadas por una línea de meridiano situada 370 leguas al oeste de las islas de Cabo Verde. La legitimidad de dominio reconocida por la bula imponía dos condiciones: reconocimiento de los derechos naturales de los «indios», es decir, vida, libertad y propiedades personales, y obligación de evangelizarlos.

Ese Nuevo Mundo no recibió nombre indígena ni tampoco el de Colombia, como hubiera parecido justo, sino el de América porque algunos sabios europeos entendieron que había sido Américo Vespucio el primero en comprender que se trataba de un continente antes desconocido. En un mapa de Martin Walssemüler de 1507 se encuentra ya el nombre. Pronto se comprobó que las extraordinarias dimensiones del continente obligaban a establecer una división: geográficamente podría hablarse de tres Américas, la del Norte, la Central con las Antillas y la del Sur. La confusión ha crecido al constituirse los Estados Unidos, una nación sin nombre que ha tenido que recurrir a siglas, USA, que en el fondo confiscan el nombre americano (United States of America). De ahí, la tendencia norteamericana a considerar Sudamérica todo cuando se halla al otro lado de Río Grande.

España se encontró a finales del siglo XV con una tarea que en gran medida representaba un giro en su política. De ahí que Fernando el Católico experimentara ciertas vacilaciones en especial cuando se comprobaron los pésimos resultados del gobierno de Colón y sus hermanos en las Antillas. La decisión finalmente adoptada de proceder al descubrimiento, conquista y organización del territorio ha ejercido sobre España y Europa una influencia decisiva. A menudo se insiste en lo que una y otra llevaron a América, pero no se concede la misma importancia a lo que, en reciprocidad, han recibido.

América ha sido el espejo en que los europeos, reflejando su imagen, han querido reproducirse. Pero la Europa que emprende la tarea estaba en trance de experimentar una división que se convertiría en irreversible entre el catolicismo de raíz tomista, que tendría en España su campeón, y el calvinismo heredero del nominalismo voluntarista que se apoyaría en los anglosajones y germanos. Hacia 1836, Michel Chevalier, y Benjamin Poucel, explicando este hecho, introdujeron los dos conceptos que permitirían hablar de una América latina frente a otra América sajona. La definición hizo fortuna, en especial desde que José María Torres Caicedo, colombiano residente en París, decidió generalizarla. Sin embargo, es importante advertir que el término Latinoamérica entraña un curioso contenido político, como recientemente Malraux ha querido explicar: no sería la obra española la importante sino la posterior francesa e italiana ejercida culturalmente a través de las naciones salidas de la emancipación.

Lo importante, en todo caso, es el «indio». Desde el primer momento los españoles rechazaron la idea de que fuese en su estricto sentido un aborigen: había venido de fuera, aunque el hogar primigenio diera materia para abundantes fantasías. No tardaron además en percatarse de que había profundas diferencias entre unos pueblos y otros en cuanto al grado de civilización. Los hallazgos arqueológicos han permitido, en efecto, asegurar que, procedentes de Asia, oleadas migratorias que atravesaron el estrecho de Behring antes de que éste se hundiese y quedara cubierto por el hielo, se difundieron por el continente entre los años 40.000 y 10.000 a.C.

Se produjo, pronto, una especie de *décalage* en el ritmo de evolución cultural. No hay gran diferencia cronológica en cuanto al acceso al cultivo rudimentario de la tierra en América y en el próximo Oriente; sí la hay en cambio en relación con el término de las primeras culturas neolíticas. En una gran parte del territorio las formas de vida que corresponden al neolítico e incluso al paleolítico, con organizaciones exclusivamente de cazadores, perduraron hasta la llegada de los europeos. Ninguna organización social superior ha podido detectarse en el ámbito de la América sajona.

Se trata de una diferencia que los historiadores tienen que tomar cuidadosamente en cuenta. Norteamérica (sajona o francesa) se ha construido sobre un territorio de culturas muy rudimentarias, sin fuentes escritas ni desarrollo político apreciable, con poblaciones escasas y fáciles por tanto de desarraigar y destruir. Latinoamérica, en cambio, se ha desarrollado tomando como plataforma al menos tres núcleos, el mesoamericano, el maya y el inca que habían alcanzado un nivel correspondiente al de la sociedades del próximo Oriente antes de la creación de los grandes imperios. Se podía destruir —como intentaron los Colón— a las poblaciones de las islas del Caribe; no era posible hacerlo —caso de que hubiera pasado por la mente de alguien tal disparate— con las altas culturas.

De ahí la decisión muy pronto tomada por España de reconocer la existencia de dos reinos, conservando incluso sus nombres: México y Perú. De modo que los monarcas españoles se convirtieron en sucesores de los aztecas y de los incas; en ambos casos se recurría al artilugio de una legitimidad conculcada que tenía que ser restablecida y al argumento de que se trataba de proporcionar a los indios una forma de vida superior, como únicamente podía proporcionar el cristianismo.

La hispanidad quedó arraigada pues en fundamentos muy anteriores, los cuales habían establecido ya profundas diferencias entre los ámbitos mexicano y andino, muy desarrollados, y el resto del continente donde formas neolíticas poco evolucionadas habían conseguido estabilizarse culturalmente. La revolución agrícola se produjo en México y se extendió desde aquí a otras regiones en una fecha que nos obliga a remontarnos al año 3000 a.C. Entre los años 1200 y 500 a.C. los arqueólogos detectan una cultura Olmeca en la costa meridional del Golfo de México que ejerció influencia sobre un ámbito extenso y cuya plena madurez corresponde a la gran ciudad-estado de Teotihuacán, destruida en los siglos VII y VIII por invasores procedentes del norte. La escritura jeroglífica, todavía hermética para los investigadores actuales; grandes pirámides, cerámica muy evolucionada, pinturas murales, grandes ejércitos, conocimientos matemáticos y astronómicos, demuestran que nos encontramos ya en presencia de una alta cultura, probablemente un verdadero Imperio. En Yucatán, Centroamérica e incluso en los Andes, la influencia de Teotihuacán es visible.

Por el tiempo en que Europa postcarolingia pugnaba por reconstruir una nueva forma de Imperio, otomíes y nahuas creaban en el valle de México una nueva forma cultural que recogía la herencia de Teotihuacán: es la que se llama Tolteca. El imperio tenía un doble principio de autoridad, el monárquico y el sacerdotal, como entendía que las supremas divinidades eran también dos: Tezcatlipoca y Quetzalcoalt. Los reyes, vicarios de Quetzal, fueron derribados a finales del siglo X y huyeron al Yucatán. Aquí, confederando pueblos, crearon en torno a Mayapán el Imperio «nuevo» de los mayas.

Dos reinos se mencionan en las antiguas tradiciones y se comprueban por los hallazgos arqueológicos, Tolteca y Chichimeca, que en el siglo XII estaban en guerra. Merced a estos enfrentamientos, un pueblo nahua, tomando el nombre de su lugar de origen, Aztlán (de ahí aztecas que corresponde a la dinastía real y no al pueblo mexica) consiguió penetrar en el valle central. Teóricamente los aztecas eran tan sólo colaboradores militares del rey de Azcapotzalco. Pero en 1345 su jefe, Tenoch, fundó, sobre tres lagos, Tezcoco, Xochimilco y Chalco, una ciudad destinada a perpetuar su nombre: Tenochtitlan. No estamos demasiado seguros de la fecha en que los mexicas sustituyeron al reino de Azacapotzalco pero sí es seguro que en 1427, el momento en que don Álvaro de Luna establece su primer gobierno personal, Izxoatl presidía una triple alianza con los chichimecas de Netzacualcoyotl —el gran poeta que conservan las tradiciones orales hasta Rubén Darío— y los de Tlacopan.

El siglo XV es el de la expansión azteca. En el momento en que los españoles llegan a América, Moctezuma II, que fue elegido en el año 1502, se hallaba al frente de un vasto imperio de más de 200.000 kilómetros con cinco o seis millones de habitantes que eran gobernados desde la inmensa Tenochtitlan o desde otras grandes urbes provinciales como Tezcoco, Tlacopán y Tlatelolco: sin verdadera escritura, desconociendo la rueda y careciendo de monturas domesticadas, las diferencias técnicas con los españoles parecían abrumadoras en todos los aspectos. La estructura social era predominantemente aristocrática y esclavista con tres clases que venían a reforzar la conciencia española de que la tripartición coincide con la naturaleza humana: nobles *(pillis)* con una doble oligarquía de guerreros —águilas y serpientes—, artesanos y comerciantes *(maceguales)* y esclavos, sobre los que pesaba todo trabajo fatigoso. Los pueblos indios dominados eran tributarios. No existía moneda, aunque los mercados *(tianguis)* eran muy activos, empleándose ciertos productos como el cacao, el oro y las mantas como base para los intercambios.

Brillante la cultura, importante el poder del jefe máximo, el *Hecatecuhtli* —a quien asesoraban los jefes de los clanes *(calpullis)* que formaban una asamblea o Tlatocán—, extenso el Imperio, su contacto con los españoles tenía que traducirse en un desastre. El dualismo religioso abría paso a sacrificios humanos que estaban en el extremo opuesto del humanismo cristiano. El imperio de Tenochtitlan se asentaba sobre el dominio de pueblos sometidos que acechaban la primera oportunidad para desconocerlo. Una evolución desde él a las formas de Monarquía resultaba imposible: la gran alternativa histórica estaba entre la conservación de una estructura arcaica o el cambio hacia las formas europeas. Cortés iba a aparecer como el galvanizador de una revuelta que acabó derribando el sistema: serán masas de indios las que suban al asalto de Tenochtitlan.

Muy semejante era la situación en el espacio maya. Cuando los primeros barcos de los descubridores alcanzan el Yucatán hacía 60 años que la familia reinante en Mayapán había sido derribada y el país estaba viviendo en medio de gran anarquía. Sus noticias acerca de la agricultura, muy eficaz, y del comercio, muy intenso, contrastaban con los datos, que no tardaron en experimentar sobre sí mismos, sobre la crueldad de los sacrificios humanos. Magníficos monumentos en Chichén, Uxmal, Palenque, Copán y otros lugares, y grandes avances científicos apenas podían ocultar el reverso de la medalla. De cualquier modo, ninguna clase de estructura política tenía que ser conservada porque no existía.

Pero el espectáculo que se ofreció a Colón en las Antillas —el nombre procede de la idea errónea de que se trataba de las islas situadas ante China— era bien distinto: pueblos de cazadores y pescadores con una incipiente agricultura vivían en pequeñas aldeas *(bateyes)* formadas por casas de madera con techumbre de paja (bohíos) y su religión no sobrepasaba el animismo. Hacer referencia a una cultura o a una organización política es ilusorio. La debilidad estructural es una de las causas del rápido exterminio de los indígenas en esta zona.

Mucho más avanzadas técnicamente fueron las culturas que surgieron entre los Andes y el Pacífico. Una penetración desde el norte, de agricultores, guerreros y expertos ceramistas, se detecta en el norte de Perú, en torno a Piura. Hasta comienzos del siglo XIII un fenómeno de concentración religiosa y expansión política permitiría configurar el primer gran imperio, con una gran ciudad religiosa, Tihuanaco, próxima al lago Titicaca (su nombre coincide con el del dios principal) y otra política, Huari. La disolución de este imperio había dado origen a pequeños estados, de los que el principal fue Chimú. Los chimúes estaban en posesión de una muy avanzada técnica metalúrgica. Los cronistas españoles recogerán posteriormente noticias que reflejan la conciencia de ese encuentro con una alta cultura, es decir, con su historia.

Uno de los varios reinos que entonces se constituyeron fue el de los quechuas: una tradición sitúa la fundación de Cuzco, la inexpugnable fortaleza, en el año 1200 de nuestra era. Del título que adoptara el sexto rey de la dinastía, Inca Roca, procede el que usaron después los monarcas y los miembros de su familia a la que se incorporaban en virtud de ciertas concesiones también algunos servidores: en conjunto formaban el *Sapay Inca*, es decir, la nobleza; en paralelo, los sacerdotes de los diversos dioses formaban también un cuerpo privilegiado, los *amautas*, fuertemente diferenciado del pueblo llano, *llactaruna*. Esta sociedad jerarquizada, que conocía el bronce y comenzaba a domesticar animales, la alpaca y la llama, se hallaba sometida a un poder absoluto, que castigaba con crueldad, que ofrecía al supremo dios creador, Viracocha, sacrificios humanos y que poseía un ejército disciplinado. Los soldados eran profesionales de la guerra abundantemente remunerados.

¿Cuál es la imagen que los españoles descubren en sus primeros contactos peruanos? Los cronistas de Indias nos lo cuentan: seguramente se podrían detectar inexactitudes y errores en la reconstrucción del pasado, pero reflejan un estado de conciencia muy importante a la hora de explicar las soluciones que se aplicaron. En otro tiempo los quechuas del Cuzco fueron uno entre los varios reinos o comunidades políticas andinas. Pero el Inca Pachacútec Yupanqui (1438-1471), que fue un extraordinario hombre de Estado, inició una conquista que comenzó por el sometimiento de Chimú, por medio de la fuerza. Hizo a su hijo Túpac Yupanqui jefe del Ejército a fin de poder dedicarse mejor a las obras de refundición del Imperio —una lengua, una religión, una administración—, de tal modo que cuando Túpac le sucedió en 1471 y a éste su propio hijo Huayna Capac (1493), ese imperio se extendía desde Guayaquil hasta el río Maule, más allá de Valparaíso y comprendía el altiplano de Bolivia y el noroeste de la actual República Argentina.

Todo esto se había consumado mediante guerras crueles y sumisión violenta de pueblos dominados. Huayna Capac murió en 1525: había pretendido una especie de división del poder entre sus hijos Huáscar, nacido de princesa real, y Atahualpa, hijo de concubina. Pero Atahualpa, instalado en el norte, había conseguido reunir un bando poderoso, derrotar a su hermano y darle muerte. Así pues, el Imperio de los Incas estaba afectado por tres graves problemas de ilegitimidad: usurpación del trono por un bastardo fratricida, opresión de los pueblos sometidos; religión, impuesta por medio de sacrificios humanos.

Con ocasión del Quinto centenario del viaje de Colón se ha puesto sobre el tapete una cuestión que es puramente política: ¿debemos hablar de descubrimiento o es preferible encuentro? Para los historiadores existen pocas dudas. Hubo un descubrimiento, término de llegada de exploraciones que habían comenzado hacia 1340 y que pusieron ante los ojos de los europeos un continente del que ninguna noticia tenían; se descubre siempre algo que está oculto. El encuentro, para producirse, exige que se trate de culturas de semejante nivel. La mayor parte de América estaba aún poblada por pueblos recolectores y cazadores como en el neolítico y, por tanto, la relación intelectual con ellos resultaba imposible. La disolución de las antiguas formaciones políticas mayas tuvo como resultado que no pudiera hablarse de encuentro más que con México y Perú; de hecho, los monarcas españoles trataron de conservarlos como reinos procediendo a reformas administrativas y religiosas muy profundas, pero aceptando también el mestizaje. De este modo muchas cosas se mantuvieron: el barroco americano, por ejemplo, transparenta la herencia recibida de los maravillosos ceramistas que durante siglos practicaran un canon peculiar de belleza.

Capítulo 14

UN DESTINO IMPERIAL MEDITERRÁNEO

América significaba muy poco en la vida española antes de que mediara el siglo XVI: la Monarquía Católica, edificada sobre el sistema de reinos que formaban la Corona de Aragón, contemplaba el Mediterráneo como su eje fundamental y se alimentaba económicamente sobre esta ruta y la del Golfo de Vizcaya que conducía a Flandes. Fernando era consciente del peligro que representaban los turcos —de éstos habían hablado su abuelo y el emperador Segismundo en 1416— y creía saber cuáles eran los medios cautorios de evitarlo. Tenía que sujetar poderosamente el Tirreno y ser fuerte en el mar, conservar en Italia la paz y garantizar su retaguardia mediante un sistema de alianzas europeas. No sabemos en qué momento llegó a la convicción de que Francia era una amenaza porque, recuperada la hegemonía que en otro tiempo ejerciera, contemplaba Italia y el Mediterráneo como su inevitable camino de expansión. Antes de que se produjera la firma del tratado de Barcelona (1493) y la restitución de los condados, había concertado acuerdos con Enrique VII de Inglaterra y con Maximiliano de Habsburgo, destinados a procurar matrimonios —Catalina con Arturo, Juan y Juana con Margarita y Felipe de Borgoña— que hiciesen de las tres dinastías, Trastámara, Tudor y Habsburgo un bloque de cohesión en Europa. La ruta de Flandes quedaba asegurada y el desarrollo de las ferias de Medina del Campo también.

En este sistema, Nápoles, gobernada por su primo Ferrante, Rodas, fortaleza de la Orden de San Juan de Jerusalén, y Alejandría, mercado de las especias, desempeñaban papeles muy esenciales. Fernando no tuvo inconveniente en aliarse con Kayt bey, sultán mameluco de Egipto, musulmán. Pero en 1494 Carlos VIII de Francia rompió el equilibrio invadiendo Italia y expulsando a Ferrante del trono: viejos proyectos de cruzada hacia Constantinopla comenzaron a dibujarse. Fernando alegó que sus derechos sobre Nápoles, vasallo del Papa, eran superiores a los de Carlos y que en todo caso a Alejandro VI correspondía decidir. Una Liga Santa en que junto al

Papa y a España entraban Venecia, Milán y el emperador Maximiliano, rechazó la idea de una hegemonía francesa. El ejército expedicionario español, a las órdenes de un segundón, Gonzalo Fernández de Córdoba, y con predominio de infantería, logró una inesperada victoria. Fue casi sorprendente la capitulación en Atella (1496) del brillante ejército francés. Carlos VIII hubo de firmar una tregua.

   Al compás de estos episodios la estrecha alianza con los Tudor y los Habsburgo se consolidó: ahora se sabía que los herederos de la corona española muy probablemente llevarían sangre austríaca. Aunque el matrimonio del Príncipe de Asturias naufragó por fallecimiento de don Juan, el de Juana y Felipe pudo consolidarse con abundante descendencia. Felipe, más borgoñón que otra cosa y más francés que austríaco, disentía de su padre y de su suegro en relación con la política a seguir en Francia. Un nuevo rey, Luis XII, pareció inclinarse por una solución negociada de compromiso: dueño de Milán por los derechos de su esposa, propuso o aceptó la idea de un reparto de Nápoles (tratado de Granada, 1500) que garantizaba a la Corona de Aragón, con Apulia y Calabria, la seguridad de Sicilia y las bases que necesitaba para las operaciones en el Mediterráneo oriental. Antes incluso de que se ejecutara el tratado, Gonzalo Fernández, regresado a Sicilia, emprendió una primera ofensiva contra los turcos apoderándose de Cefalonia para despejar el Adriático de enemigos.

   Esta primera fase de la guerra estrechó las relaciones entre España, Inglaterra, Portugal y la Casa de Austria, de modo que Luis XII comenzaba a sentirse aislado. Tal vez por esto se preocupó muy poco de mantener el acuerdo, esperando arrojar a los españoles de Nápoles y afirmando de este modo su superioridad. Sucedió lo contrario: Gonzalo Fernández, que había asimilado los conocimientos militares italianos, se retiró a Barletta mientras le llegaban refuerzos, desgastó al adversario y luego le aplastó en dos batallas, Ceriñola y Garellano (1503 y 1504) que significaron una revolución profunda en el arte de la guerra. La infantería, provista de armas portátiles de fuego, había sustituido a la caballería como reina de las batallas.

   Nápoles fue incorporado como el octavo reino de la Monarquía Católica. Pero la coyuntura era, para Fernando, muy difícil. Tras el príncipe de Asturias habían muerto la mayor de las infantas, Isabel, y el hijo que ésta tuviera con el rey Manuel de Portugal. Los derechos al trono pasaban a Juana, la esposa de Felipe de Borgoña; pero los antiguos reinos de la Corona de Aragón dejaron claro que aceptaban de las mujeres una transmisión de derechos y no más. Fernando e Isabel habían pedido a Juana y Felipe que viniesen a España para ser reconocidos y jurados por sus súbditos. Un viaje que terminó en desastre: a su paso por Francia, tanto a la ida como al regreso, Felipe se mostró un humilde vasallo de Luis XII; en los reinos españoles dio sensación de excesiva precipitación y falta de respeto a sus instituciones; los Reyes pudieron comprobar además que Juana era perturbada mental, y su esposo trataba de conseguir por todos los medios la firma de un documento de la princesa que hiciera en él dejación de todos sus derechos. Era evidente que propugnaba un cambio radical en la política europea.

Isabel tomó precauciones y en su testamento introdujo una cláusula: si Juana no estaba en disposición de ejercer el poder, a Fernando correspondería ejercer la regencia. Cuando la reina murió (26 de noviembre de 1504), Fernando hizo proclamar a Juana; pero abrigaba ya un proyecto de separación de la vasta herencia que iba a recaer sobre el archiduque: Carlos, nacido en Gante en 1500, recibiría el patrimonio de Borgoña —el monarca aragonés se mostraba incluso dispuesto a renunciar a Nápoles en su favor si esto permitía la reconciliación con Francia—, mientras que Fernando, nacido en España y llamado precisamente como él, podría recibir la herencia de los Trastámara. Estas negociaciones, que fracasaron, sirvieron para acentuar el resentimiento de Felipe hacia su suegro.

Felipe I, que se había proclamado rey de Castilla en Bruselas, aunque no logró la renuncia de su esposa, emprendió nuevo viaje a España: buscaba la amistad interesada de Inglaterra, el apoyo de Francia, la derrotada, de los Foix-Albret, reyes en Navarra y, sobre todo, de aquellos sectores de la nobleza castellana que figuraban entre los vencidos de la guerra de Sucesión. A punto estuvo de romperse todo lo que en 1469 consiguieran Fernando e Isabel. El Rey Católico, tras una entrevista con su yerno, abandonó la regencia, pasando a sus dominios aragoneses y, después, a Nápoles: logró un acuerdo de paz con Luis XII (Blois, 1505) y contrajo nuevo matrimonio con Germana de Foix, que podía reclamar derechos sobre Navarra con preferencia a los Albret. Si hubiera sobrevivido la descendencia masculina de Germana, a ella hubiera correspondido la herencia de la Corona de Aragón.

De esto precisamente se trataba. Fernando despidió al Gran Capitán y declaró incorporado el reino de Nápoles definitivamente a la Corona, trazando planes para el retorno a la política imperial mediterránea. De acuerdo con ellos, una serie de posiciones —Vélez de la Gomera, Orán, Bugía, Argel, Túnez, La Goleta, Trípoli, Malta, Djerba— recibieron entre 1508 y 1510 guarniciones españolas o acuerdos de sumisión en relación con la Corona aragonesa. Un suceso imprevisto, de aquellos que de cuando en cuando se producen, cambió el curso de la Historia. El 25 de setiembre de 1506, tras una breve enfermedad, murió en Burgos Felipe el Hermoso. Fernando fue invitado a regresar, pero él no mostró ninguna prisa: se tiene la impresión de que no quería ser acusado de ambición respecto a Castilla; acudía porque ésta le necesitaba. Desde entonces se preparó para mantener unida toda la herencia en favor de su nieto Carlos, que tenía seis años en el momento de la muerte de su padre.

Algunas lecciones habían sido aprendidas, especialmente la desconfianza respecto a los Albret. Fernando reforzó el partido beamontés que defendía la permanencia de Navarra en el ámbito hispano y rechazaba el excesivo predominio francés. Cuando Luis XII volvió a la guerra contra el Papa Julio II, Fernando no dudó en acudir en auxilio de este último; Enrique VIII de Inglaterra y Maximiliano le apoyaron otra vez en esta ocasión. Y entonces Juan de Albret tuvo que elegir entre los dos bandos; con toda lógica se colocó al lado de Francia, en donde se hallaban los señoríos más rentables. Fernando pudo apoderarse de Navarra con toda facilidad firmando un pacto con los estamentos del reino. Conservaría en todos los detalles su condición (territorio, fuero y cortes) pero se incorporaba a la Corona de Castilla. El vínculo ya no habría de romperse nunca.

Cuando Fernando murió, en enero de 1516, su herencia estaba formada por nueve reinos, Castilla, Navarra, Aragón, Cataluña, Valencia, Mallorca, Cerdeña, Sicilia y Nápoles, además de un dominio de posibilidades desconocidas en el continente americano. Durante más de un año el anciano cardenal Cisneros mantuvo tensas las riendas de un poder que no ofreció demasiados problemas. No llegaría a conocer personalmente al nuevo monarca llegado a Laredo tras una pequeña escala forzosa en Asturias; murió en Roa en el otoño de 1517 cuando iba a su encuentro.

SEGUNDA PARTE

Capítulo 15

LA PROYECCIÓN DE ESPAÑA EN EL MUNDO (1517-1598)

De pronto, en 1517, con la llegada de Carlos I como nuevo rey, cambiaron espectacularmente las condiciones de la historia de España. Los Reyes Católicos habían realizado la unidad nacional y habían encauzado la proyección de España hacia el Mediterráneo y África; después, tras la lotería del descubrimiento de América, hacia las lejanas y fabulosas tierras de allende el Atlántico. Pero nunca habían pensado en otra política que la centrada en la península Ibérica y sus fundamentales intereses, incluyendo, como capítulo final, la unión pacífica con Portugal. Sin embargo, una serie de azares inesperados dio como resultado la entronización de la familia Habsburgo (la «Casa de Austria»), cuyos monarcas habrían de gobernar España durante casi doscientos años. Entonces, la vinculación dinástica era un hecho mucho más importante que ahora, y comportaba una política interior y exterior muy definidas, en consonancia con la naturaleza o los intereses de la dinastía. Y en este caso, el cambio revestía mayor importancia aún, puesto que desde el siglo XIII la Casa de Austria había sido la cabeza del Imperio Alemán (o Sacro Imperio Romano-Germánico), aparte de que heredaba otros territorios en el centro de Europa. Se hacía realidad así el temor de los Reyes Católicos, y, especialmente, en los últimos años, de Fernando, de que España se convirtiera en uno de tantos territorios regidos por una familia extranjera, y tal vez en una especie de satélite del Imperio.

Si no fue así, ello se debe a varias circunstancias que acabaron consagrando la hegemonía española en el conjunto. Por un lado, está el refuerzo que España en general y Castilla en particular recibieron con la conquista de América, la lógica expansión por las rutas del Atlántico y sobre todo las enormes riquezas que llegaron de ultramar y convirtieron a la Península, de un rincón periférico, en un núcleo fundamental de Occidente. Por otra parte, ocurre que, como decía el mismo Fernando el Católico, «no hay reinar sin Castilla». Castilla era, entre los pueblos de Europa, aquel en que menos había cuajado el régimen feudal y en que los fueros privativos coartaban en un grado menor el ejercicio de un poder unificado y por consiguiente la creación de un estado moderno; así fue como los Austrias acabaron centrándose en Castilla por la «ley de la menor resistencia». Aunque, por otra parte, los monarcas de la Casa de Austria, al entenderse más directamente, y sin necesidad de intermediarios, con los castellanos y con los españoles en general, acabaron a su vez españolizándose y adoptando como suyos los ideales clásicos de los españoles, y sobre todo de los castellanos. Así, la fuerte tradición católica de los españoles, que conservaría su identidad frente a la Reforma que triunfó total o parcialmente en otros lugares de Europa, sería asumida por los monarcas de la Casa de Austria, que mantendrían con gusto el título de Rey Católico, y el de Monarquía Católica para todos sus dominios. España, desvinculada ya políticamente del imperio alemán, sería la cabeza de la Monarquía Católica, dotada de territorios fuera de la península Ibérica, por Europa y por el resto del mundo.

Una nueva geopolítica

Con el establecimiento de la Casa de Austria y el nuevo concepto de Monarquía Católica, el escenario geográfico y político de la historia de España se extiende a regiones muy apartadas de España. Por un lado está la proyección hacia América, cuyos inmensos territorios se conquistan en un tiempo sorprendentemente breve, durante el reinado de Carlos I. América tuvo un enorme atractivo, y la ilusión americana eclipsó casi totalmente el sueño de los Reyes Católicos de una activa política en África: que, aun así, no fue abandonada del todo. Tampoco fue abandonada la política mediterránea, de tradición aragonesa-catalana, y tan preferida por Fernando el Católico. Las áreas de influencia adquiridas en Italia, y la pretensión del imperio turco de dominio sobre aquel mar obligaron a la Casa de Austria a mantener una atención muy grande a la zona mediterránea. Claro está que los intereses europeos de los nuevos monarcas no les permitieron desentenderse del espacio germánico, borgoñón o flamenco, territorios vinculados históricamente a sus dominios, y este nuevo vector señalaría una dirección nueva, desvinculada de la tradición española, y que obligaría a España a nuevos y a veces desproporcionados sacrificios, que acabarían a lo largo del tiempo agotándola; pero también representaría la posibilidad de la presencia y la hegemonía de España en amplias zonas de Europa. El advenimiento de los Austrias vendría a significar así por un lado nuevos y tremendos esfuerzos; por otro, un papel continental que de otro modo la monarquía española y los mismos españoles no hubieran llegado nunca a soñar.

LA PROYECCIÓN DE ESPAÑA EN EL MUNDO (1517-1598)   145

El esquema de este nuevo planteamiento geopolítico podría resumirse muy brevemente en estos tres sectores:

a)   El núcleo peninsular, centrado en España propiamente dicha, y por los motivos ya indicados, principalmente en Castilla. Castilla, con una población de ocho millones de habitantes —la mitad que los franceses y menos de la mitad que los alemanes—, pero unidos, activos, deseosos de empresas y fieles a los monarcas, sería el núcleo fundamental de la Monarquía Católica. Los otros reinos peninsulares mantendrían sus peculiaridades propias, aunque no dejarían de pesar en el conjunto. España, dotada de la organización estatal europea que más pronto se modernizó, de un ejército y una diplomacia muy eficaces, y de una vitalidad histórica fabulosa, manifestada culturalmente en la eclosión magnífica del llamado «siglo de oro», fue el núcleo fundamental de las iniciativas y la fuerza física y moral de la monarquía de los Austrias. Puede decirse que fue el impulso de los españoles, su fuerte personalidad colectiva, y el impulso de hacer cosas importantes, el factor que modificó la propia tradición continental de la Casa de Austria, y movió a los nuevos monarcas a seguir una política de amplia proyección mundial.

b)   América, dirección y respaldo. América fue un centro de atracción inmenso, el vector más importante de la proyección de España al mundo. Pero su descubrimiento y conquista se realizó con un esfuerzo humano sorprendentemente pequeño. La empresa le salió casi gratis a la Corona, puesto que la mayor parte de las iniciativas descubridoras y conquistadoras partieron de particulares. No sabemos muy bien cómo Hernán Cortés consiguió la conquista de México con 416 hombres, y Pizarro la de Perú con poco más de 200; pero los hechos están ahí. A mediados del siglo XVI, España dominaba en América un imperio que iba de Méjico al Río de la Plata (excepto Brasil), y la recompensa por aquellas legendarias hazañas fue una cantidad de metal precioso —primero oro, luego, y en mayor cantidad, plata—, como no se recordaba en la historia de Occidente. América fue, por tanto, un campo de expansión y de conquista, es decir, de esfuerzos; pero principalmente, y sobre todo desde mediados del siglo XVI, cumplió un papel de inmensa retaguardia, un respaldo de fabulosa riqueza.

c)   Los enclaves europeos. Dejando aparte el imperio alemán, que sólo estuvo vinculado dinásticamente a España durante el reinado de Carlos I, la monarquía de los Austria dominaba también una serie de territorios en el área europea y mediterránea. Los principales de ellos constituían una cadena que iba del mar del Norte al canal de Sicilia: Países Bajos (Bélgica, Holanda, Luxemburgo, NE de Francia), el Franco Condado, entre Francia y Suiza; Milán, Nápoles, Sicilia, Túnez. Por un lado, estos territorios cercaban a Francia —con el consiguiente recelo de los franceses—, por otro separaban a los países católicos de los protestantes, cumpliendo un papel importante como barrera frente al protestantismo; y por último, creaban una línea de defensa en el Mediterráneo frente a la expansión turca. Estos territorios extrapeninsulares costaron a España dinero y esfuerzos. Fueron también puntos clave de la hegemonía española en Europa durante el siglo XVI y la primera mitad del XVII.

Carlos I en España y las revoluciones de 1520

En 1517, el archiduque Carlos de Gante, desembarcaba en España para tomar posesión de sus reinos como Carlos I. Era entonces un muchacho de 17 años, un poco despistado y de «gesto absorto y boquiabierto». Era imposible adivinar al futuro e inteligente Emperador. Por de pronto, no sabía español, y se fió de los consejeros flamencos que vinieron con él, especialmente el gentilhombre Guillermo de Croy, señor de Chièvres, y el canciller Sauvage. También le acompañaban un grupo de nobles castellanos enemigos de Fernando el Católico que venían un poco en plan de revancha. Por tanto, los recién llegados produjeron mala impresión y no fueron bien recibidos. Pronto se repartieron los cargos principales, y en muchos casos despreciaban a los españoles, a los que consideraban menos refinados que los flamencos. También se dijo —aunque se exageró mucho este punto— que los nuevos amos se dedicaban a sacar moneda del reino.

Por eso en las Cortes de Valladolid los procuradores pidieron al nuevo rey que aprendiera el español, que se quedase a vivir en estos reinos, que se casara con una española, que nombrase a españoles para los cargos importantes, y que no se exportara moneda. Carlos prometió atender las peticiones, y a cambio recibió un subsidio de 600.000 ducados. Todo parecía camino de arreglarse cuando nuevos acontecimientos vinieron a cambiar por completo la historia de España y de Europa.

En efecto, en julio de 1519, Carlos fue elegido Emperador de Alemania (sería así Carlos I de España y V de Alemania). En realidad, el Imperio era el sueño de toda su vida, y en ganarse a los electores había empleado mucho dinero, en parte el arrancado a los españoles. España corría el peligro de convertirse en un satélite del Imperio centroeuropeo. Como el monarca necesitaba más dinero para preparar el viaje a Alemania y hacer frente a los inmensos gastos que allí le aguardaban, hubo de reunir nuevas Cortes. Lo hizo en Galicia (Santiago y Coruña), que, como zona rural, parecía menos predispuesta contra él. Con todo, los representantes protestaron, recibieron nuevas promesas, y al fin, con muy poco gusto, cedieron otros 600.000 ducados. Carlos, en 1520, embarcó rumbo a Alemania, dejando aquí como regente a un flamenco, Adriano de Utrecht, y sin atender a las 61 peticiones que le habían formulado.

Los hechos explican perfectamente las revoluciones que se produjeron en 1520-1521. De todos modos, a la hora de comprender estas revoluciones, sobre las cuales se han contado versiones muy desfiguradas por la pasión, es preciso matizar muchas cosas. Entre ellas la necesidad de distinguir entre el descontento, que fue general, y la rebelión abierta, que fue obra de grupos concretos. A comienzos de los tiempos modernos se disputaban la hegemonía en los distintos países de Europa a) la monarquía, asistida por un complejo organismo estatal, mucho más poderoso que en la Edad Media; b) la nobleza, que había tenido un papel, como clase señorial y dominadora de territorios determinados, cuyos habitantes eran sus vasallos, y que intentaba mantener su papel y su ascendiente en los tiempos modernos; c) la burguesía enriquecida y sobre todo el *patriciado urbano*, formado por antiguos patronos o negociantes que habían reunido el suficiente dinero para no tener que trabajar, y que habían adquirido un influjo muy grande en las ciudades, donde ostentaban los cargos municipales. La nobleza triunfó, por ejemplo en Alemania, donde la autoridad del Emperador, pese a su alta dignidad, estaba muy condicionada por los poderosos señores feudales, y siguió estándolo durante la mayor parte de la Edad Moderna. El patriciado urbano triunfó, por ejemplo, en la mayor parte de la Italia del Norte, mosaico de ciudades-estado gobernadas por antiguos burgueses enriquecidos, que levantaban magníficos palacios y vivían como aristócratas. La monarquía, con un estado moderno, triunfó en Francia y en un grado algo menor en Inglaterra. También en España, y sobre todo en los reinos de Castilla, Fernando e Isabel habían establecido un Estado muy moderno y bien organizado. España llevaba camino de convertirse en un Estado-nación, regido por una monarquía fuerte e indiscutida. Los movimientos de las Comunidades en Castilla, y de las Germanías en Valencia, fueron una rebelión del patriciado urbano tanto contra el poder de la monarquía como contra el de la alta nobleza.

Hubo, pues, un descontento general contra la política de Carlos I y de sus consejeros, pero la rebelión estuvo atizada principalmente por elementos del patriciado urbano y de la baja nobleza adversaria de la alta. Los grandes líderes del movimiento comunero (de *comunidad*, entonces igual a municipio), como Padilla, Bravo y Maldonado, eran típicos representantes del patriciado urbano. Los comuneros encontraron apoyo en las clases medias enriquecidas, en algunos miembros del clero (que temían a las ideas y costumbres de los flamencos) y en parte del pueblo. Las ciudades que se sublevaron,

Valladolid, Segovia, Ávila, Salamanca, Madrid, Toledo, eran fundamentalmente ciudades industriales o artesanas. Allí los gremios estaban muy bien organizados, y apoyaron el movimiento, aportando dinero y milicias. Por el contrario, las ciudades comerciales, como Burgos, Medina, Córdoba o Sevilla, no secundaron el movimiento, o hasta se opusieron a él. Los comerciantes no estaban organizados en gremios, ni participaban del mismo modo en el gobierno municipal; tenían, por otra parte, quizá una mentalidad más abierta y menos temerosa de las influencias exteriores. Esta división de la burguesía de negocios fue fatal para los comuneros. La nobleza, que no dejó de protestar contra las medidas del rey, se opuso muy pronto a la rebelión, y después de un primer momento en que la revuelta pareció imponerse, la aplastó en la batalla de Villalar (1521).

En el reino de Valencia estalló la revuelta de las Germanías (hermandades), formadas por los gremios de artesanos, y sobre todo por sus líderes, como Joan Lloréns, Guillem Sorolla, Vicente Peris: formaban parte también de la «burguesía de producción», como en Castilla, pero con mayor apoyo de los trabajadores urbanos. También en este caso la nobleza se opuso, pero los agermanados llevaban las de ganar. Fallecido el moderado Lloréns, la revuelta se radicalizó y adquirió caracteres de gran dureza; una vez vencidos los comuneros, la nobleza castellana ayudó a la valenciana, aunque las Germanías no fueron dominadas hasta 1523. España no iba a ser un mosaico de ciudades-estado. Tampoco un feudo de la nobleza. Ésta fue la vencedora en la guerra civil, pero en cuanto regresó Carlos, en 1522, lo primero que hizo fue conceder una amnistía a los comuneros. No quiso aparecer como aliado de la nobleza, sino como árbitro. España tampoco sería un estado feudal, aunque los nobles tendrían bajo los Austrias un papel más importante en la administración que en tiempos de los Reyes Católicos, nunca un poder político autónomo. Triunfaba definitivamente la concepción del estado moderno regido por un monarca.

Quizá la consecuencia más notable de la derrota de los comuneros y agermanados fue la decadencia de las clases medias productivas. Es un hecho que está todavía poco estudiado, pero la verdad es que en la época de los Austria, en que hubo un activísimo comercio con América, la pequeña industria y la artesanía decayeron, cuando en tiempos de los Reyes Católicos habían tenido una notable importancia. Es así como gran parte de los productos elaborados que se enviaron al Nuevo Mundo hubo que comprarlos en el extranjero. Existen otras explicaciones a este fenómeno, y hoy por hoy no podemos asegurar que el conflicto de las Comunidades y las Germanías significara un desfavorable desenlace económico. Pero es posible que haya sido así.

Carlos V y los españoles

Carlos I de España y V de Alemania, en 1522, tuvo que escoger entre colocar el centro de sus dominios en uno u otro país. Algunos fieles españoles le escribían diciendo que estaba a punto de perder los reinos peninsulares, a causa de las rebeliones y el descontento general contra los administradores flamencos. Por su parte, en Alemania se había declarado, por obra de Lutero, la Reforma protestante, y el Emperador temía una fatal división en el mundo cristiano. Y en la necesidad de escoger, prefirió venir a España. Fue una decisión de gran importancia en la historia universal.

Naturalmente que Carlos pensaba regresar a Alemania, y lo hizo varias veces, como recorrió también el resto de sus dominios. Pero desde 1522 iba a hacer de España el fundamento más importante de su imperio, y se sentiría más a gusto entre los españoles que en ningún otro ambiente. Era ya por entonces otro hombre, con su típica barba redonda, más maduro y reflexivo. Prescindió de los consejeros flamencos, y se rodeó de hombres de confianza españoles, como Francisco de los Cobos, un hábil administrador que culminó la creación del estado moderno, o consejeros intelectuales y humanistas como Antonio de Guevara o Alfonso de Valdés. Aprendió español (hasta el punto de que hablaba español en sus discursos en el extranjero), y se casó con una princesa hispanoportuguesa, Isabel, de acuerdo con los consejos que le instaban a coronar la unidad peninsular. Todo esto no quiere decir que Carlos se sintiera exclusivamente español, como tampoco se sentía alemán, flamenco o italiano. El emperador era, ante todo, europeo, ciudadano del ecúmene cristiano occidental, y nunca tuvo una idea clara de nacionalidad. Fue, en este sentido, el último emperador de Occidente con indiscutible conciencia de tal.

Si Carlos se hizo más español, y, contrariamente a la tradición de la Casa de Austria, se hizo idealista, los españoles también se abrieron a las inquietudes de Europa y participaron con entusiasmo en las empresas carolinas. Pocas veces estuvo el ambiente cultural de España tan abierto a las corrientes y a las ideas europeas como en tiempos de Carlos I, y especialmente en el decenio 1520-1530, en que el emperador residió aquí. Las mismas conquistas americanas, o la primera vuelta al mundo por Magallanes-Elcano, que se operaron por estas fechas, contribuyeron a confirmar este espíritu: los españoles se hacían «universales», sin renunciar por eso a su carácter peculiar. La nobleza, y también a su modo las clases populares, participaban de ese idealismo. Se aficionaron a las grandes aventuras, poseían un elevado sentido del honor, de lealtad, de servicio a la fe católica y a la monarquía. La burguesía negociante fue la que menos apoyó la política imperial, sobre todo por los impuestos que le suponía, aunque nunca renegó de aquellos ideales. Pero en general el carácter aventurero de los españoles y su generosidad para lanzarse a grandes empresas les condujo a un nuevo destino histórico que sería el motivo de su máximo encumbramiento, y también, a la postre, de su decadencia.

La conquista de América

La historia de América es un hecho ajeno a la finalidad de este libro, pero resulta de absoluta necesidad aludir al escenario más amplio de la expansión española en el siglo XVI. La época de los descubrimientos marítimos se enmarca principalmente en el reinado de los Reyes Católicos, y culmina con el descubrimiento del océano Pacífico por Núñez de Balboa, en 1513, y la primera vuelta al mundo, realizada por Magallanes y Elcano en 1520-1522. Hasta entonces, el Nuevo Mundo era una realidad extraña y misteriosa, pero difícil. Llegar a aquellas lejanas tierras era toda una aventura, y establecerse en ellas representaba grandes peligros, procedentes ya de los indígenas, ya de nuevas y desconocidas enfermedades. La aventura parecía poco rentable, porque hasta entonces apenas se habían encontrado riquezas, y la empresa daba más pérdidas que ganancias.

Pero los españoles no cejaron en ella. Isabel la Católica había encargado que siguiera la evangelización de los indios, aunque sus tierras fueran pobres, y en ellas «no hubiera más que peñas y piedras». Pero poco a poco se fueron teniendo noticias de las riquezas que atesoraba su interior, y comenzaron a organizarse las primeras grandes expediciones. En la Junta de Burgos se habían discutido dos posibilidades. Una, buscar en el continente americano imperios y riquezas que parecieran rentables; otra, en vista de lo poco prometedor que resultaba ese continente, atravesarlo por la parte más estrecha y buscar el nuevo mar (el Pacífico) para seguir el viejo proyecto de Colón: llegar a las verdaderas Indias, es decir, a Asia. Los españoles eran entonces tan decididos, que acordaron acometer las dos aventuras a la vez. Ocurrió una situación paradójica: la expedición destinada a ocupar el continente (Tierra Firme, Panamá) se encontró enseguida con el Pacífico, y las inmensas posibilidades que ofrecía un mar más allá de América; mientras la expedición destinada a buscar ese mar, por el golfo de México, se encontró con el imperio más rico del continente. La conquista de México fue obra de Hernán Cortés y un grupo sorprendentemente reducido de hombres, que con su inteligencia, su audacia y la superioridad que les daban los caballos (sólo llevaban 16) conquistaron en 1521-1523 toda la confederación azteca y el enorme espacio mejicano en general. Cortés fue no sólo un conquistador lleno de recursos, que supo aliarse con todos los enemigos de los dominadores aztecas, sino también un eficaz organizador, que creó municipios, instituciones y concibió aquel enorme territorio habitado por pueblos enemigos entre sí como una gran unidad. Fue el primero que intuyó la realidad de México como un conjunto. Al tiempo, fray Toribio de Mogrovejo, al que los indios llamaban por su humildad «Motolinía» (el Pobre), instruía a los naturales en la fe cristiana. Pronto la Corona se haría cargo de aquellos territorios.

Si la conquista de México fue fruto de la inteligencia, la de Perú lo fue de la voluntad. Cortés había estudiado Derecho. Francisco Pizarro había sido pastor de puercos en su juventud. Participó en la conquista de Panamá, y allí conoció el nuevo océano Pacífico y tuvo noticias de un pueblo muy poderoso y muy rico que se asentaba en sus orillas, más al sur. Por dos veces fracasó en su intento de llegar allí, pero a la tercera, con sólo 170 hombres, conoció el imperio incaico, y valiéndose de la guerra civil en que estaba enfrascado, pudo apoderarse de aquel extenso y difícil territorio, cruzado por altísimas cordilleras. Fue otro hecho casi inexplicable. Más tarde, llegaron nuevas expediciones, y todo Perú fue ocupado. Pero Pizarro, extraordinariamente valeroso y voluntarioso, no tuvo la inteligencia de Cortés, de suerte que tras la conquista hubo luchas entre los propios españoles, y el país no quedó pacificado hasta 1550. De Perú salieron otras dos expediciones: la de Quesada, que se apoderó de lo que hoy son Ecuador y Colombia, y la de Valdivia, que con poquísimos hombres se apoderó de Chile y dominó un espacio casi tan largo como la distancia entre Madrid y Moscú. Por 1550, la mayor parte de lo que hoy es Hispanoamérica estaba conquistada, y comenzaba una triple tarea: de organización y civilización, de adoctrinamiento religioso y de explotación de las riquezas encontradas. Muy pronto llegaron los virreyes y gobernadores, las Audiencias, la imprenta, la universidad. Hubo actos de rapiña o de egoísmo y otros de gran generosidad: no pueden olvidarse ni unos ni otros.

Un hecho que llama la atención es que la mayor parte de la América española *fue ocupada por la espalda*. Los conquistadores llegaron antes a California que a las costas orientales de los Estados Unidos, ocupadas al fin por los ingleses; y se establecieron definitivamente en Santiago de Chile cuarenta años antes que en Buenos Aires. Se ha dicho que la conquista de América se hizo de un modo poco lógico, por la desorientación que provocaba la exploración de un inmenso continente desconocido. La verdad es también que los españoles buscaron los territorios menos selváticos y húmedos, aquellos dotados de un clima parecido al de la Península: que eran, además, los habitados por las comunidades más civilizadas de indios, y también los que poseían las riquezas más tentadoras. Por eso se establecieron primero en México, las alturas de Perú, las mesetas de Colombia o los valles suaves y templados de Chile, antes que en las selvas del Amazonas, el Orinoco o el mismo Paraná. Y en las zonas malsanas para los europeos siempre hubo pocos colonos. Los que se establecieron en todas partes fueron los misioneros.

Franceses, protestantes y turcos

Carlos I de España y V de Alemania fue un hombre inteligente, capaz de concebir una clara idea de la función imperial, como tal vez no habían logrado tener sus inmediatos antecesores, y fue al mismo tiempo un infatigable hombre de acción. Pocas veces se ha dado en un monarca una mezcla tan completa de pensador y de realizador. Viajó por toda Europa occidental, pasó quinientos días en campaña y doscientos en el mar, y se calcula que durmió en 3.200 camas distintas. Fue el último monarca viajero, que estimaba necesaria su presencia allí donde se había planteado un problema, incluida muchas veces su participación directa en las guerras. Y como su época es particularmente complicada por los complejos entresijos del panorama europeo, fue probablemente el titular del Imperio que hubo de moverse más, y por más escenarios. Su vasta política imperial y su prodigiosa actividad hacen, por tanto, incómoda la historia de su reinado, si queremos considerarlo sólo como monarca de España. El propio emperador tenía mucho de español (pero, como hemos visto, se sentía principalmente europeo), contó con consejeros españoles, pasó más tiempo en España que en Flandes, Alemania o Italia, utilizó para sus campañas europeas soldados españoles y dinero español: de modo que la historia de España no puede desligarse de una serie de escenarios en que, en principio, no se ventilaban asuntos que hubieran interesado, por ejemplo, a los Reyes Católicos; pero tampoco es posible olvidarse por completo de estos problemas exteriores, puesto que los reinos españoles quedaban inevitablemente implicados en ellos. Y muchas veces, por idealismo, por espíritu aventurero o por una particular vocación ecuménica, muchos peninsulares aceptaron con gusto su participación en aquellas aventuras internacionales.

Como rey de España, Carlos I no tuvo una definida política interior. Mantuvo las viejas instituciones, reunió con cierta frecuencia las Cortes para pedir dinero —que casi siempre le fue concedido con generosidad—, edificó palacios en Toledo y en Granada, con el propósito de residir en ellos (propósito que por las complicaciones exteriores no pudo cumplir), y continuó la obra de los Reyes Católicos en la creación de Consejos deliberantes que le asesorasen. Entre los más importantes figuran el Consejo de Estado, destinado a los asuntos más graves del gobierno, o los referentes a la política exterior; y el Consejo de Indias, necesario para diseñar las directrices por las que había de regirse y administrarse el gigantesco imperio que se estaba creando al otro lado del Atlántico. Por lo demás, Carlos, en sus ausencias, dejó la regencia de España en manos de su esposa, la emperatriz Isabel, y más tarde en las de su hijo, el futuro Felipe II, que así se iría acostumbrando a las tareas del gobierno. El administrador más eficaz, y alma de aquellos Consejos fue un hombre de origen relativamente modesto, pero inteligente, hábil, y muy españolista (poco amigo de meterse en las complicaciones de la política exterior): Francisco de los Cobos.

Tres fueron los problemas a que tuvo que atender incesantemente Carlos I, y que le impidieron un reinado tranquilo: por un lado, la enemistad de Francia, que aspiraba también a la hegemonía en Europa. Su rey, Francisco I, no sólo había perdido la carrera por el Imperio, al que también había aspirado, sino que ahora estaba particularmente molesto al sentirse cercado por casi todas partes por dominios de Carlos. Otro gran problema, al que el emperador no tuvo más remedio que atender, fue la aparición de la Reforma protestante en Alemania, iniciada por Lutero a partir de 1520, y que amenazaba romper la unidad del mundo cristiano occidental. La vieja concepción medieval, que admitía el doble poder del papa y del emperador, ambos dentro de su respectivo ámbito, para mantener la tutela de la Cristiandad, le obligaba a sumir graves responsabilidades, aparte de que Carlos fue un hombre religioso, preocupado por la ruptura de la unidad cristiana. Y en tercer lugar no tuvo más remedio que llenarle de preocupaciones la expansión del imperio turco, dirigido entonces por Solimán el Magnífico, una expansión que subía por la cuenca del Danubio hasta el mismo corazón de Europa central, y pretendía también dominar el Mediterráneo, amenazando a los países occidentales y muy especialmente a los propios dominios del emperador. Los dos primeros problemas, casi siempre los más urgentes, condicionaron y limitaron en gran parte la acción antiturca de Carlos, que era, sin embargo, aquella que más hubiera deseado emprender. Le molestaba la actitud de los franceses, y hubiera querido una paz permanente con ellos (en su discurso de 1536 terminó gritando: «¡*quiero paz, quiero paz, quiero paz!*»). Fueron los franceses los que emprendieron las cinco guerras en que se vio envuelto. Y el problema protestante representaba para él una gran responsabilidad, como supremo guardián en lo político del mundo cristiano, y porque la Reforma se había generado en el seno del Imperio. Tuvo así poco tiempo para realizar su política antiturca. Sin embargo, un hecho parece demostrar su prioridad en las intenciones de Carlos: cuando ningún problema le acucia urgentemente, emprende una campaña contra los turcos.

Las primeras guerras con Francia

Francia era entonces, de los estados modernos de Europa, el más poblado y más rico. El rey Francisco I, que como ya hemos dicho, había aspirado sin éxito a ser elegido Emperador, nunca perdonó a Carlos V su derrota ni la posesión de tantos territorios alrededor de Francia: no sólo porque aquello le parecía un cerco, sino porque limitaba sus propias posibilidades de expansión. Ya antes de que terminase la insurrección de las Comunidades, los franceses invadieron Navarra, pensando restaurar en aquel reino la dinastía de Albret. Fueron rechazados por los navarros; al mismo tiempo, los imperiales invadían el territorio de Milán, considerado de antiguo como feudo del Imperio. La guerra por el Milanesado duró varios años. Las tropas españolas, formadas en gran parte por la famosa infantería que había consagrado años antes el Gran Capitán, y por los lanceros o *lansquenetes* alemanes, mostraron una evidente superioridad militar sobre los franceses, que solían recurrir a los bien organizados infantes suizos. Era aquélla la época del soldado profesional, reclutado a sueldo (de ahí el nombre de «soldado»). Pero si los imperiales mostraban su superioridad militar en los encuentros puntuales, Francia, por su buena situación económica, se rehacía más rapidamente de sus gastos militares, y reclutaba más combatientes, mientras los imperiales no siempre tuvieron dinero para sostener una campaña larga. De aquí que buscasen una batalla decisiva, y al fin la consiguieron en Pavía (1525). Los imperiales no sólo obtuvieron una aplastante victoria, sino que los infantes españoles lograron hacer prisionero a Francisco I, que fue trasladado a España. Carlos I tenía en sus manos todos los triunfos para negociar la paz más ventajosa que jamás hubiera podido soñar.

Sin embargo, el Emperador, joven de 25 años, no supo sacar partido de su situación. La *Paz de Madrid*, en 1525, dejaba en libertad a Francisco I a cambio de unas promesas que luego no cumplió. El monarca francés se alió con los príncipes italianos y el papa Clemente VII *(Liga Clementina)* y emprendió una nueva guerra, cuyo episodio más lamentable fue el saqueo de Roma por las tropas imperiales. Al fin las cosas quedaron como estaban, pero la *Paz de Cambray* (1529) dejaba toda Italia controlada por Carlos V. Reconciliados el papa y el emperador, tuvo lugar la solemne coronación de éste por Clemente VII (1530). La idea imperial aparece más clara que nunca:

Carlos V sería el monarca de más alta dignidad de Europa, pero no aspiraba más que a arbitrar la paz entre todos, y renunciaba a nuevas conquistas.

La defensa contra los turcos

La paz con Francia permitió a Carlos I emprender su política favorita: la defensa contra el imperio turco, que había alcanzado su máximo esplendor, y amenazaba a Europa central. En 1526, las tropas turcas, después de la batalla de Mohacz, entraron en Budapest, y en 1530 llegaron a las puertas de Viena. Posiblemente la capital del imperio hubiera caído si un ejército español, bajo el mando del marqués de Vasto, no hubiera rechazado a los invasores. Los turcos intentaron de nuevo la empresa en 1532, y fueron vencidos de nuevo. Desde entonces no volvieron a avanzar por la cuenca del Danubio, pero siguieron amenazando por mar. En 1536, Carlos, aprovechando una nueva paz con Francia, organizó una campaña en el Mediterráneo. Obtuvo victorias navales y desembarcó personalmente al frente de sus tropas en Túnez, ciudad que quedó ocupada durante mucho tiempo por los españoles. Nuevos incordios le impedirían seguir aquella política. En 1541, otra coyuntura realmente tranquila le permitió lanzarse a la conquista de Argel, una empresa muy popular en España, porque los piratas argelinos hacían peligrar el tráfico por el Mediterráneo occidental. Desembarcó en las costas argelinas, pero la ciudad resistió más de lo esperado, y renovadas amenazas europeas le obligaron a desistir del empeño, del que regresó sin gloria y muy desanimado.

Los protestantes. Cánones y cañones

Después de su solemne coronación en 1530, el Emperador viajó a Alemania para resolver otro de los graves problemas que se habían planteado durante su reinado: el de la Reforma protestante. Ya en 1520, en la Dieta de Worms, Martín Lutero había comparecido para exponer su doctrina, que predicaba la salvación por la fe y el «libre examen» o capacidad de cada conciencia para interpretar por su cuenta la Sagrada Escritura. Carlos V no era en absoluto un intolerante, y durante su vida se rodeó de muchos hombres del Renacimiento de corte progresista. Pero como responsable del Imperio tenía tradicionalmente el deber de defender a la Iglesia, lo mismo del ataque de sus enemigos exteriores (entonces los turcos, que amenazaban extenderse por Europa), como de cismas internos. Carlos comprendió que la doctrina de Lutero podía provocar una fatal división entre los cristianos. Por eso en la Dieta de Augsburgo (1530) cedió todo lo que pudo, y trató de buscar un acuerdo entre católicos y protestantes. Pero las diferencias eran tales, que pronto se comprendió que sólo se podía llegar a un acuerdo si se reunía no un parlamento, como era la Dieta, sino un concilio, formado por teólogos.

Al mismo tiempo, el movimiento protestante adquiriría también una significación política. Los príncipes alemanes, decididos a mantener su poderes feudales, se oponían a que la autoridad imperial impusiera el triunfo de un Estado monárquico de tipo moderno, como el que había prevalecido en Francia o España. Por eso el problema era religioso y político al mismo tiempo. Carlos había hecho detener a Lutero, y los príncipes consiguieron liberarlo. El Emperador tuvo que seguir una doble política de «cánones y cañones»: medidas religiosas para buscar la unidad, y acción militar contra los nobles aliados con los protestantes. Por desgracia, el Concilio, por los temores de unos y otros, tardó mucho en reunirse, y cuando al fin lo hizo, en Trento, sólo asistieron los católicos. Fueron los filósofos y teólogos españoles, como Pacheco Laínez, Soto o Salmerón, los que dieron las principales ideas. El Concilio de Trento definió así la doctrina católica de la salvación por la gracia de Dios, siempre que el hombre coopere con sus obras. Al mismo tiempo, modernizó y dio más ejemplaridad a la organización de la Iglesia; pero la separación entre los católicos y los luteranos, llamados ya «protestantes», se había hecho prácticamente insalvable.

El Emperador decidió entonces entrar en campaña, y en la batalla de Mülhberg (1547) obtuvo una victoria decisiva sobre los príncipes rebeldes. El propio Lutero había muerto poco antes. Carlos V, apoyado principalmente por la infantería española, parecía al fin dueño indiscutido de su propio imperio. Fue uno de los momentos más felices de su vida. Desde la coronación en Bolonia, es decir, desde 1530, había creído en la idea del «imperio de arbitraje»: un imperio que no aspiraba al dominio del mundo, sino al respeto universal, basado en el prestigio del Emperador, como el monarca heredero de una altísima dignidad histórica, que venía de los tiempos de los romanos, o de Carlomagno. El Emperador no sería dueño, sino árbitro del mundo, aconsejando con su autoridad a los demás monarcas, y preservando la paz entre todos. Pero la enemistad de Francia y la «razón de Estado» que predominaba en muchas monarquías, en que cada cual buscaba el prevalecimiento de sus propios intereses, le fueron convenciendo de que el «imperio de arbitraje» no sería respetado si no se convertía en un «imperio potencia», es decir, si al derecho no unía la fuerza. Tampoco con la idea del «imperio potencia» pretendía Carlos V conquistar el mundo, sino obligar a los otros monarcas, por el temor a su poder, a admitir su arbitraje. Para ello necesitaba unir de hecho la potencia de España con la de Alemania: no, entendámoslo, convertirlas en un solo país, sino conseguir que su fuerza se sumase. Con esa fuerza no encontraría contestación posible en Europa. Ahora bien, Alemania era un país dividido en una serie de señoríos, en que la autoridad del Emperador era poco más que teórica, y Carlos V quiso hacerla real, es decir, reinar en Alemania como podía hacerlo en España.

Ciertamente, la tarea de convertir a Alemania en un Estado moderno no era fácil. Los alemanes no estaban acostumbrados a una monarquía unitaria. Ante todo, se hacía preciso que el Imperio dejase de ser electivo para hacerse hereditario: con ello no sólo lograría la necesaria cohesión histórica, sino que quitaría un poder inmenso a los príncipes electores. A los nobles los dominaba bastante bien desde la aplastante victoria de Mülhberg, pero estaba claro que para cambiar lo que llamaríamos secular constitución del Imperio no bastaba la fuerza militar; hacía falta una hábil labor política. En 1550, Carlos V trajo a su hijo, el futuro Felipe II, a Alemania, para que fuera aceptado como sucesor de la corona imperial; pero tropezó con dificultades desde el primer momento en las conversaciones. Felipe, joven serio y austero, poco flexible, que no conocía el alemán, cayó mal a los alemanes. Los príncipes se negaban a ceder en sus derechos. Alemania era un gran país, pero estaba muy diversificado desde hacía siglos, y perduraban con fuerza las instituciones feudales. No era fácil transformarlo de la noche a la mañana en un Estado unitario.

Fueron tantas las dificultades, que Carlos se desanimó, cayó en una verdadera depresión, y ya en 1551 quedó como paralizado, cejó en sus esfuerzos, y lo que es peor, prácticamente no movió un dedo. Mientras tanto, los príncipes volvían a sublevarse, acaudillados por Mauricio de Sajonia, a quien el Emperador había entregado el mando de las tropas. El nuevo rey de Francia, Enrique II, se alió con los príncipes alemanes para impedir los planes de Carlos. Éste, falto de medios y de apoyos seguros, desolado y sin esperanzas, hubo de refugiarse en Italia. Todos sus sueños se habían venido abajo.

Carlos descubre América. El imperio atlántico

En 1551 ocurrió algo inesperado. El bachiller Lagasca, que había ido a pacificar Perú, después de conseguir este objetivo envió a la Corona todas las rentas que no habían podido girarse en años anteriores por culpa de las contiendas civiles. Nunca un monarca había recibido tanto dinero junto. Aquella fortuna le permitió retornar a Alemania y dominar de nuevo la situación. El Imperio no se perdería. Pero Carlos V no se hacía ya ilusiones: Alemania era un país dividido, y era un sueño muy difícil tratar de convertirlo en un estado unitario, como las potencias occidentales. Por eso decidió casi al mismo tiempo dos hechos que cambiarían la historia del mundo. Casó a su hijo, Felipe II, con la reina de Inglaterra, María Tudor, y consagró como sucesor en el imperio alemán a su hermano Fernando, también nieto de los Reyes Católicos, de carácter diplomático y muy transigente con los protestantes. A él le correspondería lograr un acuerdo capaz de garantizar la paz. Pero la idea de «imperio-potencia» ya no se encarnaría en la asociación de Alemania y España sino en la de España e Inglaterra. Por fin el Emperador se daba cuenta de la inmensa importancia del Nuevo Mundo, del que estaban llegando riquezas enormes. El Atlántico sería el eje mundial del futuro. Alemania quedaría neutralizada, y sería una nación dividida en muchos señoríos hasta el siglo XIX. Felipe II sería rey de España y consorte de Inglaterra, con la esperanza de unir las dos coronas en una sucesión común. Los Países Bajos, vinculados desde tiempo antes al Imperio, quedarían también para Felipe II. Así, el nuevo imperio-potencia que Carlos soñaba, no sería continental, sino un «Imperio Atlántico», que cubriría la fachada atlántica de Europa y el otro lado del océano, América.

Carlos comprendió muy bien el papel fundamental que el océano iba a desempeñar, como mar de las comunicaciones, de la riqueza y de la civilización, en la historia universal, en sustitución del mar Mediterráneo. Fue, por cierto, el único emperador europeo-americano de la historia. Pero no acertó al creer posible un imperio multinacional. Primero había pensado en un conjunto formado por España, Alemania, Países Bajos e Italia. Luego creyó posible la unión dinástica y funcional entre Alemania y España, como la gran potencia de Europa. Ahora, el sueño de Inglaterra iba a frustrarse también. María Tudor no tuvo hijos, y murió pronto. Felipe II, que había heredado una molesta guerra —¡la quinta!— con Francia, venció decisivamente en San Quintín. Francia ya no era, ni iba a ser por mucho tiempo un peligro para el equilibrio. Y Felipe II, que había nacido en Valladolid, y se sentía español, regresó a España. Apenas habría de salir de ella en el resto de su vida. Al fin se verificaría el sueño de Carlos V de un imperio potencia; pero no en forma de un imperio hispanoalemán, ni en de un imperio hispanoinglés, sino, simplemente, en la de un imperio español.

Rasgos del Siglo de Oro

Hay momentos en que un pueblo, por circunstancias históricas no siempre fáciles de determinar, adquiere una vitalidad extraordinaria, y su protagonismo cuenta de una manera muy especial en los destinos del mundo. Basta pensar en la Grecia del siglo IV antes de Cristo, en la Roma del siglo I, en la Inglaterra del siglo XIX o en los Estados Unidos del siglo XX. Esos mismos pueblos pueden vivir otras épocas mucho menos destacadas, porque nunca ha habido un predominio de un país determinado, o bien de una forma de cultura o de civilización que se haya prolongado indefinidamente en la historia, o al menos que se haya mantenido siempre a la misma altura.

Todos hemos oído hablar del Siglo de Oro, o de los Siglos de Oro (puesto que la época de esplendor duró bastante más de una centuria) como una época extraordinaria en la literatura y el arte españoles. A todos nos suenan los nombres de Garcilaso, Herrera, Cervantes, Lope de Vega, Quevedo, Gracián, Góngora, Calderón, como grandes literatos, o en el campo del arte conocemos figuras como El Greco, Ribera, Velázquez, Murillo, Alonso Cano o Martínez Montañés. También habremos oído hablar de grandes pensadores, como Mariana, Vitoria o Suárez. O de grandes músicos, como Cristóbal de Morales, Francisco Salinas o Tomás Luis de Victoria. El hecho de que todos ellos hayan vivido durante la época de los Austrias (y especialmente en la segunda mitad del siglo XVI y primera mitad del XVII) llama la atención, y parece indicar que la cultura española alcanzó por entonces una personalidad y una excelencia singular. Más tarde, será preciso recordar de nuevo algunas de estas manifestaciones culturales. Da la impresión de que por entonces, los españoles alcanzaron un grado de madurez especial y poseían una capacidad de creación como pocas veces se ha visto.

Pero el «siglo de oro» es mucho más que la floración de una serie de grandes artistas, grandes escritores o grandes filósofos. Representa una explosión extraordinaria de vitalidad en los reinos españoles, manifiesta especialmente en los de Castilla, pero muchas veces también en los de la Corona de Aragón. Pocas veces un pueblo dio muestras de tal capacidad colectiva. España no pasaba entonces de los diez millones de habitantes (la mitad que Francia), pero daba que hablar en el mundo entero. No en balde la primera vuelta al mundo la dio un grupo de españoles. La era de las grandes exploraciones y descubrimientos va de 1492 a 1520. Más tarde se explorarían tierras del continente americano, y el espacio inmenso del Pacífico. Españoles fueron los primeros que vieron las islas de Polinesia o el continente de Australia. La etapa de la conquista de América, realizada con poquísimos medios y con una audacia extraordinaria, se lleva a cabo entre 1520 y 1540, aunque continuaría a ritmo más lento incluso en el siglo XVII. La mayor influencia española en Europa —lo mismo en lo militar que en lo diplomático, en lo cultural que en lo artístico— ocurre en la segunda mitad del siglo XVI y aun en la primera del XVII. Las tropas españolas, cuya infantería gozaba fama de invencible (de hecho no sufrió ninguna derrota en campaña hasta 1643), combatieron en espacios que van de Pomerania, en el Báltico, hasta Lepanto, en Grecia. Los bailes españoles se pusieron de moda en Europa, y se comentó que el mejor negocio que se podía hacer en París era montar una academia de español. Toda esta explosión de vitalidad y capacidad de iniciativa llama la atención, aunque es de notar que no en todos los campos se dio exactamente al mismo tiempo. La literatura y el arte se desarrollan especialmente en el siglo XVIII, cuando en otros aspectos de la vida, como el militar o el económico, España estaba ya en decadencia. El siglo o los siglos de oro representan por tanto unos rasgos de vida intensa, o de influencia, de capacidad para verterse al exterior, que no coinciden exactamente en el tiempo unos con otros, pero que ocupan la mayor parte del periodo de los Austrias. Si ese protagonismo de alcances mundiales se debe a las nuevas orientaciones de la política internacional y a la alta dosis de idealismo de los monarcas, u obedece más bien a un fenómeno de plenitud del pueblo español, que habría alcanzado por entonces su máximo grado de madurez, es un punto muy difícil de dilucidar. Lo cierto es que el siglo de oro, por lo menos en muchos aspectos del protagonismo histórico, es uno de los fenómenos más singulares y más dignos de estudio de nuestro pasado.

Notas de ambiente

España nunca fue un país rico por naturaleza. Su tierra era, por lo general, pobre y reseca. La cosecha no solía triplicar la simiente (mientras en Francia, por lo menos, la decuplicaba). Y la mayoría de la población era, entonces, campesina. Unos cuantos nobles con título poseían amplios territorios que les producían grandes rentas. No eran tantos como se piensa: en tiempos de Felipe II, los nobles titulados (duques, marqueses, condes) no pasaban de 75. Había una nobleza de tipo medio (familiares de titulados), que vivían por lo general a un buen nivel, y una baja nobleza, formada por caballeros e hidalgos, que tenían más dignidad y sentido del honor que dinero. El hidalgo, religioso, idealista, generoso, aventurero, amigo de grandes hazañas, poco preocupado por la economía, llegó a tener una importancia fundamental en las mentalidades imperantes en el siglo de oro. Y quizá a su impulso se debe aquella tendencia a la grandeza y a la gloria, que tanto caracteriza a los hombres de su época.

La burguesía de negocios había decaído tras la revuelta de las comunidades, y sólo en Sevilla, cabeza del comercio con las Indias, o en las zonas de grandes ferias, como Medina del Campo, Rioseco,

Valladolid o Burgos, tenía verdadera fuerza. La producción de la finísima lana merina, iniciada ya en la baja Edad Media, se mantuvo por mucho tiempo, se exportaba desde los puertos del Cantábrico a gran parte de Europa, y penetraba principalmente por los Países Bajos. El hecho de que estos países pertenecieran también a la monarquía española favoreció este comercio, hasta que las guerras, por los años 70 y 80 del siglo XVI, dificultaron el tráfico. Otra parte de la lana se convertía en tejidos en los talleres de Segovia, Palencia o Valladolid. Pero algo vino a cambiar este panorama tradicional de exportación y manufactura, y fue el metal precioso americano, que lo mismo puede considerarse una ventaja que un inconveniente. Los ingentes caudales venidos de América hicieron a los españoles más ricos y más pobres a la vez. Significaron un aluvión de oro y plata como nunca se habían podido figurar, pero también precios caros y dificultad de competir con los talleres de otros países, que producían más barato. La clase media, menos guerrera e idealista, abandona en ocasiones unos negocios que no les producen el beneficio apetecido, aunque sigue desempeñando tareas administrativas, sobre todo en los puestos de la administración local o territorial. Y la clase baja, en su mayoría campesina (con frecuencia arrendataria de parcelas pertenecientes a la nobleza o el clero), vive sujeta a unas cosechas inciertas y a unos precios que se disparan por la abundancia del metal precioso. Si puede vender por su cuenta los productos de la tierra (aunque tenga que pagar una rentas cada vez más altas) puede defenderse bastante bien. Si trabaja simplemente a jornal, suele empobrecerse. A veces, estos miembros de la clases modestas prefieren la aventura de la guerra y la conquista, y se hacen soldados.

Los flamencos que vinieron con Carlos I, más tarde los alemanes, criticaban a los españoles por pobres, serios, sobrios, sesudos y sentenciosos, poco dados al humor y a las expansiones. Los españoles criticaban a los flamencos por su presunción, su fastuosidad, su carácter frívolo y burlón. No sabemos si los caracteres de los pueblos han evolucionado tanto como parece por aquellos testimonios. Lo cierto es que los españoles de entonces, acostumbrados a una tierra poco productiva y a una vida dura, eran propensos al ascetismo y soportaban bien las privaciones. Por eso precisamente fueron capaces de tantas y tan difíciles empresas. Pero, aunque por naturaleza muy religiosos (no siempre la vida estaba en consonancia con su fe, eso también es cierto), sabían divertirse, celebraban fiestas y espectáculos, y no carecían, a lo que podemos saber por la literatura de entonces, de sentido del humor.

El imperio de Felipe II

En tiempos de Felipe II (rey de 1558 a 1598) la historia de España se hace menos incómoda, porque se hace indudablemente «historia de España», sin discusión. Y no es porque sea menos universal que en tiempos de Carlos I-Carlos V, sino porque su único centro indudable es España, y de aquí salen todas las iniciativas, como también todos los esfuerzos. Y esto es así, en parte, porque se ha consagrado la hegemonía española; y en parte, porque Felipe II se siente español y se rodea casi exclusivamente de españoles. El testamento de su padre, sin embargo, no le permitió desentenderse de los asuntos centroeuropeos, y eso fue quizá una fuente de complicaciones más que una ventaja. Carlos dejó a su hermano Fernando el avispero del Imperio alemán, un espacio en el que había fracasado el intento de establecer un estado moderno; pero legó a Felipe II territorios tradicionalmente vinculados a la Casa de Austria, como los Países Bajos (Holanda, Bélgica y Luxemburgo, con una franja en lo que hoy es NE de Francia), el Franco Condado de Borgoña (entre Francia y Suiza), el Milanesado y otros territorios al norte de Italia, amén de los que ya se habían conquistado en aquel país en tiempos de los Reyes Católicos, como Nápoles y Sicilia. El rey de España poseía, por tanto, enclaves europeos que mantenían el cerco de Francia, y al mismo tiempo constituían una barrera contra la expansión del protestantismo en el continente y la de los turcos en el Mediterráneo. Por eso precisamente Carlos V legó a Felipe II tan variados territorios. Quizá hubiera sido preferible dejar a España libre de tantas responsabilidades, pero tal fue el designio del Emperador, que tenía una amplia visión geopolítica. Se mantuvo por tanto el triple esquema: «núcleo peninsular», «vectores europeos y mediterráneos» y «respaldo americano» (respaldo en el sentido de que el Nuevo Mundo era fuente de inmensas riquezas, que sirvieron para financiar las empresas europeas).

Que Felipe II centrara sus dominios en España no es ninguna casualidad. Ya su padre había comprendido que España tenía más fuerza, más coherencia, más fidelidad y más iniciativa histórica, que sus otros dominios. Pero Felipe II, además, había nacido en España y se sentía español. Salvo los primeros años de su principado, en que había estado casado con la reina de Inglaterra, o hizo la guerra a Francia desde los Países Bajos, no se movió de la Península, y puso su capital en una ciudad hasta entonces poco importante, pero situada en el centro: Madrid, y desde ese centro lo gobernaba todo. Sabía francés e inglés, y entendía un poco el flamenco y el alemán, pero en parte por timidez sólo habló español, un idioma que entonces conocían muchos europeos. Es posible que su carácter, aparentemente frío y flemático, no se aviniese bien con lo que parece ser el carácter español; tampoco sus ojos azules. Pero se identificó con los españoles y con los ideales españoles, si es que no fueron los propios monarcas de la Casa de Austria —concretamente Carlos I y Felipe II— los que contribuyeron a afianzar en los españoles aquellos ideales.

De Felipe II se han hecho los más encendidos elogios y las más enconadas críticas. Cierto que su carácter puede dar pie a la polémica. Pero también es cierto que su posición predominante en Europa originó toda clase de sentimientos hacia él, y es lógico que fuera así, como ocurre con el gobernante de un país poderoso: aunque quizá con Felipe II más que con otros. Ya hemos dicho que su temperamento parece difícil de entender. Gozó fama de frío, autoritario, implacable. Solamente en los últimos años, y especialmente a raíz de los trabajos que se han hecho con motivo del centenario de su muerte, en 1998, se la ha empezado a comprender mejor. Dos rasgos predominan en su carácter: la timidez y una conciencia estrecha que le hacía esclavo de su deber y de su misión de hacer cumplir con su deber a todo el mundo. Hay sabemos que, en el fondo, era un sentimental: pero su misma timidez, y su deseo de parecer imperturbable le hacían disimularlo. Fue más culto de lo que se dijo: escribía maravillosamente, le gustaban el arte, las matemáticas y los animales. Deseaba la paz con todo el mundo, pero no estaba dispuesto a ceder en sus ideas religiosas y en el mantenimiento de su poder y de los territorios que le habían sido confiados. Por eso hubo de entrar en tantas guerras y de gastar tanto dinero en empresas idealistas.

La forma de gobierno de Felipe II

Hemos dicho que Felipe II era un hombre tímido, pero también fue un hombre inteligente. Por eso supo sacar partido de sus propios defectos. Hubiera perdido todas las discusiones, y siguió un sistema en el cual no le correspondía pronunciar más que una palabra: la última. Lento de reflejos, era mucho más hábil escribiendo que hablando, y siguió un método en que todo se hacía por escrito. No se hubiera atrevido a usar los vistosos y coloristas trajes del Renacimiento, en que el caballero más distinguido era el que lucía un atuendo más espectacular: y decidió vestir un traje sencillo, de negro. Al poco tiempo, todos los nobles vestían igual: Felipe II había impuesto la moda más cómoda para él (después, el traje negro se usaría por todos los caballeros de Europa). No se sentía a gusto en los viajes, e inventó el sistema de comunicación a distancia más rápido y completo del mundo. Antes, el rey (como Carlos I), iba a donde se había planteado el problema: Flandes, Bolonia, Viena, Argel. Ahora, el problema viaja a donde está el rey, en forma de noticias muy completas y bien documentadas, gracias a un sistema de correos que recorren itinerarios fijos de forma también fija, y se relevan los caballos (que frecuentemente han de correr a galope) aproximadamente cada 30 kilómetros, de suerte que tanto las noticias como las órdenes circulan mucho más rápidamente. Este nuevo planteamiento no sólo evita el viaje del rey, sino que hace conveniente que éste no se mueva de su sitio, para que todos los mensajes sepan adónde tienen que dirigirse. Felipe II no se mueve de Madrid (va, a lo sumo a El Escorial), y allí despacha asuntos lo mismo para Chipre que para Filipinas.

Al mismo tiempo, culmina el organigrama del «sistema polisinodial» que habían comenzado a edificar los Reyes Católicos y Carlos I: es decir, la existencia de Consejos especializados. En otros países hay un solo Consejo de Estado, que discute y asesora al rey en todos los asuntos. En España hay muchos Consejos, y son de dos tipos: los «ministeriales» (Estado o asuntos exteriores, Hacienda, Justicia, Guerra, Órdenes, Inquisición) y los territoriales (Castilla, Aragón —luego también Portugal—, Flandes, Italia, Indias). Cada cual está especializado en un tema. Supongamos que los franceses se disponen a ayudar a los rebeldes flamencos. El embajador en París comunica la noticia al Consejo de Estado, que preside directamente el rey. Éste consulta al Consejo de Flandes, para conocer la situación en aquel territorio. Si las noticias son alarmantes, el monarca consulta entonces al Consejo de Guerra, para saber si es posible disponer de los efectos necesarios. Si no es así, viene la consulta al Consejo de Hacienda, sobre si es posible proceder a la movilización de 20.000 hombres más. Si Hacienda contesta que no hay dinero, se consulta al Consejo de Indias para saber qué perspectivas hay sobre los fondos de metal precioso que traen los galeones. Después de muchas consultas y asesoramientos, el rey decide lo más conveniente. El sistema es más lento y complicado que el de otros países, pero mucho más seguro. Al fin lo acabaría copiando todo el mundo, con la aparición de los secretarios de despacho o ministros, especializado cada cual en un ramo determinado de la administración.

La lentitud era, por supuesto, un inconveniente, aunque le convenía al rey, que era un hombre que necesitaba madurar mucho sus decisiones. Por ejemplo, la batalla de Lepanto (preparada minuciosamente desde Madrid hasta en sus últimos detalles) fue una victoria impresionante del sistema sobre la improvisación de los turcos, y pudo resolver para siempre el problema de la amenaza otomana; pero se dio el 7 de octubre, por culpa de los inevitables retrasos. Se anunciaban los primeros temporales del otoño, y ya no fue posible explotar la victoria. Carlos I fue un rey guerrero, valiente y espontáneo. Felipe II fue sedentario, amigo de escribirlo todo, y apenas se movió de su despacho, en el cual trabajaba 14 horas diarias. No fue un héroe, o por lo menos fue la suya otra forma de heroísmo; pero puso las bases definitivas de lo que iba a ser el Estado moderno.

Comienzos del reinado

Los primeros años del reinado de Felipe II fueron tranquilos, de acuerdo con el talante pacifista del monarca. La paz de Cateau-Cambrésis (1559) significaba la hegemonía de España en Europa, y buenas relaciones con Francia, selladas con el matrimonio de Felipe II con Isabel de Valois. Se prefería la diplomacia a la guerra, y fue ésta una época de excelentes embajadores. Un gran diplomático, el príncipe de Éboli, era entonces el principal consejero de Felipe II, y manejaba con habilidad y discreción los resortes de la política europea. La paz, y los bienes que llegaban de América propiciaban una recuperación económica, que estaba haciendo falta, después de tantos esfuerzos. Eso sí, al rey le interesaba la consolidación de la Contrarreforma de la Iglesia, y promovió ante el nuevo papa, Pío IV, la sesión definitiva del Concilio de Trento, que culminó en 1563. Las primeras reuniones del Concilio habían sentado la doctrina católica frente a la luterana. Estas últimas aseguraron la calidad del clero, estableciendo seminarios y exigiendo disciplina y una vida ejemplar a los eclesiásticos. Un nuevo movimiento protestante, el de los calvinistas, progresaba por entonces en parte de Europa, mostrando un afán proselitista como no tenían los luteranos. Éstos no hacían propaganda, ni buscaban extender su doctrina a todas partes: los calvinistas eran mucho más amigos de extenderse. Esta actitud preocupó a Felipe II, que veía amenazada la unidad religiosa en Flandes e incluso en España. La Inquisición, que había tenido poca actividad en tiempos de Carlos I, se movió activamente en los primeros años del reinado de Felipe II. Unos procesos incoados en varias ciudades españolas, en 1559, acabaron rápidamente con la disidencia, que era muy poco numerosa.

La preocupación de España se dirigía más bien contra los turcos, que si bajo el sultanato de Solimán el Magnífico, contemporáneo de Carlos I, habían intentado expansionarse por Europa (hasta que el emperador los rechazó a las puertas de Viena), ahora el nuevo sultán, Selim II, contemporáneo de Felipe II, decidió la expansión por el Mediterráneo, gracias a un rearme naval que puso en peligro los dominios españoles en Italia y las mismas costas españolas. La guerra naval en el Mediterráneo se llevaba a cabo con galeras, buques estrechos y largos de vela y remos, que podían navegar en aguas tranquilas a sorprendente velocidad. Fue una guerra que se renovaba todos los veranos, y que obligó a Felipe II a construir también una fuerte flota de galeras, suscitándose así la primera gran carrera de armamentos de la historia. Ambas potencias llegaron a tener más de 300 galeras cada una. En 1565, los turcos atacaron la isla de Malta, situada en el canal de Sicilia, y llave fundamental entre el Mediterráneo oriental y el occidental. Los caballeros de la Orden de Malta se defendieron heroicamente, hasta que funcionó la pesada pero imponente maquinaria española. En una operación muy bien combinada, los turcos fueron destrozados: desde entonces el Mediterráneo occidental se convirtió prácticamente en un lago cristiano.

Quedaba el Mediterráneo oriental, y la situación cobró tintes dramáticos cuando los turcos desembarcaron en Chipre. Felipe II logró una alianza con el Papa, Génova y Venecia, y con una flota tan poderosa como la turca, pero con una organización perfecta, los cristianos ganaron la batalla de Lepanto (1571) frente a las costas de Grecia. Por número de barcos, fue la batalla naval más impresionante de la Edad Moderna. La flota cristiana dibujaba sobre varios kilómetros de mar una cruz y la turca una media luna. Se ha interpretado este hecho como símbolo de las ideas religiosas de unos y otros, pero tuvo una finalidad estratégica. Los turcos pretendían cercar a los cristianos, mientras éstos preferían atacar por el centro, para dividir la flota enemiga en dos. Con ello peligraban las alas, a derecha e izquierda, que combatían en situación de inferioridad; pero para eso estaba preparada la flota de reserva de don Álvaro de Bazán, que atacando primero por un flanco y luego por otro contribuyó a una victoria tan aplastante, que se consideró milagrosa. Los turcos perdieron 300 galeras, casi toda su flota, mientras los aliados sólo perdieron 10. Era el momento de consolidar el dominio sobre todo el Mediterráneo; pero ya hemos dicho que la lentitud en las operaciones retrasó la fecha del encuentro hasta octubre, y era aconsejable no prolongar la campaña. El año siguiente, nuevos problemas vinieron a preocupar a Felipe II.

Los problemas

De momento, Felipe II no tenía enemigos europeos. Los primeros problemas le llegaron de sus propios dominios. Primero de los moriscos de Granada. Los moriscos, antiguos musulmanes sólo teóricamente convertidos al cristianismo, no sólo conservaban su religión, sino su lengua, su cultura, su forma de hablar. No querían integrarse en una forma de convivencia con los demás españoles. Carlos I, en 1525, les había dado un plazo de cuarenta años para realizar esta integración, sin que el proceso llevara el menor síntoma de cumplirse. El problema le tocó a Felipe II, cuando el plazo se cumplió en 1565. Sin duda lo mejor hubiera sido dejar en paz a los moriscos, aunque el resto de la gente los aborrecía por su afán de diferenciarse. Pero la estrecha conciencia del rey le obligaba a hacer algo. El Consejo de Estado discutía qué táctica se podía utilizar para convencer o controlar a los moriscos, cuando éstos se sublevaron en la vega de Granada, y eligieron como rey a un tal Aben Humeya (presunto descendiente de los Omeyas). Había sucedido lo más increíble: en el seno de España surgía un reino musulmán. Felipe II quiso en principio mezclar la acción militar con las negociaciones, y aquella táctica resultó contraproducente. Los moriscos moderados fueron sustituidos por los radicales, y Aben Humeya por Aben Abóo, que pidió ayuda a los turcos. La insurrección se hacía así dramática, y Felipe II decidió usar la mano dura. Don Juan de Austria, hermanastro del rey, hizo una difícil campaña en las Alpujarras, y dispersó a los moriscos granadinos por varias regiones españolas. El peligro quedaba conjurado, pero la pacífica convivencia entre los moriscos y los cristianos españoles era ya muy difícil: los primeros seguirían manteniendo cada vez más tenazmente su identidad y sus costumbres.

El segundo problema se le planteó a Felipe II en los Países Bajos. La causa de aquella otra insurrección fue doble. Por una parte, Felipe II era un rey «español», no «europeo», como Carlos I. Los Países Bajos se iban convirtiendo en una dependencia de España, aunque conservasen su régimen de autonomía. Especialmente los nobles, aferrados al antiguo sistema feudal, pretendían mantener su hegemonía sobre el resto de la sociedad, y sus viejos poderes. Por otro lado, la Reforma protestante prendía en aquellos territorios. Si los luteranos eran más bien discretos y tolerantes, ahora los calvinistas se mostraban más agresivos y hacían una activo proselitismo. Felipe II sentía la responsabilidad de mantener la unidad católica en sus dominios: y por su lado los nobles veían en las diferencias religiosas un medio de oponerse a la política de los que gobernaban en nombre de España. Es falso que la rebelión de los países Bajos tuviera en principio un carácter nacionalista; este carácter no apareció hasta bastante más tarde. Fue ante todo un problema político y social (nobleza contra una administración centralizada), que utilizó también como pretexto las diferencias religiosas.

En España se dudaba, como cuando el problema de los moriscos, entre la mano blanda y la mano dura. Esta vez, contra la opinión del pacifista príncipe de Éboli se impuso la del duque de Alba, militar enérgico, el primer general de su tiempo, que con tropas suficientes aplastó la rebelión sin contemplaciones. Las represiones contra los nobles rebeldes fueron duras, aunque el principal director de la revuelta, Guillermo de Orange, consiguió escapar. El territorio parecía pacificado —por la fuerza—, y el peligro desaparecido, de modo que España aprovechó aquel respiro para hacer un supremo esfuerzo en el Mediterráneo, y aplastar a los turcos en Lepanto (1571). La hegemonía española en Europa y el Mediterráneo parecía definitivamente asegurada, y fue este el momento elegido por Inglaterra y Francia para hacer un esfuerzo supremo con el fin de evitarlo. Fomentaron una nueva insurrección de los flamencos, a los que ayudaron militarmente y al mismo tiempo, los ingleses, que empezaban a ser una potencia naval, incordiaban con incursiones esporádicas el comercio español con América. No fue una guerra abierta, pero resultó tal vez peor que si lo hubiera sido, porque el tráfico con las Indias estaba constantemente comprometido ante el peligro de golpes de mano aislados. Los ingleses no utilizaban flotas de guerra, sino corsarios o piratas, entre los que se hicieron célebres Hawkins y Drake. Los españoles hubieron de enviar grandes fuerzas a los Países Bajos, mientras grandes cantidades de dinero que venían de Indias se estaban perdiendo. No se podía pagar a los soldados, por falta de dinero. Hubo que reducir gastos y emprender negociaciones con los rebeldes flamencos.

La crisis económica

En 1575 sobrevino una situación de grave crisis económica que afectó lo mismo a los particulares que a las finanzas del estado. Puede parecer extraño que un país como España, que recibía como ningún otro del mundo cantidades ingentes de metal precioso procedentes de sus posesiones de América pudiese llegar a semejante estrechez. Y es que la riqueza, como entonces comenzó a comprenderse, no depende sólo del dinero, sino del rendimiento del trabajo, de la producción. Las riquezas que venían del Nuevo Mundo no estaban correspondidas por una buena industria ni por una próspera artesanía. La burguesía de negocios, que ya había quedado disminuida tras su derrota en los intentos de las Comunidades, tropezó con dificultades crecientes. Incluso era una clase que no estaba muy bien vista. En aquellos tiempos idealistas el negociante era considerado como un interesado o un usurero. Hasta se valoraba poco el trabajo. Muchos pobres preferían vivir de limosna (no faltaba una dosis grande de generosidad entre los pudientes, y la gente en general) en lugar de trabajar. Y el negociante que se enriquecía con el comercio, ya que la industria nunca produjo grandes beneficios, acababa comprando tierras, y si era posible ennobleciéndose, para vivir de rentas.

La mentalidad del español de entonces tuvo una buena parte de culpa en el mal aprovechamiento de los bienes americanos: pero no toda. Al contrario, en cierto modo fue el aluvión de metal precioso lo que acabó provocando la crisis. Cuando abunda el dinero, pero escasean los productos, aumentan los precios. Tal fue el fenómeno que empezó a estudiarse entonces en la Universidad de Salamanca, cuyos miembros fueron los primeros en intuir el fenómeno de la *inflación*. Posiblemente, cualquier país del mundo en condiciones similares a las de España la hubiera padecido. Sólo que aquí, la débil tradición productiva agravaba el problema. Había mucho dinero, pero pocas cosas que comprar con él. Y aunque no faltaron iniciativas tendentes a emprender negocios o aumentar la producción, se encontraron enseguida con un problema insoluble: España, con los precios más altos de Europa, no estaba en condiciones de competir con otros países que podían producir más y más barato. El resultado era inevitable: los españoles acabaron comprando productos extranjeros. También la mayoría de los que se enviaban a América en contrapartida de los metales preciosos (excepto las materias primas) se adquirían fuera. Los negociantes extranjeros acabaron quedándose así con una buena parte de aquella riqueza procedente del otro lado del Atlántico. Por si fuera poco, el creciente dominio que consiguieron los ingleses de la zona del Canal de la Mancha impedía la tradicional venta de la famosa lana castellana en los mercados flamencos y alemanes, que en otro tiempo había rendido grandes beneficios. Ahora se exportaba a través de Italia, en peores condiciones y con menor rendimiento.

También pudieron operar factores religiosos, aunque conviene no exagerar en este punto. Para los protestantes, y especialmente para los calvinistas, el negocio lucrativo no sólo era una virtud, sino hasta una señal de predestinación (los que llegan a ser ricos, son los preferidos por Dios). La conciencia de los católicos veía con temor la usura y el abuso en los asuntos financieros. No faltaron buenos negociantes españoles, como los Maluenda, los Espinosa, los Lizarraga o los Ruiz, pero por ejemplo el más rico de todos, Simón Ruiz, se lo pensaba antes de lanzarse a una operación muy lucrativa. Una vez escribió: «más vale perder la bolsa que la gracia de Dios». Repetimos que no conviene caer en exageraciones, pero es evidente que el fenómeno del capitalismo se desarrolló con menos fuerza en los países católicos, y especialmente en España.

Como recibía muchos caudales de las Indias, pero esta fortuna no estaba correspondida por una fuerte producción, y habían de comprarse muchos artículos en el extranjero, España se convirtió, sin desearlo, en un país exportador, no de productos, sino de dinero. La moneda de plata acuñada en tiempos de Felipe II —los famosos reales— invadió los mercados de Europa y hasta de otros continentes. Con reales se comerciaba en los bancos de Amberes o de Génova, o en las ferias de Augsburgo o de Lyon. Hay noticias del empleo de reales en Polonia. Se habló del caso de aquellos marineros turcos que se ahogaron por llevar los bolsillos llenos de reales españoles, y hasta un viajero inglés del siglo XVIII se encontró con que en Borneo (Indonesia), los indígenas seguían comerciando con «spanish dollars», es decir con reales. Por desgracia, el área del real no fue, como en el siglo XIX pudo serlo la de la libra esterlina o en el XX la del dólar, un área de dominación, sino de dispersión. La gente utilizaba los reales que los españoles habían tenido que gastar en el extranjero, comprando productos o pagando créditos. En tiempos más modernos hubiera sido posible quizá poner remedio a esta situación; pero entonces no existía en ningún país del mundo nada parecido a una «política económica», y el problema tenía muy difícil remedio. Estimular la producción o restringir la llegada de metal precioso era algo que carecía entonces de sentido.

El estado fue el primero en sufrir las consecuencias de la inflación. Los gastos militares se hicieron enormes, porque exigían cada vez más fuerzas. En tiempos de los Reyes Católicos, el Gran Capitán había podido vencer a los franceses con ejércitos de menos de diez mil hombres. En los años finales de su reinado, Felipe II hubo de movilizar más de 80.000, y además transportarlos a grandes distancias. El hundimiento de los galeones que venían de América cargados de tesoros vino además a dislocar todos los planes. No es que el estado español, como algunos han creído, recibiera de América la mayor parte de sus recursos; el Erario recaudaba más dinero a través de los impuestos que del «quinto real» que venía de América. Pero los impuestos ordinarios se iban en gastos ordinarios, de modo que para los extraordinarios —la política exterior, los barcos, la guerra— el estado dependía principalmente de América. Hubo un momento en que la corona comprendió que no podía realizar más esfuerzos, y tuvo que recurrir a la simple diplomacia. En 1575, coincidiendo con una serie de quiebras de bancos y casas comerciales, estuvo a punto de suspender pagos. Hubiera sido una terrible humillación. Felipe II arregló como pudo el problema mediante el «medio general»: no pagaría a sus acreedores, pero les donaba o les cedía por un tiempo una parte de las rentas del reino. Cobraría en adelante menos impuestos, pero habría solucionado sus angustiosas deudas. El bache pudo ser superado. Un banquero de Medina del Campo, el ya mencionado Simón Ruiz, inventó el sistema de «juros» que permitía girar dinero con menor gasto. Y desde 1578 comenzaron a llegar de nuevo grandes cantidades de plata de América. Pero la crisis había provocado muchas bancarrotas, y la economía española ya nunca podría volver a ser la de antes.

Lucha por la hegemonía

De pronto, hacia 1578-1580, cambia por completo la política de Felipe II, y la historia de España —y la de Europa— llega a uno de sus momentos más dramáticos. Hasta entonces el rey, que no era amigo de guerras, había seguido una táctica defensiva, de mantenimiento de su poder y de sus territorios. A partir de aquel momento, toma decisiones mucho más arriesgadas, y se lanza a una política ofensiva. El cambio se debe, probablemente a dos factores. Por un lado, muerto el príncipe de Éboli, sus nuevos asesores le aconsejaban no limitarse a parar los golpes, porque con aquella táctica acabaría por ceder terreno. Por otra parte, Francia e Inglaterra, que no soportaban la hegemonía de España, se estaban fortaleciendo y adoptaban una política cada vez más agresiva. Si Felipe II no se decidía a tomar la iniciativa, se exponía a peligros cada vez mayores. Además, el periodo 1578-1595 se caracteriza por la llegada de abundantes caudales de las Indias. La política decidida y ofensiva se advierte sobre todo en tres escenarios principales.

a) Portugal. En 1578 moría el joven y soñador rey de Portugal, don Sebastián, en un intento poco meditado de conquistar Marruecos (batalla de Alcazarquivir). Quedaba como sucesor el anciano cardenal don Enrique, que ya no podía esperar descendencia. El heredero más cercano era Felipe II, hijo de una princesa portuguesa (la esposa de Carlos I, Isabel). Pero Portugal, que un siglo antes aceptaba como natural la unión ibérica, y se consideraba tan «España» como Castilla o Aragón, tenía ya una larga y gloriosa historia como país descubridor y colonizador: se había desarrollado una conciencia «portuguesa» que ya no coincidía con la española. Felipe II siguió una hábil política propagandística, que le dio el apoyo de la nobleza y de la burguesía comercial, que esperaba mucho de la plata española y de su potencia naval; pero el pueblo no deseaba la integración, y cuando murió don Enrique fue proclamado rey don Antonio de Crato, pese a que era un descendiente por línea bastarda. Felipe II comprendió que para hacer valer sus derechos tenía que hacer uso de la fuerza, y envió un ejército dirigido por el duque de Alba, que invadió Portugal en quince días y se apoderó de Lisboa. Don Antonio huyó a las islas Azores, protegido por Francia e Inglaterra, pero una victoria naval en 1582 permitió a los españoles apoderarse también de aquellas islas.

Felipe II, que se consideraba medio portugués, que amaba a aquel país (y siempre pedía música portuguesa), fue reconocido por las Cortes de Thomar como rey de Portugal, y se quedó a vivir en Lisboa durante varios meses. Quizá, de haber trasladado allí su corte, la unidad ibérica se hubiera mantenido. No lo sabemos. El hecho es que con la ocupación de Portugal —que poseía territorios en Asia y África—, Felipe II se convirtió en el primer rey de la historia con dominios en las cinco partes del mundo: por eso se dijo que en esos dominios «no se ponía el sol». Cierto que este carácter mundial de su imperio le obligaba a nuevas e inmensas responsabilidades.

b) Los Países Bajos. En 1578 se hizo cargo del gobierno en los Países Bajos Alejandro Farnesio, gobernante inteligente y excelente militar, que supo combinar la diplomacia con la fuerza para imponer el dominio español en el espacio flamenco, amenazado por los rebeldes, a quienes apoyaban Francia e Inglaterra. Él se apoyó en los belgas, latinos y católicos, para combatir a los holandeses, germanos y protestantes. Se le ha llamado «el inventor de Bélgica»; y la táctica le dio buen resultado. En 1585 consiguió una victoria decisiva con la conquista de Amberes, centro de la banca mundial. Nuevas complicaciones con ingleses y franceses le distrajeron por un tiempo, pero llegó un momento en que de las siete provincias de Holanda, sólo dos quedaban por conquistar. La pesadilla de los países Bajos, que desde 1567 tanto incordiaba a Felipe II, parecía a punto de terminar.

c) La Armada Invencible. Las relaciones con Inglaterra, amistosas a comienzos del reinado, se fueron haciendo cada vez más difíciles. La temprana muerte de María Tudor privó a Felipe II de su condición de príncipe consorte de Inglaterra. La hermana de María, Isabel, fingió en un principio deseos de enlace, pero luego se erigió en cabeza de la iglesia anglicana y siguió una política anticatólica. Los ingleses se fueron convirtiendo en dueños del mar, y con incursiones no oficiales —corsarios— atacaban el tráfico español con las Indias y se apoderaban de los tesoros que venían de allá. El último acto fue la ayuda a los rebeldes flamencos. Desde 1586, tropas inglesas participaban ya en la guerra de los Países Bajos. Felipe II, de acuerdo con su nueva política ofensiva, decidió invadir Inglaterra. Fue una aventura peligrosa, que puede extrañarnos, con lo sumamente prudente que había sido hasta entonces el rey. La mayor desgracia fue sin duda la muerte prematura de don Álvaro de Bazán, sin duda el mejor marino de su tiempo, vencedor en Lepanto, y que ya había derrotado a los ingleses en las Azores en 1582. El nuevo jefe de la escuadra, el duque de Medina Sidonia, no era experto en operaciones navales. Los españoles estaban acostumbrados a la guerra de galeras en el Mediterráneo, y a la travesía de Indias, siguiendo los vientos alisios, pero no tenían buena experiencia de los mares del Norte.

Montaron una imponente flota —la «Armada Invencible—, formada por 131 enormes barcos, con artillería pesada, pero lenta. Estos barcos irían casi vacíos hasta Flandes, donde embarcarían los tercios de Alejandro Farnesio, para invadir Gran Bretaña. En el canal de la Mancha se encontraron con los barcos ingleses del almirante Howard, más pequeños, más maniobrables y de artillería más ligera, que hacía menos daño, pero disparaba con rapidez. Quizá un desembarco en el primer momento hubiera tenido éxito, porque el ejército español era muy superior al británico: pero se hacía necesario atravesar todo el canal de la Mancha, recoger las tropas en el puerto de Ostende, y como por aquellos días (agosto de 1588) se registraban mareas muertas, a los enormes barcos les fue imposible superar las barras de arena que cerraban aquel puerto. Alejandro Farnesio se desesperaba, aguardando a la Armada, que fue sufriendo pérdidas parciales sin conseguir su objetivo. Al fin el duque de Medina Sidonia decidió retirarse al mar del Norte y rodear las Islas Británicas, maniobra que fue fatal, porque los temporales destruyeron la mayor parte de la orgullosa Armada.

Fue un desastre, aunque no tan espantoso como se ha dicho. Las pérdidas fueron rehechas, y los españoles decidieron fabricar barcos más pequeños. En 1591 derrotaban a los ingleses a la altura de las Azores. Pero el proyecto de invadir Inglaterra quedaba postergado en aras de nuevas urgencias.

d) La intervención en Francia. Francia vivió una complicada época de «guerras de religión», entre católicos y hugonotes (calvinistas), en que en el fondo se disputaban el poder el rey y los grandes nobles. Asesinado el monarca Enrique III, consiguió subir al trono el hugonote Enrique IV. Felipe II no quería que Francia se convirtiera en un país protestante, pero también sabía que Enrique IV iba a seguir una política antiespañola, como que ya había ayudado a los rebeldes flamencos. Así, en 1590 decidió invadir Francia. En 1591 los españoles entraban en París, y proponían la candidatura de Isabel Clara Eugenia, hija de Felipe II y su tercera esposa, la francesa Isabel de Valois. Se reunieron los Estados Generales, o parlamento francés, pero la idea de proclamar una reina encontró grandes dificultades, porque en Francia imperaba la antiquísima ley sálica, que impedía reinar a las mujeres. El problema fue resuelto con la conversión del astuto Enrique IV al catolicismo: los españoles quedaban ya sin argumentos, y la mayor parte de los franceses se inclinaban por Enrique. En la paz de Vervins (1598) Felipe II reconocía a Enrique IV, a condición de que mantuviera el catolicismo en Francia. Se había alcanzado el objetivo religioso, no el político. Ese mismo año moría Felipe II, agotado por el tremendo esfuerzo que suponía gobernar con el sistema que él mismo había inventado. También España estaba agotada. El rey encargaba a su sucesor, Felipe III, que siguiera una política pacifista.

Capítulo 16

BARROCO Y DECADENCIA (1600-1700)

El siglo XVII es llamado el siglo del barroco y el siglo de la decadencia. Con frecuencia, las palabras «barroco» y «decadencia» van unidas, como si significasen una misma cosa. En realidad, el barroco, que es un estilo y una forma de ser, no tiene por qué implicar decadencia. Tampoco la decadencia de España, que se va dibujando cada vez más claramente en el siglo XVII, es un fenómeno que ocurra desde el principio ni que se manifieste en todos los ámbitos a la vez. En su conjunto, España vive en el siglo XVI una aventura apasionante, en que se dan algunas de las manifestaciones más extraordinarias de su genio y de su cultura, aunque al final las cosas terminen mal: entre otras razones porque los españoles habían hecho un tremendo esfuerzo histórico, y acabaron agotados.

El barroco es un estilo artístico y literario que busca lo frondoso y complicado, que se deleita en los adornos. Pero es también, como decíamos, una forma de ser, en que son frecuentes los comportamientos exagerados, un alto sentido del honor, una tendencia a la caballerosidad y a los gestos espectaculares. Típico del barroco es el gusto por el contraste, la contraposición. El pintor barroco suele utilizar la técnica del *claroscuro*, en que el claro hace más oscuro al oscuro, y el oscuro hace más claro al claro. Muchas personas del siglo XVII nos resultan desconcertantes por sus virtudes, que son sinceras y hasta admirables, pero también por sus defectos, que están patentes, incluso en aquellos que parece que no debieran tenerlos. Los españoles del barroco son nobles, leales, caballerosos, idealistas, capaces de los más generosos sacrificios, pero también son irascibles, apasionados, a veces no se controlan y con frecuencia su comportamiento no está en relación con sus principios, sin que tengamos el menor motivo para dudar de la sinceridad de éstos. También en el siglo XVII se dan los contrastes más fuertes entre los hechos históricos. En el siglo XVII Cervantes publica el *Quijote* y España se despuebla; Velázquez pinta *Las Meninas* mientras las tropas españolas sufren la primera derrota campal en los tiempos modernos, o Felipe IV ha de resignarse en la paz de Westfalia a perder la hegemonía europea; se levantan magníficos palacios o templos barrocos y sobrevienen grandes hambres y pestes terribles. Calderón escribe *La vida es sueño* cuando reina un monarca incapaz y las potencias extranjeras ya están pensando en repartirse los despojos del imperio español. El siglo XVII es, pues, un siglo de claroscuros. Muchos de los hechos más gloriosos y también los más vergonzosos de nuestra historia se dan entonces. En Rocroi los soldados españoles resisten hasta el aniquilamiento, sin rendirse, y en Jurumenha echan a correr en cuanto ven acercarse al enemigo.

La sociedad igualmente se centrifuga. Ahora hay más nobles que nunca: en tiempos de Felipe II había unos 75 títulos de nobleza; un siglo más tarde llegaban a 480. Y los hidalgos o nobles sin título crecen hasta superar el medio millón. El hidalgo es un personaje típico del barroco: idealista, presuntuoso, con un alto sentido del honor, dispuesto a grandes hazañas, y que presume de ellas; pero que vive de rentas, aunque sean muy bajas, y no trabaja, porque para él es deshonroso trabajar. Gran parte de la España del barroco comparte las virtudes y los defectos del hidalgo. La burguesía industrial y comercial se ha arruinado con la inflación o con la competencia extranjera: muchos de sus miembros, cuando pueden, compran tierras y viven de rentas, ingresando si pueden, en la distancia, o comprando un título de nobleza. Abundan las clases bajas y son frecuentes los españoles que viven, no se sabe cómo, «sin oficio ni beneficio». Unos recurren a pedir limosna, otros practican hábilmente la picaresca, otros se dedican al juego o se hacen pasar por lisiados para vivir de la caridad pública. Un género literario muy empleado por entonces, la novela picaresca, nos da cuenta de los infinitos recursos, a veces grotescos, otras simplemente graciosos, de estas curiosas personas que casi no se sabe cómo viven, pero que viven, y no parece faltarles sentido del humor.

La época de Felipe III

Felipe III (1598-1621) es un personaje muy distinto a su padre: buena persona, según dicen todos su contemporáneos, pero de escasa voluntad; además, aborrecía la política. Desde el primer momento abandonó el gobierno del país en manos de don Francisco de Sandoval y Rojas, duque de Lerma. Nacía así el fenómeno del valimiento. Todos los reyes del siglo XVII tienen un «valido» o «privado» que gobierna por ellos: esto es común en España, pero también en otros países. La razón es muy sencilla, y la culpa la tiene precisamente el complejísimo sistema de gobierno ideado por Felipe II. Éste tenía que pasar como mínimo catorce horas en su despacho leyendo memoriales, enterándose de los sucesos en todos sus reinos, redactando respuestas o decisiones, recibiendo audiencias o presidiendo el Consejo de Estado. La tarea de un monarca se había hecho muy poco brillante cara al exterior y muy sacrificada. En estas condiciones, un rey del barroco encuentra la tarea de gobierno insoportable, y se la encomienda a otros.

La corte de Felipe III es aparatosa como exigen las formas del barroco: complicada etiqueta palaciega, fiestas lujosas y solemnes, partidas de caza espectaculares, corridas de toros e incluso de otras fieras, representaciones teatrales con rica escenografía. Con cualquier motivo se organizaba una fiesta. Lo malo del caso es que al duque de Lerma le gustaba también divertirse, de suerte que, como no podía atender todos los asuntos del gobierno, éstos quedaban abandonados o encomendados a los «validos del valido». El resultado de esta delegación de funciones y esta falta de cuidados fue una administración ejercida por individuos poco preparados, y, sobre todo, corrupta. Se gastaron enormes cantidades de dinero en fiestas grandiosas, y muchos altos cargos, entre otros el propio Lerma, se enriquecieron escandalosamente. Fue una pena: el periodo 1598-1618 significó veinte años de paz casi completa. Felipe III era pacifista, y muchos de los monarcas de su tiempo, un poco holgazanes y amigos de fiestas, lo eran también. Fue una ocasión magnífica para recuperarse de los esfuerzos realizados en los últimos tiempos de Felipe II, y no se aprovechó: lo que se ahorró en gastos de guerra se derrochó en enormes fiestas y sobre todo en una administración corrupta que sólo enriquecía a unos cuantos. Si España mantuvo su prestigio y su hegemonía en Europa fue ante todo por obra de los grandes políticos periféricos (gobernadores en Flandes o en los dominios de Italia), y de una serie de extraordinarios embajadores en Viena, París, Londres o Roma.

El hecho más importante del reinado de Felipe III fue la expulsión de los moriscos, en 1609. Los moriscos eran los musulmanes que se habían quedado en España, teóricamente convertidos al cristianismo, pero que seguían conservando su anterior religión, sus formas de vida, sus costumbres, su propia vestimenta. No se mezclaron nunca con el resto de los españoles, y todos los intentos de integración que se hicieron resultaron estériles. El pueblo los aborrecía, aunque muchos nobles se beneficiaban de su trabajo, porque la mayoría, especialmente en Valencia y Aragón, eran campesinos que trabajaban tierras de la nobleza. En Andalucía se dedicaban más bien a la venta ambulante. En 1608 se corrió el rumor de que Enrique IV de Francia alentaba una sublevación de los moriscos para crear problemas a España. Fuera cierta o no la noticia, en 1609 el duque de Lerma decidió la expulsión de los moriscos. Fue una operación de alto riesgo, que, sin embargo, se desarrolló sin incidentes. Salieron unos 120.000 moriscos del reino de Valencia —un tercio de la población—, 70.000 de Aragón, 80.000 de Andalucía y unos 30.000 de Castilla. En suma, España perdía 300.000 habitantes en una época en que la población tendía a disminuir. Y muchos campos, sobre todo en Valencia, quedaron sin trabajar. Se ofrecieron tierras a cristianos, pero muchos de ellos rechazaron la oferta, porque no les apetecía convertirse en vasallos de los grandes señores. Los daños fueron grandes, aunque algunos historiadores parece que los han exagerado. Se sabe que en África fueron peor tratados por los de su propia religión de lo que antes habían sido, y en un cierto número, y poco a poco, fueron regresando, y de una forma u otra acabaron integrándose en la vida y las costumbres de España.

En 1618 sobrevino una crisis económica. Justo por entonces comenzaba una guerra que había de hacerse general en Europa: la guerra de los Treinta Años. Lerma era ya impopular y todo el mundo lo odiaba. Felipe III, que lo había apoyado hasta entonces —al tiempo que se apoyaba en él—, comprendió que su valimiento se hacía insostenible, y lo despidió. Pero como no podía vivir sin valido, siguió a partir de entonces los consejos del duque de Uceda. Se buscó una política más honrada y muchos administradores corruptos fueron juzgados. Uceda era sin duda un hombre más honesto, y no puede dudarse de su buena intención; quizá no era tan inteligente como Lerma, y en el fondo no resolvió gran cosa los problemas. Quizá la medida más hábil de Uceda fue el viaje de Felipe III a Portugal, donde por su buen carácter encontró muchas simpatías. Fue una pena que una grave enfermedad le aconsejase regresar a Castilla. Por otra parte, la guerra en Centroeuropa supuso enseguida una nueva exigencia para España. Se disputaban el trono imperial alemán el católico Fernando II, de la casa de Austria, y el luterano Federico V. Uceda creyó —acertada o equivocadamente— que no podía abandonar a su suerte a la casa de Austria ni permitir que los protestantes fuesen dueños del Imperio. Los españoles ocuparon la Valtelina, un paso entre Italia y Austria, y poco después los tercios del coronel Verdugo derrotaban espectacularmente a Federico V en la batalla de Weisenberg (la «Montaña Blanca»). El Imperio se mantenía en manos de la Casa de Austria. Pero aquella guerra iba a traer insospechadas complicaciones.

El esplendor de Felipe IV

Felipe III murió joven, y dejó como heredero a un muchacho de 16 años, Felipe IV (1621-1665), que era un hombre culto y amigo del arte; a diferencia de su padre, no fue un rey perezoso ni indiferente: al contrario, confesó alguna vez que los problemas del gobierno no le dejaban dormir. Pero, lo mismo que su padre, tenía una voluntad débil, le costaba tomar una decisión, y por eso hubo de apoyarse en un nuevo valido, el conde-duque de Olivares, que era todo lo contrario que él: lleno de voluntad, de genio vivo y quizá demasiado audaz. De su honradez no puede dudarse, ni de su deseo de seguir la política más conveniente; pero su impetuosidad y su carácter imperativo pudieron hacerle caer en grandes equivocaciones. Olivares no gobernó por cuenta propia, siempre contó con el rey; los dos trataban con el mismo interés los problemas, aunque por el carácter de uno y otro es fácil concluir que casi todas las decisiones importantes fueron obra del valido.

Entre las relativas a la política interior figura la creación de las *Juntas*, que llegaron a ser 16, más especializadas que los Consejos, y en las que algunos han querido ver el primer precedente de los ministerios actuales; destinadas a conseguir una administración más eficaz y a acabar con la corrupción existente; fomentar el desarrollo económico, estimulando la artesanía y el comercio, y disminuyendo las importaciones; combatir la despoblación con las primeras medidas de protección a la nupcialidad y a la natalidad que se recuerdan en los tiempos modernos, así como la aceptación de inmigrantes; y la unificación administrativa de España, acabando con las peculiaridades jurídicas de cada reino, que dificultaban una política mancomunada: este último proyecto acabaría teniendo fatales consecuencias. Es una política completamente nueva, no imaginable hasta entonces, pues supone el intervencionismo del Estado en cuestiones particulares, como la natalidad, la productividad o la inmigración —siempre para favorecerlas—. En cuanto a la unificación administrativa, quiso convertir a Felipe IV, simplemente, en «Rey de España», sin darse cuenta de que lo que mantenía unida a España era el respeto mutuo entre los reinos, y su natural y total adhesión al símbolo común y a la figura del rey.

En política exterior, Olivares coincide con una nueva generación de estadistas europeos inquietos, ambiciosos, llenos de proyectos de dominio muy en línea con el afán de grandeza propio del barroco; por supuesto, el valido español no quiso quedarse atrás, y siguió una política activa, tendente a mantener y a ser posible engrandecer el poder de España: una política que comenzaría con éxito y aires de grandeza, y al cabo, por causa del agotamiento, terminaría en la decadencia. Los primeros años del reinado de Felipe IV son así brillantes y llenos de gloria, de esplendor, de manifestaciones orgullosas de poderío. Al monarca se le llamaba *Felipe el Grande* y *El rey Planeta*, porque sus dominios se extendían por cinco países de Europa, zonas de África, enclaves en la India y en Extremo Oriente, las Molucas, Filipinas, Marianas, Carolinas, amén de un inmenso territorio en América que iba de California a Patagonia. En 1630 comenzó la construcción del Buen Retiro, en Madrid, un conjunto imponente de palacios, teatros, jardines, ríos y lagos artificiales, donde se representaban espectaculares escenificaciones, fiestas lujosas y fuegos de artificio. El esplendor del barroco llegó a su máxima expresión. No todo, conviene precisarlo, se quedó en grandilocuencia. La época barroca coincidió culturalmente con lo mejor de nuestro siglo de oro. En el sorprendente teatro flotante del Retiro se representaban obras de Lope de Vega, Calderón, Tirso de Molina, Moreto. Por entonces escribían sus mejores obras Quevedo, Góngora o Gracián. Felipe IV hizo a Velázquez su pintor de cámara, y en palacio se pintaron *Las Meninas*, *Las Lanzas*, *Las Hilanderas* o los mejores retratos de nuestra familia real. También fueron famosos pintores Ribera, Murillo o Alonso Cano, éste igualmente escultor. Las obras filosóficas de Francisco Suárez se hicieron obligatorias en muchas universidades de Europa. Las bibliotecas de Londres estaban llenas de libros españoles, y dramas españoles se representaban en los teatros de París. El influjo de nuestro arte llegó a Austria, Bohemia y Polonia. España estaba al borde del agotamiento, pero la cultura española brillaba como ninguna otra en el mundo.

La lucha decisiva

La guerra de los Treinta Años, que comenzó como una disputa por el trono imperial alemán, se había de extender por toda Europa de forma interminable, y había de causar enormes desastres. España hubiera podido permanecer al margen de ella, pero entonces hubiera corrido el riesgo de que la Casa de Austria fuera expulsada del trono imperial y de que otras potencias adquirieran la hegemonía europea. Aparte de esto, España se sentía obligada a defender al mundo católico, y la guerra empezó a plantearse como una lucha entre católicos y protestantes. Ya hemos visto cómo en tiempos de Felipe III, las tropas españolas participaron en el primer periodo de la contienda y mantuvieron la presencia de la Casa de Austria en Viena. Ahora, con Olivares, se plantean nuevos conflictos, en que las tropas españolas han de acudir a Flandes, Austria, Bohemia, Alemania. El pueblo, en principio, apoyó esta guerra; hasta el punto de que la noticia de la primera victoria (Fleurus) hizo que la gente, según el cronista Pellicer, se lanzase a la calle al grito de *viva España*. Es una actitud impensable en otro país cualquiera de Europa, en que siempre se hablaba de la causa del rey, no la de la patria. Los españoles, en cambio, sintieron la causa como suya, como dejó claro poco después Quevedo en su *España defendida*.

BARROCO Y DECADENCIA (1600-1700)   181

En 1625 los españoles conquistaban Breda, episodio inmortalizado por Velázquez en su cuadro de *Las Lanzas*, y aquel mismo año salvaban Génova del asalto francés. Christian IV de Dinamarca, que disponía de un excelente ejército, intervino en Alemania para ayudar a los príncipes protestantes contra el emperador; éste lo hubiera pasado mal sin la ayuda de los tercios españoles, que en la batalla de Lutter derrotaron a los daneses. Luego, por los años treinta, fueron los suecos, dueños de un ejército maravillosamente organizado, que manejaba por primera vez fusiles de chispa y un arma utilizable desde el caballo, la pistola, quienes invadieron Alemania. El emperador, ayudado por los príncipes católicos, resistió lo que pudo en una guerra cada vez más asoladora, hasta que en 1633, la muerte del general austriaco Wallenstein hizo la situación desesperada. Entonces Felipe IV y Olivares decidieron intervenir una vez más en Alemania, para salvar al emperador y de paso a la causa católica. En Nordlingen (1634) chocaron las dos infanterías más famosas del mundo. Los suecos fueron destrozados, y los príncipes alemanes, en pleno desconcierto, hubieron de reconocer la paz de Praga. Los soldados españoles se desparramaron por Alemania, y ocupando el enclave sueco de Pomerania se asomaron al Báltico. Nunca habían llegado tan lejos en Europa. La enorme potencia española, a pesar de todos los síntomas de cansancio, se había impuesto espectacularmente, y con ella el predominio de la casa de Austria y de la confesión católica. En 1635, la situación parecía decidida.

Fue entonces cuando intervino Francia. Francia era una potencia católica, pero el valido de Luis XIII, el astuto e inteligente Richelieu, se dio cuenta de que con sus victorias en Centroeuropa, la Casa de Austria, y especialmente España, iban a consagrar su hegemonía. Entonces decidió aliarse con los holandeses y con los príncipes protestantes alemanes. Francia tenía casi doble población que España, se había desgastado mucho menos, y disfrutaba de una buena economía, de modo que decidió correr la aventura y declaró la guerra a España. Olivares comprendió que sólo podía ganar en un conflicto corto, porque la capacidad de recuperación de los franceses les daba ventaja a la larga. En el mismo año 1635, las tropas españolas invadían Francia desde Flandes, y en poco tiempo llegaron hasta La Corbie, amenazando París. Solamente la falta de dinero les impidió proseguir su avance. En años sucesivos, la guerra siguió en esfuerzos dramáticos por una y otra parte. Todavía en 1638, cuando los franceses quisieron entrar en España, sufrieron una fuerte derrota en Fuenterrabía. Aún en 1639, el cronista Pellicer cantaba las victorias y el poder de España. No podía imaginar que el desastre estaba ya a las puertas. Otros lo intuyeron, porque era fácil comprender que España no podía mantener aquel tremendo ritmo por la hegemonía europea: entre ellos el propio conde-duque de Olivares, que comenzó a sufrir grandes depresiones, y no sabía cómo salir del propio laberinto en que él mismo se había metido.

El país ya no podía más, y en 1640 se producen una serie de revoluciones dentro de la propia monarquía española, que a punto estuvieron de descuartizarla. Olivares, agotado y desprestigiado, dimitió en 1642, pero su sustitución por don Luis de Haro no mejoró una situación que se había hecho ya desesperada En 1643 sufrieron los españoles su primera derrota en 150 años: Rocroi. Otro desastre, el de Lens (1646), condujo a la paz de Westfalia (1648), en la que España se vio obligada a a admitir, con la pérdida de su hegemonía en el mundo, la realidad de un mundo nuevo.

La desintegración de la monarquía

En 1640 se producen una serie de rebeliones de los reinos periféricos que rechazan la misión idealista de Castilla, generosa si se quiere, pero ruinosa, exigente y que rebasaba las posibilidades de España. Estas rebeliones van contra la dura política fiscal —casi todas estallan al grito de ¡abajo los impuestos!—, pero también contra la política unificadora de Olivares, que no comprendió la diversidad de los reinos de la monarquía. También, en el fondo, van contra una política desproporcionada que a la larga no podía conducir sino a la catástrofe.

En 1639-1640 el conde-duque de Olivares llevó la guerra contra Francia a través de Cataluña, con un propósito claro pero equivocado: conseguir que los catalanes se sintiesen implicados en el conflicto y entusiasmados en la defensa de su país o en una ofensiva victoriosa sobre los franceses. Pero los resultados fueron opuestos a los que pretendía. Los catalanes no estaban acostumbrados a sostener tropas en sus territorios, máxime que los soldados, como era frecuente en todas partes, solían aprovecharse de los recursos del país. Menudearon los incidentes entre paisanos y militares, hasta que en junio de 1640, los segadores que tradicionalmente acudían a Barcelona para celebrar la fiesta del Corpus, una vez reunidos, se amotinaron y asaltaron el palacio del virrey, vizconde de Santa Coloma. El *Corpus de Sangre* causó enorme sensación, tanto en Cataluña como en Madrid. Los catalanes estaban divididos, porque muchos, aunque no simpatizaban con la política de Olivares, rechazaban la rebelión abierta, mientras otros querían aprovecharla para emanciparse de Castilla, o por lo menos arrojar al valido del poder y cambiar su política centralista. También el propio Olivares dudaba entre las negociaciones o la línea dura. Al fin, un ejército real avanzó desde Aragón sin que los catalanes pudiesen contenerlo. Entonces los más extremistas pidieron ayuda a Luis XIII de Francia, que se hizo titular conde de Barcelona. La guerra civil se unió a la ya existente entre Francia y España. Por el momento, Cataluña parecía perdida para Felipe IV y hasta para los propios catalanes.

Meses más tarde, a fines de 1640, se sublevaba Portugal. La unión con los reinos españoles nunca había sido bien vista por una gran parte de los portugueses, sobre todo cuando se dieron cuenta de que con aquella situación no obtenían el provecho que esperaban. En este caso, el alzamiento fue del todo popular. Los portugueses eligieron rey al duque de Braganza, que tomó el nombre de Juan IV. España bastante tenía con atender a la guerra europea y a la rebelión de Cataluña, y se dio preferencia a ésta. Cuando años más tarde se quiso reconquistar Portugal —ayudado por ingleses y franceses— era demasiado tarde. La unidad ibérica se había roto para siempre. También hubo un intento de proclamar un reino de Andalucía, cuyo monarca sería el duque de Medina Sidonia (muy joven, y al parecer ajeno al proyecto), y un reino de Aragón, en la persona del duque de Híjar: ambos proyectos carecían de base popular y fracasaron desde el primer momento.

Mucho más populares fueron los movimientos de Nápoles y Sicilia: aquí la guerra fue larga y dura, dirigida por un pintoresco aventurero napolitano, Masaniello, hasta que logró dominarla la expedición mandada por el infante don Juan José de Austria, que puso paz en los reinos italianos. Así, el intento de dividir los reinos de Felipe IV triunfó en Portugal, que nunca volvería a la órbita de España, y fracasó en otras partes, aunque Barcelona no sería reconquistada —también por don Juan José de Austria— hasta 1652. Los catalanes empezaron poco a poco a desengañarse, y comprendieron que más molesto era depender del rey de Francia que del de Castilla, que a su vez era, por derecho, rey de Aragón y conde de Barcelona. Felipe IV, bien aconsejado, fue generoso y respetó los fueros catalanes. Cataluña viviría en la segunda mitad del siglo XVII una era de libertad y de prosperidad, en contraste con otras regiones españolas. Pero aquella serie de insurrecciones en una de las monarquías hasta entonces más respetadas del mundo, sería uno de los factores más importantes de la decadencia.

Los factores de la decadencia

La participación de España en la guerra de los Treinta Años, con su enorme y continua exigencia de esfuerzos militares y económicos, acabó por agotarla. Pero los signos de la decadencia del país se venían observando desde algún tiempo antes, y muchos españoles supieron intuirlos desde el primer momento: en cambio no supieron evitar esa decadencia ni tampoco contrarrestar sus efectos. España era al fin y al cabo un país poco poblado, de economía fundamentalmente agraria sometida a cosechas inciertas, que no tenía la misma capacidad de recuperación que otros reinos más ricos, más poblados y de mejor clima. Era —especialmente la idealista Castilla— capaz de grandes sacrificios, pero no podía mantenerlos durante largo tiempo sin quedar maltrecha. Su espléndida manifestación cultural —el llamado «siglo de oro»— perduró más o menos hasta 1680, cuando mueren Calderón o Murillo. Su poder militar fue temible hasta 1643. Su economía se resintió ya antes, sobre todo a partir de 1635; y su población comenzó a bajar desde el mismo año 1600. Las fechas del inicio de la decadencia de España son, por tanto, muy distintas, según el aspecto que se tome como referencia. Pero en general, aunque hay momentos en que no todo decae, ni mucho menos, el siglo XVII acaba presenciando la decadencia.

Uno de los aspectos más tempranos y al mismo tiempo más determinantes es la despoblación. El caudal demográfico del país había subido durante todo el siglo XVI, aunque no espectacularmente: España habría podido pasar tal vez de nueve a diez millones de habitantes. Por el contrario, todo el XVII es de signo negativo: y curiosamente, España se despobló más en su primera que en su segunda mitad; concretamente entre 1600 y 1652. Las causas son muchas: la expulsión de los moriscos, que supuso la marcha de 300.000 individuos, en general laboriosos; las guerras, que segaron la vida de más de 100.000 soldados (entonces, si los combates no afectaban al territorio propio, no había víctimas civiles); la emigración a América, que pudo afectar a unas 400.000 personas, y sobre todo la peste. El siglo XVII se caracteriza por grandes epidemias, sobre todo de cólera: aún no se sabe exactamente por qué. Estas epidemias, procedentes de Asia, vinieron casi siempre por el Mediterráneo, y tres de ellas fueron terribles en España: la de 1599-1602, la de 1648-1652, que fue la peor, y la de 1676-1685, menos virulenta, pero interminable. Una peste no alcanza simultaneamente a todo el país, sino a una región o comarca; pero se mueve como una especie de tormenta, afectando a zonas contiguas en un recorrido que se ve venir, pero no se puede evitar. Era terrible el hecho de que cuando el mal se cebaba en una ciudad no se podía huir de ella, porque las autoridades cerraban las puertas, a fin de evitar que el contagio prendiera en otras partes. A pesar de lo cual, siempre conseguía huir alguien, y de una forma u otra, la epidemia continuaba extendiéndose de forma implacable. De peste murieron en el siglo XVII más de un millón de españoles, probablemente millón y medio. En conjunto, aunque la natalidad era alta, la mortalidad era más fuerte todavía. Y si bien se ha exagerado la catástrofe demográfica de España en el siglo XVII, la población debió bajar de diez millones a cosa de siete y medio.

Otra de las causas de la decadencia fue la ruina económica. Ya en el siglo XVI se echan de ver deficiencias, como la escasez de una burguesía emprendedora, la necesidad de comprar productos extranjeros para exportarlos a América, o la inflación provocada por el propio aflujo de metal precioso americano que hizo de España el país de más altos precios de Europa, dificultando así la competencia. En el siglo XVII, el factor más visible de la ruina es el descenso del aflujo de la plata que llegaba de las Indias. Hasta 1630, la cantidad fue todavía comparable a la de fines del siglo XVI. En 1630-1640 (coincidiendo con el mayor esfuerzo de España en el exterior) quedó reducida a poco más de la mitad. En 1640-1650, bajó a la tercera parte. Y por 1670 apenas llegaba a la décima parte. Fue un fenómeno impresionante, que nadie por entonces se explicaba, y aún hoy no es fácil de aclarar del todo. Hubo, evidentemente, un agotamiento de las minas de México y Perú. Pero también es cierto que España tenía menos productos que ofrecer, y sería una ingenuidad pensar que los colonos de América enviaban sus tesoros gratis, excepto tal vez a algunos familiares: venían como contrapartida de los productos europeos que necesitaban. Ahora bien, la mayor parte de los artículos industriales los vendían los extranjeros, mientras España enviaba sobre todo productos agrícolas. Pero los criollos americanos, que en el siglo XVI poblaron grandes ciudades, en el XVII se desparramaron por el campo, fundando grandes haciendas y explotando los cultivos. Aparecen tipos como el charro mejicano, el llanero del Orinoco, el gaucho de la Pampa, el estanciero chileno. Gracias a este gran incremento del cultivo en sus propias tierras, América ya no necesita importar productos agrícolas de España. Tiene su propia economía, fabrica también productos artesanos, y ya no tiene que comprarlos en la metrópoli.

El resultado es la progresiva carencia de metal precioso en España, y la necesidad del estado de emitir moneda de baja calidad: de cobre y vellón (plata mezclada con cobre). Esta moneda se deprecia facilmente, con la consiguiente inflación. El estado, entonces, rebaja el valor de la moneda, para ponerla a tono con su valor adquisitivo; los precios bajan, efectivamente, pero con ello mucha gente se arruina, el que creía tener cien se encuentra con que tiene cincuenta, y nadie quiere invertir. Así, todo el siglo XVII es una caótica y desesperante serie de inflaciones y deflaciones. La crisis económica se convierte en uno de los principales factores de la decadencia española.

Habría que contar también el desánimo, la conciencia de que se está haciendo un esfuerzo desproporcionado, el descontento por los numerosos impuestos, la crítica hacia el sistema de valimiento y la corrupción: los españoles, que habían tomado su empresa con entusiasmo, comienzan a pensar que no vale la pena seguir una política exterior tan activa y tan agotadora. A fines de siglo XVII, la idea de que hay que cambiar de política y de mentalidad está ya muy generalizada.

El fin del reinado

Olivares, tan agotado y deshecho como la propia España (y con razón o sin ella desacreditado y odiado) cayó en 1642. Le sucedió en el valimiento don Luis de Haro, un hombre mucho menos brillante, pero de sentido común. Su política fue la de alcanzar la paz, pero no a cualquier precio. Hubiera querido atender primero a Cataluña y Portugal, pero la derrota de Rocroi (1643, la primera que sufrían las tropas españolas), y la de Lens (1646) le aconsejaron buscar la paz en Alemania y Países Bajos. La paz de Westfalia, en 1648, significa la renuncia española a la hegemonía europea: desde entonces se habla más bien de un «equilibrio» entre las potencias. Realmente la pérdida fue más moral que material, porque España sólo perdió Holanda y algunas pequeñas provincias. Pero sus sueños de dominio se habían esfumado para siempre.

Don Luis de Haro siguió en cambio la lucha con Francia para recuperar Cataluña. El ataque partió de Lérida en 1650, y en 1652 capitulaba Barcelona, conquistada por don Juan José de Austria. La política de Haro y del infante don Juan José con los catalanes no fue la de la imposición, sino la de reconciliación. Los catalanes volvieron a la órbita española, vieron reconocidos todos sus fueros, gozaron de buenos virreyes y comenzaron a vivir una época de prosperidad. Luego se hizo el mayor esfuerzo por recuperar todo lo posible en Flandes. En 1656, don Juan José derrotaba espectacularmente a los franceses en Valenciennes: fue la última gran victoria española. Pero intentar proseguir la lucha fue un error: los franceses se aliaron a los ingleses y vencieron en Las Dunas (1658). En 1659 se firmaba la paz de los Pirineos que fijaba la frontera definitiva entre España y Francia: una frontera que se ha mantenido inalterable hasta hoy.

Haro se creyó entonces con las manos libres para recuperar Portugal, empresa que se consideraba fácil. No lo fue, sin embargo. Los españoles estaban agotados, y lo que es peor, desmoralizadas. Su optimismo había caído brutalmente, como consecuencia de un cruel desengaño. Si los dos héroes creados por Cervantes son, como se dice, símbolos del espíritu español, al espíritu de Don Quijote sucede ahora el de Sancho, más realista y pragmático. Nada de sueños de grandeza. Los nobles ya no se educaban para el combate, y los jóvenes de los pueblos huían al campo cuando se acercaban los «oficiales de recluta», de modo que para formar los ejércitos hubo que recurrir muchas veces a gentes de mal vivir. Muchos, en la guerra de Portugal, ya no querían combatir… Nunca hasta entonces se había visto nada semejante.

Por su parte, Portugal encontró la ayuda de ingleses y franceses. Don Juan José de Austria, el héroe del momento, entró en Portugal, con buenos auspicios, pero sufrió una derrota en Ameixial (1663) y abandonó la empresa. Lo mismo ocurrió podo después al marqués de

Caracena en Villaviciosa (1665). Portugal ya no volvería a unirse a España.

El ocaso de la Casa de Austria

Felipe IV, triste y desengañado, murió en 1665. Dejaba como heredero un niño de cuatro años, enclenque y enfermizo, Carlos II, bajo la regencia de su madre doña Mariana de Austria. Se han considerado estos treinta y cinco años finales del siglo XVII como los más tristes de la historia de España. El país, evidentemente, estaba despoblado, empobrecido y desengañado de tanto quijotismo. Lo cierto es, sin embargo, que los jalones principales de la decadencia se habían consumado, ya que España, dentro del nuevo papel, relativamente modesto que le corresponde, no sufre pérdidas tan importantes como en la época anterior, que la población ya no disminuye, que desde 1680 la economía tiende a recuperarse, y que, aunque desacreditados ya los generosos idealismos de la época de los Austrias, nuevas ideas y nuevos proyectos comienzan a germinar en la mente de los españoles. Hoy tiende a creerse que estos años no fueron tan malos como hasta hace poco se creía.

Doña Mariana no tenía capacidad para gobernar, y se apoyó en nuevos validos: primero su confesor alemán, el P. Nithard, hombre virtuoso, pero mal político, que se dejó engañar por los franceses; luego Fernando Valenzuela, un aventurero más ingenioso que inteligente. La figura más notable de estos tiempos fue don Juan José de Austria, que bajo Felipe IV se había revelado como un buen militar, y ahora apareció como un prometedor político. Aunque no siempre acertó, fue uno de los más típicos representantes de la nueva manera de ver las cosas. Se apoyó en los catalanes, de los cuales fue muy amigo, y trató de encontrar nuevas formas de gobierno y administración. Quiso disminuir el papel de la nobleza, y apoyarse más en las clases burguesas y productivas. Trató de crear juntas que fomentasen la industria, el comercio y la navegación, impulsando la recuperación económica. Cataluña, pero también el País Vasco, Galicia (gracias al cultivo del maíz, luego de la patata), Levante, Cádiz, vivieron una nueva época de cierto desarrollo. Quizá el rasgo más destacado de don Juan José fue su preocupación por las nuevas ideas. Impuso, no los afanes idealistas y quijotescos, sino las ciencias prácticas, como la física, la ingeniería, las matemáticas. El mismo don Juan José, buen matemático y físico, fundó o presidió nuevas «academias», más innovadoras que la misma universidad. Comenzaron a surgir en España científicos de corte moderno, como el astrónomo Zaragoza, que calculó las órbitas de los cometas, el matemático Omerique, que fue elogiado por Newton como el mejor de su tiempo, el físico Vicente Tosca, el médico Zapata o el botánico Salvador, que hizo una nueva clasificación de las plantas. En cambio, hubo pocos teólogos, pocos poetas, pocos filósofos, poco pintores, pocos dramaturgos. Algo muy importante estaba cambiando en la mentalidad de los españoles: algo que ya anuncia la nueva época de los Borbones, cuando todavía están reinando los Austrias.

Don Juan José gobernó durante los últimos años de la regencia de Mariana de Austria y los primeros del reinado de Carlos II. Muchos españoles le consideraban el «salvador del país», aunque los nobles le odiaban. No sabemos si hubiera conseguido reformar España, porque murió bastante pronto, en 1679. Desde entonces, Carlos II tuvo otros políticos, muchos de ellos también reformistas, como el conde de Oropesa, el duque de Medinaceli, el cardenal Portocarrero o el excelente economista don Manuel de Lira. No tuvo un valido, como sus predecesores, sino varios validos a la vez: poco a poco a estos validos se les empieza a llamar «ministros»: una figura que acabará imponiéndose en el siglo XVIII, pero que nació en el XVII. En 1680 se produjo la última crisis económica, y entonces el conde de Oropesa devaluó la moneda de cobre hasta su valor real, es decir, ínfimo. Mucha gente se arruinó, porque su dinero no valía casi nada; pero con ello se venció la inflación, y salió a flote, de nuevo, la moneda de oro y plata, hasta entonces escondida. Cuando cada moneda tuvo su verdadero valor, la economía se estableció sobre bases más sanas, y desde entonces comenzaría un lento pero seguro resurgimiento.

El problema era el sucesorio. Carlos II, no tan torpe ni inepto como se ha pretendido, pero sí débil y enfermizo, no tuvo hijos. Había que pensar en un heredero traído de fuera. Los candidatos principales fueron dos, ambos sobrinos de Carlos II: el archiduque Carlos de Austria que mantendría la dinastía reinante, y el príncipe Felipe de Borbón, nieto de Luis XIV de Francia, que vendría a traer una nueva dinastía. Por entonces, la influencia francesa era ya muy fuerte, y en los últimos años de Carlos II hasta los españoles vestían a la moda francesa. El cardenal Portocarrero aconsejó al rey dejar como heredero a Felipe de Borbón. Era todo un símbolo de los nuevos tiempos que se estaban viviendo. Siempre se ha pensado que los Borbones vinieron a reinar en España para establecer reformas. Más bien fueron las reformas de los tiempos de Carlos II las que trajeron a los Borbones. Una nueva etapa comenzaba en la historia de España.

Capítulo 17

LA ERA DE LA RAZÓN Y DEL SENTIDO COMÚN (1700-1790)

Los siglos XVI y XVII presenciaron una vitalidad, una trascendencia de España al mundo como no se había visto nunca, ni antes ni después. Una vitalidad que, al fin y al cabo, condujo a su agotamiento. La época de los Austrias preside la conquista, evangelización y civilización de América, la recogida en aquel continente de inmensas riquezas, la exploración del Pacífico y la primera vuelta al mundo, la defensa de Europa contra la invasión turca, que salva definitivamente al continente y al Mediterráneo. España mantiene su presencia en buena parte de Europa, y tanto sus soldados como sus diplomáticos mantienen la hegemonía de nuestro país en Occidente, y luchan por sostener la unidad religiosa, frente a las confesiones disidentes que surgen en el espacio europeo. Al mismo tiempo, la cultura española vive una etapa de esplendor sin precedentes, en el campo de la literatura, del arte, del pensamiento. Lo español se pone de moda, aunque, al mismo tiempo, muchos europeos aborrecen a los españoles por su afán dominador o por su propio poderío e influencia. Toda esta vitalidad de España, muy difícil de explicar, pero que origina en tan diversos sectores de la vida histórica eso que se llama el siglo de oro, está informado por un profundo sentimiento religioso, un fuerte idealismo y un sentido del honor muy especial.

La hegemonía de España fue declinando primero por efecto del agotamiento y de la ruina económica, después por el desánimo, por la convicción de que no puede mantenerse un esfuerzo tan denodado, y hasta por la sospecha de que los españoles han seguido una política demasiado idealista, y por eso mismo poco realista. La reacción, ya lo hemos visto, se echa de ver en tiempos del último monarca de la Casa de Austria, Carlos II. Con la llegada de los Borbones, en 1700, no puede decirse que España inicia un nuevo rumbo histórico, sino más bien que afianza el que había comenzado a seguir en los años anteriores. No abandona su sentido religioso, ni su tradicional orden de valores, pero se preocupa más del progreso material, de lo práctico y lo que produce. Tanto los nuevos monarcas de la casa de Borbón, como sobre todo los nuevos ministros, son realistas, no pretenden sueños imposibles, no se lanzan a aventuras arriesgadas, y procuran en general la política del «sentido común», una idea que se pone de moda por entonces. Por tanto, la historia de España en el siglo XVIII no registra tantas glorias espectaculares ni está guiada por móviles universalistas. España no deja de pesar en Occidente, entre otras razones, porque mantiene su imperio en América y, con bastante lógica, participa en el juego de alianzas tan propio de la época, buscando el «equilibrio», el mantenimiento de ese imperio americano, y procurando siempre que se la tenga en cuenta, sin intentar nunca nada extraordinario. Su papel histórico es más modesto, pero no de segunda fila en la política internacional.

Interiormente, España se recupera en el orden demográfico, y aunque su población no experimenta el auge que en otro tiempo se creía, pasa en un siglo de 8 a 11,5 millones de habitantes: sigue siendo, pues, un país relativamente poco poblado. Pero algo destaca en el orden demográfico, algo que puede ser muy importante: si antes las zonas más pobladas habían sido las del interior, especialmente la meseta Norte (Castilla-León), en el siglo XVIII crece más la periferia. Galicia y Asturias duplican su población, gracias a los cultivos del maíz y la patata, y al desarrollo de la ganadería que estos mismos productos permiten. También aumentan más que el resto el País Vasco, donde destacan las «ferrerías» o fundiciones de hierro; Cataluña, que se convierte en una potencia textil gracias sobre todo a las nuevas manufacturas del algodón; Valencia, donde se desarrolla la explotación sistemática de la huerta, y el cultivo de la seda (que a fines de siglo alcanzará una de las tasas de producción más altas de Europa); Murcia, también por su cultivo especializado, y Andalucía occidental, especialmente Cádiz y su entorno. Cádiz sucede ahora a Sevilla como centro del comercio con las Indias. En cambio, las dos Castillas —excepto Madrid—, gran parte de Aragón y Extremadura se estancan. Crece más la periferia que el centro, y lo que esto significa es, por un lado la «descastellanización de España», o más exactamente que Castilla y sus ideales ya no tienen el mismo peso de antes; y por otro, que España «se asoma al exterior», vive más atenta a las ideas, las costumbres y modas de fuera, trata de imitarlas y de ponerse al día. Al orgullo del español del siglo de oro sucede la admiración por lo extranjero, que se trata de imitar: en parte, eso es verdad, porque parece que España posee ahora menor originalidad creadora. Vive sin embargo una etapa en general pacífica, relativamente próspera, con mentalidad realista, y una cierta preocupación por su progreso.

La guerra de Sucesión y sus consecuencias

El propósito de Carlos II y sus consejeros de dejar como heredero del trono de España al archiduque Felipe de Borbón (Felipe V) tiene sus motivos jurídicos, pero también su dosis de realismo: significaba el tener a Francia, convertida ya en la primera potencia de Europa, como aliada y no como enemiga. Eso sí, el testamento de Carlos II previene que nunca puedan unirse ambas coronas, es decir, que España no quedará supeditada nunca a Francia. Ahora bien: esta solución, que venía a resolver muchos problemas, podía ser también origen de muchos conflictos. El archiduque Carlos de Austria era el otro candidato a la corona de España; no tenía más derechos que Felipe V, como no fuera el mantenimiento de la dinastía de los Habsburgo; pero el testamento de Carlos II era perfectamente válido. Parece que la mayor parte de los españoles estaba de acuerdo con el cambio de dinastía, y aunque los catalanes veían con un cierto recelo a los Borbones, porque en Francia eran centralistas, en principio no pusieron obstáculos, ni apoyaron al austriaco. Este apoyo vendría después, cuando se planteó el conflicto internacional.

Porque, en efecto, en aquella Europa en que se buscaba tan cuidadosamente «el equilibrio», el hecho de que una misma dinastía, la borbónica, reinara en dos países vecinos podía romper aquel equilibrio y afianzar la hegemonía francesa. A pesar de que el testamento de Carlos II prohibía la unión de las dos coronas, muchos países europeos sintieron motivos para temer que Francia y España iban a unirse, tarde o temprano, bajo un mismo poder. Fue este temor, más que la simpatía de las potencias hacia la Casa de Austria, lo que provocó la alianza contra Luis XIV de Francia y el nuevo rey de España, Felipe V.

El primero en protestar fue, naturalmente, el Imperio: pero poco hubieran podido hacer los austriacos si inmediatamente no se les hubieran unido Inglaterra, Holanda, Piamonte y Portugal. Comenzaba así la guerra de sucesión por la corona española, entre Felipe de Anjou, proclamado ya rey de España, y el archiduque Carlos de Austria, que se hizo titular Carlos III. España no buscó ni deseó esta guerra, que se le vino encima en el momento menos oportuno.

Fueron trece años de lucha sobre casi todos los escenarios de Europa occidental, incluida España, que pronto se vería invadida por los aliados. Fue una guerra internacional, en la cual se ventilaba la hegemonía entre las potencias; pero se hizo muy pronto una guerra civil, al aceptar algunos españoles la candidatura del austriaco. Carlos se presentó como defensor de los fueros de cada reino, y este ofrecimiento le valió el apoyo de catalanes, aragoneses, valencianos y baleares. No todos, por supuesto, lo vieron con simpatía, pero sí una mayoría. Por el contrario, la mayoría de los castellanos eran felipistas, aunque tampoco todos. En general, aunque con ciertas reservas, puede decirse que los factores de las simpatías fueron dos: Felipe V era centralista y deseaba ayudar a la burguesía contra la nobleza. El conflicto tuvo así un carácter por un lado territorial, por otro social, aunque no muy marcado. El que se convirtiera en una guerra civil lo hizo todavía más ingrato.

La guerra de Sucesión tiene una historia complicadísima, y no vale la pena seguirla en detalle. En general, en España llevan la ventaja los partidarios de Felipe V, pero en dos ocasiones Francia pasa por graves apuros, y los aliados consiguen ventajas en la Península. Hasta 1704, Felipe V es dueño de la situación, y hasta los españoles pueden llevar la guerra a Italia; pero la derrotas de Francia en otros puntos permiten a los aliados invadir España: primero por Portugal —que pretendía aprovecharse de la situación—, luego por Cataluña y Levante. En 1704, los ingleses se apoderaron de Gibraltar: aunque venían simplemente como aliados de uno de los dos sedicentes reyes de España, el almirante Rooke se quedó con la plaza en nombre de Inglaterra. En 1705 los aliados desembarcaron en Barcelona, y pronto el archiduque encontró las simpatías de muchos catalanes. En 1706, Felipe V, presionado desde Portugal y desde Cataluña-Valencia, tuvo que replegarse, primero al centro de España, después al norte, pero los aliados encontraron pocas simpatías en Castilla, y no consiguieron dominar el terreno. Felipe V pasó a la ofensiva y venció claramente en Almansa (1707): la mayor parte de la Península parecía de nuevo en su poder.

Sin embargo, nuevas derrotas sufridas por los franceses permiten un segundo ataque de los aliados, que incluso llegaron a apoderarse de Madrid en 1710. El archiduque se estableció en el palacio real, y por un momento pareció que iba a prevalecer como rey de España. Pero he aquí que la muerte del emperador Leopoldo, y enseguida la de su hijo José, hicieron recaer la corona imperial en la figura del archiduque. ¡Se rehacía el imperio de Carlos V! Esta vez se trataría de Carlos III de España y VI de Alemania. La solución era tan poco deseable para las potencias como la de los Borbones, y así fue como los austriacos se vieron un poco abandonados. Francia no era capaz de imponerse, pero en España, Felipe V, al que los españoles llamaban «el animoso», fue recuperando todo el territorio.

Se llegó así a la paz de Utrecht (1713), que supuso un nuevo mapa de Europa y un nuevo panorama geopolítico. España no perdió la guerra —simplemente, triunfó una candidatura sobre otra—, pero sin embargo perdió más territorios que en cualquiera de las paces anteriores. Concretamente, se quedó sin todos sus dominios europeos: Bélgica, Luxemburgo, Milán, Cerdeña, Nápoles, Sicilia.

Y encima perdía dos pequeños, pero importantes enclaves en su propio territorio metropolitano: Gibraltar y Menorca. La pérdida de aquellos dominios exteriores pudo significar la renuncia a ser una gran potencia europea, pero por otra parte significó para España la oportunidad de librarse de un peso y de una responsabilidad: la política de los Borbones podría dedicarse más a los problemas interiores. Eso sí, España conservaba sus enormes dominios americanos. De momento, como en la segunda mitad del siglo XVII, aquellos dominios rentaban muy poco: pero pronto la política de los Borbones encontraría nuevas formas de comercio ultramarino.

La Nueva Planta

Ya se sabía que los Borbones franceses tendían al centralismo jurídico y administrativo, y por eso los aragoneses, catalanes y valencianos vieron con recelo la llegada de Felipe V. Por el contrario, los navarros y los vascos, que también disfrutaban de un régimen foral, le recibieron con agrado, y vieron conservados sus fueros. No sabemos lo que Felipe V hubiera hecho con los reinos de la corona de Aragón si éstos no hubiesen apoyado al archiduque austriaco. Pero este hecho daba pie al nuevo rey para acabar con los fueros de aquellos reinos. Sin embargo, Felipe V fue prudente, y no los asimiló sin más a Castilla. Concretamente, para Cataluña se dictó el Decreto de Nueva Planta (1716), que modificaba drasticamente el estatus de aquel reino, pero en absoluto lo asimilaba a Castilla: le dio un régimen distinto, más moderno, equilibrado y racional, que, curiosamente, acabaría luego implantándose en la propia Castilla. Tres figuras se repartían el poder: el *Capitán General*, que ejercía el gobierno, asesorado por la *Audiencia*, formada por catalanes, y que no sólo juzgaba, sino que también aconsejaba; y el *Intendente*, del cual dependían la administración y la economía.

Cataluña se vio privada así de sus viejos fueros y privilegios; pero como muchos de aquellos principios favorecían los derechos de la nobleza, el resultado fue que la burguesía industrial y mercantil encontró muchas más libertades para sus iniciativas y negocios. Cataluña, que ya había comenzado a renacer en tiempos de Carlos II, experimentó un notable auge en los de Felipe V, con la ventaja de que desaparecieron las aduanas con Castilla, y los catalanes pudieron también comerciar libremente con América. Cataluña, decadente desde la crisis del siglo XIV, se convertiría desde entonces en una de las regiones más industriosas y ricas de España. La pérdida de sus fueros privativos fue la clave de su prosperidad.

Con Felipe V se consagran también otras importantes reformas administrativas en toda España. Ya en el reinado anterior se empezó a llamar a los validos «ministros». Ahora se consagran las «secretarías de despacho» o ministerios ya como una institución oficial: son, de momento, los de Estado o Asuntos Exteriores, Hacienda, Justicia, Guerra y Marina. Los ministros ayudaban al rey a gobernar, o más bien muchas veces gobernaban en su nombre, enterando al monarca de sus actuaciones. El poder ejecutivo se repartió así de un modo racional, y su gestión se hizo más eficaz. Las Audiencias se multiplicaron por toda España, y aparte de su función judicial cobraron atribuciones de gobierno: pusieron la base de las futuras regiones. Y como la Intendencia de Cataluña dio muy buen resultado, se generalizó la institución de las Intendencias por toda España. A fines del siglo XVIII ya sería costumbre llamarlas «provincias». Así fue como los Borbones corregirían una grave laguna en la administración interior de los Austrias: en los siglos XVI y XVII se pasaba directamente del poder central al municipal: ahora existían otros poderes intermedios, Audiencias e Intendencias. En general, la administración borbónica fue lógica para aquellos tiempos, honesta y eficaz. Constituyó una de las claves de la recuperación de España.

La preocupación por Italia

Hasta 1716, Felipe V, en su política exterior, fue lógicamente aliado de Francia. Desde entonces, y tras su matrimonio con Isabel de Farnesio, trata de emanciparse y seguir una política propia. Esta política, acertada o desacertadamente, se preocupó de la recuperación de los territorios italianos. En este prurito influyó, qué duda cabe, el deseo de la reina; pero quizá, contra todo lo que se haya dicho, no sea ésta la única causa, ni la política italiana tan disparatada. España deseaba mejorar su prestigio, y por su parte los reinos italianos se sentían mucho más sojuzgados por los austriacos que por los españoles: recordaban con nostalgia los «buenos tiempos». Lo que ocurre es que, en la política de «equilibrio» que se había impuesto en Europa, cualquier intento de romper la situación se encontraría enseguida con la alianza de las demás potencias. En 1717 una expedición española se apoderó de Cerdeña, donde fue por cierto muy bien recibida. En vista del éxito, y mientras las potencias europeas conferenciaban, en 1718 otra expedición desembarcó en Sicilia y se apoderó de la isla. Nadie esperaba que España tuviera tal poder de recuperación, después de la guerra de Sucesión. Al fin se formó una alianza internacional, la flota británica derrotó a la española, y las tropas tuvieron que abandonar Cerdeña y Sicilia, con la pequeña compensación de que los ducados de Parma y Toscana serían para el príncipe español don Carlos.

Felipe V cambió entonces de táctica. Sabía que la alianza internacional era débil, y las potencias se dividirían en cualquier momento. Fue lo que sucedió con la guerra de sucesión de Polonia, en 1733. Naturalmente, España no tenía el menor interés en entronizar a Estanislao Leczcisnki en el trono de Varsovia, pero se alió con Francia contra Austria para poder recuperar territorios en Italia. La paz de Viena, en 1735, permitió al príncipe don Carlos (el futuro Carlos III) convertirse en rey de Nápoles y Sicilia. Más tarde, otra guerra internacional, la de sucesión de Austria, daría al infante don Felipe los ducados de Parma, Plasencia y Guastalla. El principio del equilibrio europeo no permitía que España se incorporase nuevos territorios, que fueron a parar, simplemente, a manos de príncipes españoles. Pero, contra lo que se ha dicho, parece que aquellas ventajas no fueron inútiles, las guerras resultaron muy poco sangrientas, y el prestigio de España, en el complicado juego de las alianzas europeas, resultó más favorecido que perjudicado.

La preocupación por América

Por razones aún no del todo explicadas, Felipe V abdicó en 1725, y dejó el trono a su hijo mayor, un muchacho inexperto de apenas diecisiete años, que reinó durante siete meses con el nombre de Luis I. Parece que sus consejeros le inclinaron a abandonar la política italiana de su padre, y preocuparse más del Atlántico y de América. Si tal fue lo que intentó, su política quedó inédita. Pero muerto el efímero Luis, Felipe V retomó las riendas del poder, y siguió precisamente aquella política atlántica: es un hecho curioso, que, aunque difícilmente explicable, resulta significativo.

Efectivamente, el mayor activo de España residía en las Indias y sus inmensas posibilidades. Una buena flota para mantener las comunicaciones y un activo comercio con el Nuevo Mundo era sin duda la mejor política que España podía seguir. Los grandes ministros de la segunda época de Felipe V fueron José Patiño y el marqués de la Ensenada. Patiño fue ante todo un gran economista y un excelente planificador. Ensenada fue buen militar, pero también excelente diplomático y preocupado por una política exterior activa, pero prudente. Una de las grandes medidas que tomaron los nuevos gobernantes fue establecer un nuevo virreinato en América, el de Nueva Granada (hoy Venezuela y Colombia), centro de nuevas producciones que interesaban en España y en toda Europa: el café, el cacao, el tabaco, el azúcar, el algodón. Ya no interesaban tanto los metales preciosos, como los productos y su intercambio mediante un activo comercio. América enviaba productos tropicales y España artículos manufacturados. El algodón, por ejemplo, se cultivaba y recogía en América, los navíos lo transportaban en rama, los catalanes lo convertían en magníficos tejidos, y gran parte de esos tejidos regresaban a América. El algodón, un producto textil que exige una buena técnica de hilado, pero que tiene la ventaja de que se puede «pintar» —estampar en colores— se puso de moda en Europa. Para combinar colores en la lana hay que utilizar hebras de colores distintos, y eso exige un complicado trabajo; en cambio, el algodón primero se teje, y luego se estampa. También, en el siglo XVIII se ponen de moda el café y el chocolate. El renovado tráfico fue favorable tanto para España como para los criollos americanos: del otro lado del Atlántico venían productos tropicales, y de Europa sobre todo tejidos, artículos metalúrgicos —sobre todo de las «ferrerías» vascas y navarras—, armas y otros útiles que exigían una delicada manufactura.

La política seguida por Felipe V y sus ministros fue la que estaba de moda entonces, el «mercantilismo». Se buscaba exportar lo más posible e importar sólo lo indispensable. El Estado actuaba como impulsor del comercio, y creaba monopolios en forma de las famosas «compañías reales» o «fábricas reales». Una fabricaba tejidos, otra vidrios, otra loza, otra armas. En la fábrica de paños de Guadalajara llegaron a trabajar cinco mil obreros, y en la de tabacos de Sevilla, cuatro mil. El Estado se convertía así en gran empresario, aunque también favorecía a la industria particular. Los Cinco Gremios Mayores de Madrid, aunque conservaban su antiguo nombre, funcionaban como una empresa capitalista, y llegaron a poseer una flota propia, que comerciaba con América. La Compañía Guipuzcoana de Caracas era también particular, aunque favorecida por el Estado, que le concedió numerosos monopolios y facilidades en el comercio con el área del Caribe. Al mismo tiempo se creaban los arsenales de Ferrol, Cádiz y Cartagena, en los que se construían barcos destinados a asegurar las rutas del Atlántico. España volvía a ser una potencia naval, y también poseía una buena flota mercante: el mercantilismo favorecía los productos transportados en barcos españoles sobre los que venían en buques extranjeros.

Naturalmente que esta política atlántica significaba ganarse nuevos enemigos: especialmente los ingleses, que tenían el dominio del mar, e impulsaban por entonces la colonización de lo que hoy son los Estados Unidos. Hubo algunos encuentros con los ingleses, pero el océano era tan grande y las posibilidades territoriales para todos, que hasta mediados de siglo predominó la paz, y, como de costumbre, aún en tiempos de guerra predominaba la «política del sentido común», con muy pocas pérdidas para ambas partes.

El reinado de Fernando VI (1746-1759)

El nuevo monarca, hijo de Felipe V, no era un hombre de gran talento ni tampoco de grandes iniciativas personales. Pero era recto y tenía, pese a sus defectos, como la tendencia a la depresión, un gran sentido de la dignidad. Y sobre todo una cualidad le distinguió: su buena mano para escoger excelentes ministros. Desaparecido Patiño, los dos políticos que más destacan en el breve reinado de Fernando VI son el ya mencionado Ensenada, y don José de Carvajal. El partido italianista, que tanto papel había jugado en la época de Felipe V, quedó arrinconado. Ahora, lo mismo Ensenada que Carvajal intentan seguir la política atlántica, de interés por el mar y las rutas que aseguran el control de América, consagrado ya en la segunda fase del reinado de Felipe V. Los dos políticos eran inteligentes y coincidían en lo fundamental. Sin embargo, discrepaban en la táctica a seguir: Ensenada, de carácter militar, aunque magnífico administrador, quería la paz, pero una paz armada. Fue uno de los grandes renovadores del Ejército (creó las Academias militares, y consagró la figura del oficial de carrera) y siguió la política de refuerzo de la Marina para controlar las rutas y defender las posesiones de ultramar. Carvajal, en cambio, prefería una paz basada en la diplomacia, que sería mucho más barata y representaría menos peligros. Supo contrapesar la potencia de Francia e Inglaterra, sin aliarse con ninguna de las dos, utilizando a España como «el fiel de la balanza». Bastaba, decía Carvajal, «mover un dedo» para inclinar la balanza de un lado o de otro, y de ahí que las dos potencias buscasen la amistad de España. Naturalmente que esta política tenía también sus riesgos: que el país quedase prácticamente desarmado ante la posibilidad de una agresión exterior.

Carvajal y Ensenada no se llevaron mal, como se dice. Se respetaban y estimaban uno a otro, y estaban de acuerdo en lo fundamental: mantener la paz y asegurarse el comercio con las Indias. Fernando VI fue también muy pacifista, de modo que los tres se entendieron bien, y España vivió una época tranquila y bastante próspera. Hay que tener en cuenta que Ensenada fue también, como lo había sido Patiño, un excelente hacendista, y el primero que trató de hacer un catastro general, o inventario de los bienes del país. Resultado de su buena gestión fue que los ingresos del estado, que en 1748 habían sido de 53 millones de ducados, llegaron en 1754 a 90 millones. Claro está que no todo se debe a la buena gestión, ni tampoco a un aumento de la presión fiscal: si los españoles pagan más impuestos se debe también a que son más ricos.

El prudente y lógico Carvajal y el activo Ensenada simbolizan a la perfección el ambiente de aquella España tranquila, próspera, equilibrada, sin grandes problemas, de mediados del siglo XVIII. Lo tradicional y lo nuevo se armonizan todavía sin chocar. Hay nuevas inquietudes intelectuales, ideas de cambios, pero expresadas siempre con moderación y con respeto a los valores fundamentales que habían informado siempre la mentalidad de los españoles. Amigo de tomar lo bueno de lo viejo y lo bueno de lo nuevo es el publicista que más escribe por entonces, fray Benito Jerónimo Feijoo.

En 1754 murió Carvajal, y poco después fue destituido Ensenada por un imprudente paso diplomático. Desaparecían así a la vez los dos principales ministros de Fernando VI. El principal político que les sucedió fue Ricardo Wall, de origen irlandés y muy amigo de Inglaterra: con ello, exageró la táctica de Carvajal, e hizo concesiones a los ingleses, descuidando la política de armamentos. Por supuesto, mantuvo el neutralismo, de modo que cuando estalló la guerra entre Francia e Inglaterra (Guerra de los Siete Años), no se inclinó por un bando ni por otro, a pesar de las ofertas que le hicieron (entre ellas la devolución de Gibraltar). Lo peor es que la guerra podía afectar en cualquier momento a las posesiones españolas en América, que se hallaban casi desguarnecidas, mientras la flota estaba medio abandonada. Fernando VI pudo mantener la neutralidad mientras vivió, pero el peligro de una política excesivamente pacifista empezó a preocupar por el carácter cada vez más amplio que tomaba el conflicto.

La política de Carlos III

Muerto Fernando VI, aún relativamente joven y sin hijos, le sucedió su hermanastro Carlos III, que ya era rey de Nápoles. Las exquisitas condiciones de «equilibrio» que reinaban entonces en Europa le obligaron a renunciar a la corona napolitana para aceptar la española. Pero Carlos III era ya un rey experimentado, y esta circunstancia fue buena para él y para el país. Hombre inteligente, seguramente el más inteligente de los Borbones del siglo XVIII, aunque no muy culto, favoreció las letras, las ciencias y las artes, por más que no le gustasen gran cosa. Fue activo, y, como sus antecesores, tuvo buena mano para escoger ministros. Su paso por el trono significó uno de los momentos más interesantes y también más brillantes de la historia de España en aquella centuria. Luego estudiaremos aspectos de su política interior y las grandes reformas sociales y económicas que impulsó. De momento, nos interesa seguir los avatares de la guerra de los Siete Años, a la que Carlos III creyó que España no podía permanecer ajena por más tiempo. No es que Carlos fuese belicista, sino que temía que el creciente predominio británico en América pusiera en peligro las posesiones españolas. Cuando los ingleses conquistaron Quebec, España esgrimió diplomaticamente la palabra sagrada del siglo: *equilibrio*. Al mismo tiempo que felicitaba al embajador británico por aquella victoria, Carlos III le pidió que transmitiera a Londres su preocupación por «la pérdida del equilibrio de América». La respuesta del gobierno inglés fue destemplada, y entonces Carlos III creyó conveniente firmar con Francia una alianza, el llamado «Pacto de Familia».

Aquella alianza no suponía necesariamente la entrada de España en la guerra, y, es más, Carlos III no la deseaba entonces, porque la política anterior había dejado al país muy mal preparado para un conflicto. La idea era la de irse preparando por si acaso. Pero los ingleses, y precisamente para aprovecharse de aquella debilidad momentánea, en cuanto conocieron la firma del Pacto de Familia declararon la guerra a España. Rápidamente se apoderaron de Cuba y parte de Filipinas. Sin embargo, las medidas del nuevo gobierno de Carlos III fueron equilibrando la situación. Francia, derrotada, pidió la paz (paz de París, 1763), en que los franceses perdían Canadá y otros territorios en América y en la India, mientras los españoles recuperaban Cuba a cambio de ceder la Florida. Fue una derrota, pero no tan espectacular como pareció en un principio.

El absolutismo ilustrado

Con Carlos III la España de los Borbones alcanza su máxima forma de organización en el siglo XVIII. El monarca representa el poder supremo: lo representa más que lo ejerce, porque, rodeado como está por ministros, consejos, audiencias, y constreñido también por fueros particulares, ni puede controlarlo todo ni tampoco puede cambiarlo todo. La entidad gobernante la forman el rey y su complejo equipo de colaboradores. La maquinaria del estado se ha hecho demasiado extensa y demasiado complicada como para que pueda asumir su control y su dirección efectiva un solo hombre. Por otra parte, aunque Carlos III sabe conservar su dignidad, es un hombre flexible, y hasta con un cierto talante sencillo y humilde, que sabe adaptarse a las circunstancias y rectificar cuando es preciso. Siempre se deja aconsejar, aunque tiene buen cuidado de no fiarse de un solo consejero, sino de muchos, a veces contrapuestos, entre los cuales ejerce una especie de arbitraje.

El sistema imperante en la Europa de mediados del siglo XVIII es el llamado *absolutismo ilustrado*. Este término parece más apropiado que el de «despotismo ilustrado» que antes se empleaba, por las connotaciones negativas que tiene la palabra despotismo. Se basa en «el mayor beneficio para el mayor número», en la búsqueda del sistema más eficaz para la felicidad y la prosperidad de la mayor cantidad posible de ciudadanos. El absolutismo ilustrado busca así la eficacia de la administración, el bienestar social, el desarrollo económico, la multiplicación de los servicios y la difusión de la cultura. Es «ilustrado» en el sentido de que busca esa cultura con un sentido filantrópico y benéfico; pero también es «absolutismo», porque cree que para realizar esas grandes reformas benéficas hace falta vencer resistencias e intereses creados muy grandes y tener por tanto un poder muy fuerte. Absolutismo e Ilustración parecen términos antitéticos, y con el tiempo se echarían de ver sus contradicciones; pero de momento la alianza constructiva entre absolutismo e ilustración parecen estar de moda. Ahora bien: con esta nueva filosofía, el rey pierde una parte de su viejo sentido carismático. Ya no es una especie de ser especial, distinto de los demás, sino, como decía un típico soberano ilustrado, Federico el Grande de Prusia, «el primer servidor del Estado». Su poder ya no se justifica por su propia naturaleza, sino porque puede y debe hacer felices a sus súbditos. Si la necesidad de la monarquía para obtener este bien común ya no aparece clara, pueden surgir las primeras ideas revolucionarias.

La administración interior

Carlos III culmina las grandes reformas administrativas comenzadas en tiempos de Felipe V. En la cúspide teórica del poder está el monarca. Con él colaboran los cinco ministros de Estado, Justicia, Hacienda, Guerra y Marina e Indias (el cuidado de la Marina y la administración de los territorios americanos se encomiendan a una misma persona, como símbolo de la relación que los Borbones conceden a estas dos funciones). Luego están los viejos Consejos, que aún subsisten, aunque con menos capacidades que en tiempos de los Austrias: ahora son los de Estado, Castilla, Guerra, Hacienda, Indias, Inquisición. Sólo los dos primeros conservan un indudable poder: el de Estado, porque es el órgano que para todo —y no sólo para la política exterior— asesora al monarca; el de Castilla, porque no existe un ministerio del Interior. Los demás Consejos han cedido gran parte de su poder a los ministerios.

La administración territorial aparece racionalizada con las doce capitanías generales, llamadas también «reinos», que se distribuyen las distintas regiones, base en cierto modo del esquema territorial de las actuales Comunidades Autónomas. El capitán general no sólo tiene funciones militares, sino civiles, y además preside la Audiencia: es una especie de gobernador del territorio con amplias atribuciones. Y luego están las 32 intendencias (muchas coinciden con las actuales provincias, otras no), que tienen un carácter económico y administrativo. A veces ya se las empieza a llamar «provincias». La coexistencia de los ministerios con los consejos parece un poco forzada. Y este hecho nos aconseja recordar aquí otro elemento muy importante de la política interior, aunque no tenga carácter oficial. Son los «partidos». El nombre existe ya en tiempos de Carlos III, aunque no sean partidos tal como hoy los entendemos, ni producto de unas elecciones. Pero reflejan hasta cierto punto una opinión, tienen sus dirigentes y sus programas, y gobiernan alternativamente, es decir, el rey designa ministros a miembros de uno u otro partido, aunque a veces, para contrapesarlos o evitar el prevalecimiento de un solo programa, puede elegir ministros de dos partidos distintos. Los más fuertes y conocidos son el «partido golilla» y el «partido aragonés». El partido golilla se llama así porque está formado principalmente por juristas (la «gola» era un cuello con una especie de pequeño babero, que usaban los abogados), y lo dirigía el conde de Floridablanca. Es el más típico representante del absolutismo ilustrado. En lo *administrativo* pretende la desaparición de los complicados consejos, y quiere que todos los poderes queden en manos de los ministros. En lo *territorial*, busca la unificación jurídica de todos los reinos de España: es una solución que le parece más funcional, eficaz y equitativa. En lo social, desea hacer desaparecer los privilegios de la nobleza y el clero, y conseguir una sociedad lo más igualitaria posible. Y en lo *internacional*, se inclina por la diplomacia, disminuyendo el poder de los militares. El partido aragonés está dirigido por el conde de Aranda, que, efectivamente, había nacido en Aragón, como otros de sus compañeros: Azara, Roda, Pignatelli. Pero formaban parte del grupo muchos no aragoneses. En lo *administrativo* quiere la continuación y aun la potenciación de los Consejos: sobre todo un gran Consejo de Estado, que sería el asesor fundamental del monarca y ejercería con él una especie de «diarquía»: en cambio, los ministros serían meros ejecutores de sus órdenes; en lo *territorial*, pretende mantener los antiguos reinos y concederles aún mayor autonomía: es decir, tiene un sentido descentralizador. En lo *social*, quiere mantener la hegemonía de la nobleza, no para conservar sus privilegios, sino para convertirla en una clase dirigente, educada ya desde la infancia para esa misión; y en la *política exterior* (Aranda es militar) prefiere fomentar el rearme y sobre todo la potencia naval española, para asegurarse frente a las pretensiones inglesas. Como se ve, el programa de los dos partidos es diametralmente opuesto, aunque no resulta del todo fácil decir cuál de ellos es el más progresista o el más conservador.

Los cambios sociales

El partido golilla era, como hemos visto, el más proclive al cambio social. De él se ha dicho —aunque no está demostrado— que pretendía una sociedad monoclasista, con igualdad de derechos ante la ley. Tal extremo no está claro: sí su intento de suprimir los privilegios de la nobleza y de favorecer a las clases más productivas. Por su parte, el partido aragonés, aunque deseaba mantener a la nobleza como clase dirigente, tampoco gustaba de privilegios. Los Borbones se apoyaron muchas veces en políticos inteligentes salidos de las clases medias, como Patiño o Campillo, de modo que para ocupar cargos importantes ya no era necesario pertenecer a una familia noble. Es cierto que concedieron nuevos títulos de nobleza, pero estos títulos no representaban prosapia o sangre azul: el marqués de la Ensenada aceptó este título porque le recordaba que él, por nacimiento, «en sí no era nada»: su carácter noble se lo debía sólo al rey. El capitán del barco que trajo a Carlos III de Nápoles a España se desvivió tanto por su pasajero, que el monarca le hizo «marqués del Real Transporte». Naturalmente, estos títulos ya no suponen tierras ni rentas ni vasallos: son una simple distinción, como una condecoración por servicios prestados.

Nunca se suprimió un título de nobleza: ni Carlos III ni otros monarcas se atrevieron a tanto. Sólo procuraron disminuir los privilegios de quienes ostentaban tales títulos. En cambio, sí consiguieron disminuir el número de hidalgos. Los hidalgos, típicos caballeros de la época de los Austrias, ya no tienen una función clara en el siglo XVIII. Son por lo general pequeños o medianos propietarios, que a veces apenas pueden vivir de sus rentas, y no pueden vivir de otra cosa, puesto que su condición no les permite trabajar. Los Borbones, sobre todo a partir de mediados del siglo XVIII, intentan revisar los títulos de los hidalgos, y si éstos no pueden demostrar su origen noble, les retiran la hidalguía. Así, en treinta años, el número de hidalgos se redujo a la mitad. A algunos les ofende esta política del rey y sus ministros. Los vascos, por ejemplo, se consideraban todos hidalgos (era una forma de no pagar impuestos), con el argumento de que hablaban una lengua muy antigua, y la antigüedad es símbolo de nobleza. Sin embargo, los vascos eran trabajadores, con lo cual no tenían ya un claro sentido de lo que era la hidalguía. Y no pensemos que todos los hidalgos defienden su posición, ya que el no poder trabajar tiene también sus inconvenientes. Muchos pidieron renunciar a su carta de hidalguía para poder practicar oficios lucrativos. Consta que los habitantes de un pueblo de Asturias, a los que de antiguo se había concedido carta de hidalguía, solicitaron de Carlos III que les librase de aquella situación, para poder trabajar.

Nada gustaba más a los Borbones que esto: que sus súbditos trabajasen y aumentasen con su producción la riqueza del país. Toda la política social de Carlos III va por este camino: favorecer a las clases laboriosas, y en cambio crear dificultades a las que no lo son. A veces se han interpretado mal las medidas de Fernando VI y Carlos III contra los gitanos: no se les castigaba por serlo, sino por no trabajar. Se intentó enseñarles oficios, aunque no siempre con resultado.

En general, los españoles del siglo XVIII parecen haber vivido mejor que los de la centuria anterior. Hay, en general, una mejora de vida, y menos crisis económicas, al tiempo que la moneda se mantiene estable. Engrosa la clase media, tanto por el trasvase procedente de la hidalguía como por los mayores beneficios de los artesanos, comerciantes, o incluso los medianos y pequeños cultivadores. Las comunicaciones mejoran, pues el estado del siglo XVIII se esfuerza por construir buenas carreteras. Son muy frecuentes las romerías, con motivo de alguna festividad determinada: los habitantes de un pueblo se desplazan al lugar de la fiesta, donde se une la celebración religiosa con los bailes y la buena comida. Se consagra la fiesta de los toros, que antes estaba restringida casi exclusivamente a la nobleza. Pedro Romero es el primer torero profesional que cobra por practicar su arte. (Por cierto que los toreros figuran entre los pocos españoles que hoy siguen vistiendo trajes tipo siglo XVIII.) Por primera vez se construyen plazas circulares, dedicadas exclusivamente a este espectáculo. Muchos trajes típicos, y bailes tradicionales, se consagran para siempre justo desde entonces. El siglo XVIII, que goza fama de atildado y afrancesado, es, sin embargo, al nivel de clase media y baja, muy popular y castizo. A fines de siglo (la llamada «época goyesca»), la nobleza tiende también a copiar detalles populares y «típicos».

La política económica

Todos los reyes del siglo XVIII y sus ministros tuvieron un especial interés en el desarrollo de la economía. Pero hay una diferencia. En tiempos de Felipe V y Fernando VI predominaba la versión mercantilista, basada, como se ha visto, en dos puntos: la creación de grandes empresas del estado, «compañías reales» o «fábricas reales» y el prurito de exportar lo más posible e importar lo menos. En tiempos de Carlos III se cambia de política, porque nuevas ideas se imponen en Europa: ahora priva el «liberalismo económico», que favorece la iniciativa particular, y la libertad para producir, comprar, vender y transportar, sin impedimento alguno por parte del estado. Éste no debe crear centros de producción, sino facilitar que los particulares produzcan lo más posible. La filosofía de esta nueva política se basa en que «nadie está más interesado en su propia prosperidad que uno mismo». De modo que si no ponemos el menor obstáculo a la iniciativa particular, cada uno tendrá más posibilidades de enriquecerse, y por tanto el país, en su conjunto, se enriquecerá. El liberalismo económico, que en cierto sentido ha perdurado en muchas partes hasta nuestros días, ha sido la clave del impresionante desarrollo de los países libres. Tiene, sin embargo, el peligro de alcanzar una mala distribución de la riqueza, porque no todos tienen la misma capacidad o los mismos medios para, usando de la libertad, enriquecerse.

Ahora, en tiempos de Carlos III, la labor del Estado se preocupa sobre todo a «remover obstáculos» que entorpecen el desarrollo económico. Dos son los principales «obstáculos» que preocupan a los ilustrados. Uno, en el sector agrícola, es la «vinculación» de la propiedad de las tierras, que en un 70 % dependían de un título nobiliario, de una comunidad eclesiástica, de un municipio o de un mayorazgo. Estas tierras «vinculadas» no se podían vender ni repartir, porque no correspondían a una persona física sino a una persona jurídica. Eran del ducado de Alba, del convento de dominicos, de la catedral de Córdoba, del ayuntamiento de Valladolid o de la familia Espinosa de la Fuente. El dueño no era propietario personal, sino titular de aquella propiedad. Sus hijos, otros nobles del mismo título, otros frailes, otros regidores de un municipio, tendrían el mismo derecho a la propiedad, y no se les podía quitar tal derecho. De ahí la institución del mayorazgo, en virtud de la cual la herencia del padre se transmitía al hijo mayor, para «mantener la integridad de la casa». Con esta mentalidad, los bienes podían concentrarse (por compra o por donativos), nunca repartirse. La idea de las vinculaciones fue combatida por los teóricos del siglo XVIII, aunque era muy difícil cambiar las leyes. Gaspar Melchor de Jovellanos, con su célebre *Informe sobre la Ley Agraria*, proponía suprimir las vinculaciones, y soñaba con la distribución de la tierra en parcelas no muy grandes (entonces el propietario no se preocuparía de trabajarlas todas), ni muy pequeñas (porque entonces el propietario no tendría medios para mejorar la productividad de sus tierras). Al proponer una propiedad de tipo medio, Jovellanos está pensando quizá sin darse cuenta en una propiedad *en manos de la clase media*. La idea de una sociedad medioclasista es muy típica de la idea de la Ilustración.

Por lo que se refiere a la producción industrial, el principal «obstáculo» era el *gremio*. Los gremios eran instituciones corporativas de trabajadores, dedicada cada una a un oficio (tejedores, alfareros, carpinteros), cuyo origen se remonta a la Edad Media. Cada gremio tenía sus reglamentos, sus miembros fijaban de antemano las calidades y los precios, de modo que no podían hacerse la competencia.

Para entrar en un gremio había que sufrir un examen. Es decir, no había tantos tejedores, ebanistas o alfareros como hubiera podido haber. Eso sí, los trabajadores de cada taller se repartían bastante equitativamente el fruto de su trabajo, de manera que no había abusos por parte del dueño. Pero a base de gremios sólo era posible una próspera artesanía, no una verdadera industria, tal como hoy la concebimos. El gremio, se ha dicho, era un sistema en el cual nadie podía hacerse rico y nadie podía morirse de hambre. Entre los teóricos de la reforma está Pedro Rodríguez Campomanes, que pretendía una industria libre, en la que cada cual pudiera producir el artículo que quisiera, de la calidad que quisiera y venderlo al precio que quisiera. Así se fomentaría la competencia, cada uno procuraría producir más, mejor y más barato que el vecino, y aumentaría la producción. Se ponían de este modo las bases de la industria capitalista, aunque las industrias de este tipo a fines del siglo XVIII eran todavía muy modestas. Este tipo de industria libre daría lugar a un prodigioso desarrollo en la Edad Contemporánea, pero daría lugar también a muchas desigualdades sociales y económicas. Los proyectistas del siglo XVIII no supieron prever los inconvenientes.

El Estado ya no invirtió, sino que favoreció. Se dieron facilidades, se quitaron impedimentos, se construyeron caminos y puertos y se suprimieron tasas. Quizá la medida económica más importante de Carlos III fue el decreto de Libre Comercio con América, en 1778, que permitía el tráfico sin estorbos y desde cualquier puerto, sin necesidad de tocar en Cádiz. El tráfico con las Indias por lo menos se cuadruplicó. En general, la época de Carlos III, con aumento de la producción y del volumen de los transportes, supuso una excelente coyuntura económica. Eso sí, al final, y por primera vez en el siglo, los precios comenzaron a subir.

La Ilustración española

La actitud intelectual de los europeos en el siglo XVIII, y especialmente en su segunda mitad, es el *racionalismo* y se caracteriza por una gran confianza en la razón humana para, sin más ayudas, alcanzar la verdad y con ella el progreso. El hombre del siglo XVIII está convencido de que han llegado mejores tiempos, y el futuro será mejor todavía. La confianza en la razón humana es la base de este optimismo, aunque en algunos casos puede disminuir el papel que se concede a la fe y en general a la religión. El hombre «ilustrado» cree en el progreso y en las ciencias prácticas. El siglo XVIII es en general una época de altura científica, quizá no tanto en el terreno artístico, literario o filosófico. Se da más importancia a la naturaleza que a lo puramente espiritual, y por eso muchos ilustrados buscan un arte natural, realista y sin concesiones a la fantasía; una literatura natural, en que se describen situaciones que realmente pueden ocurrir; un derecho natural, basado en las leyes de la naturaleza; una moral natural, y hasta una religión natural (o «deísmo»), en que se admite la existencia de un Dios bueno, creador, justo, pero no se hace mucho caso de las religiones positivas. De aquí que el pensamiento de la Ilustración choque en ocasiones con la Iglesia.

En el caso de España, no es esto lo más frecuente. Existe lo que se ha llamado la «ilustración cristiana» o «cristianismo ilustrado», en que se trata de conciliar la tradición con la innovación, la fe religiosa con la fe en la razón. Quizá muchos hombre ilustrados no se dan cuenta de que una cosa es la fe en la razón, como algo absoluto y objetivo, y otra la fe en la capacidad del hombre para razonar, puesto que el hombre, aunque «razonable», puede equivocarse. Hay en España muchas y muy diversas corrientes. La mayoría de los españoles siguen siendo profundamente religiosos y conservadores en sus costumbres. De entre los intelectuales, unos son «tradicionales» (quieren conservar lo fundamental de sus ideas, pero adaptándolas a los nuevos tiempos); otros son «cristianos ilustrados» (quieren hacer compatibles cristianismo e ilustración), y algunos son innovadores radicales, aunque constituyen una minoría muy pequeña. Sólo después de la Revolución francesa, esta diversidad de opiniones, que nunca había sido demasiado dramática, divide la conciencia de los españoles.

La culminación de la política atlántica

En 1776 comienza la guerra de independencia de los Estados Unidos, cuando las Trece Colonias norteamericanas se sublevan contra los británicos. Era el momento en que España, que poseía la segunda flota del mundo, podía tratar de resarcirse frente a Inglaterra, pero el conde de Floridablanca no era partidario de entrar en el conflicto sin más. Su lema era «prepararse para la guerra como si fuese inevitable, pero hacer todo lo posible por evitarla». Fue Francia la que, en 1778, al reconocer la independencia de Estados Unidos, se encontró en guerra con Inglaterra. España dudó más, pero al fin se mostró fiel a la alianza con los franceses (el Pacto de Familia). Una vez declarada la guerra, España se mostró más activa que Francia, y ayudó a los norteamericanos. Las tropas españolas conquistaron toda la orilla norte del golfo de Méjico, incluida la Florida. También, aunque hoy pueda parecer extraño, España ayudó económicamente a los Estados Unidos, y les proporcionó armas y municiones. En cambio, fracasaron todos los intentos por recuperar Gibraltar.

La paz de Versalles, 1783, reconocía la independencia de los Estados Unidos. A los ingleses no les quedaba más que Canadá (que los franceses no lograron reconquistar). España se extendía por el sur de lo que ahora son Estados Unidos (Luisiana, Pensacola, Florida), y adquiría el derecho de navegación por el Misisipí. Desde entonces comenzó una decidida expansión por la zona Oeste de Norteamérica: Texas, Arizona, Colorado, California. Junípero Serra fundaba San Francisco y San Diego. Expediciones españolas llegaban por el Pacífico hasta las costas de Canadá y Alaska. También por entonces se extendió la colonización de Patagonia, al tiempo que se fundaba un nuevo Virreinato en América: el del Río de la Plata, con capital en Buenos Aires. Nunca el imperio español en América había sido tan vasto.

Los años finales del reinado de Carlos III son los de máxima vitalidad de la España del siglo XVIII. Hay como un sentido de tiempos nuevos y prometedores. Parece como si los símbolos adoptados por entonces, la bandera roja y amarilla, la *Marcha Granadera* convertida en Marcha Real, hoy himno nacional, fuesen la señal de identidad de ese resurgir, como si comenzase una nueva era de plenitud. Es el mismo optimismo que reflejan las placas de las puertas triunfales que declaran a «España feliz, porque te rige Carlos III, rey magno, piadoso, augusto, cuya grandeza no cabe en el orbe». Nunca, desde el siglo XVII, se habían mostrado tales manifestaciones de orgullo y satisfacción. El país parecía haber entrado en una edad feliz, próspera, llena de poderío. Sin embargo, muy pronto comenzaría a asomar la división ideológica de los españoles, que había de conducir a dramáticas crisis.

Capítulo 18

LA CRISIS DEL ANTIGUO RÉGIMEN (1790-1830)

En 1789 comenzaba el reinado de Carlos IV. Ese mismo año estallaba la Revolución francesa. Aunque Carlos IV hubiese sido tan inteligente y capaz como su padre, Carlos III, las cosas, a partir de aquel momento, ya no hubieran podido seguir el mismo rumbo. La Revolución significa, en el mundo occidental, el paso del Antiguo al Nuevo Régimen. No es fácil explicar en pocas palabras en qué consiste este cambio. Pero sí vale por lo menos un esquema aproximado. El Antiguo Régimen, el sistema que de una u otra forma imperaba en Europa por lo menos desde el Renacimiento se caracteriza:

a) En lo político por la monarquía absoluta. No hay que confundir absolutismo con tiranía. El rey puede ser justo y desear el bien de sus súbditos; pero no tiene por encima de él otro poder alguno, y no hay quien pueda pedirle cuenta de sus abusos. En España hubo, en tiempo de los Austrias, un cierto «populismo» que hizo, por ejemplo, que Felipe II encargase a su hijo Felipe III que «en modo alguno contrariase la voluntad del pueblo»; y el mismo Felipe III aprobó la doctrina del padre Mariana, según la cual el pueblo tiene legitimidad para derribar al tirano. En el siglo XVIII se olvidó un poco la doctrina populista, pero se aceptó la ilustrada de la fuerte autoridad del rey para hacer reformas en beneficio de sus súbditos. De todas formas, nunca, en el Antiguo Régimen, estuvo la sociedad —o en concreto determinada persona— al abrigo de cualquier arbitrariedad del monarca.

b) En lo social, el Antiguo Régimen admitía tres «estados» o estamentos: la nobleza, el clero y el «Estado Llano», o sea todos los demás. Esta división data de la Edad Media, y se basa en la distribución de funciones, más o menos de acuerdo con la teoría de la *República* de Platón: unos enseñan (la Iglesia), otros defienden (la nobleza) y otros trabajan (el estado llano). En principio pudo ser una idea funcional, pero de hecho los dos primeros estamentos acabaron reuniendo unos privilegios y ventajas con los que no contaba el estado llano.

c) En lo económico, existía un orden bastante cerrado, ya fuera por obra del poder (que fijaba los precios o concedía monopolios), ya por obra de unas costumbres, que reglamentaban las formas del trabajo, e impedían la libertad de producción y de circulación de las riquezas. Ya hemos hablado del papel entorpecedor —aunque no dejara de tener ventajas— de los gremios y de lo que era la propiedad «vinculada» o amortizada», que no podía ser objeto de venta.

El pensamiento racionalista del siglo XVIII, y especialmente en su segunda mitad, comienza a socavar los principios del Antiguo Régimen. Un pensador racional ve absurdo que una persona —el monarca— posea todo el poder, y los demás tengan que obedecerle. Rousseau defiende la soberanía del pueblo. No necesariamente tiene por qué desaparecer la monarquía —el estado del Nuevo Régimen puede ser monárquico o republicano—, pero el rey no es más que el ejecutor de la voluntad popular, manifestada a través de una asamblea elegida por sufragio. En el Antiguo Régimen existían parlamentos (en España concretamente, las Cortes), pero sólo se reunían cuando el rey las convocaba, y no podían promulgar leyes si el rey no las aceptaba o firmaba. Aparte de esto, las Cortes se reunían sólo de vez en cuando, y sólo una minoría participaba en las elecciones. De aquí derivó la idea de un parlamento elegido, como representante de la voluntad del pueblo. Montesquieu concibe la división de poderes, que, para mayor garantía, deben ser tres: el *legislativo*, que se encarna en la asamblea y es el encargado de elaborar las leyes; el *ejecutivo*, que ejerce el gobierno, que se encarga de hacerlas ejecutar, y el *judicial*, que se encarga de averiguar si se han cumplido o no, y en su caso, castigar su no ejecución. De esta manera, piensa Montesquieu, y con él la mayor parte de los ilustrados, no pueden cometerse abusos, porque los que legislan no pueden gobernar, y los que gobiernan no hacen más que poner en práctica lo que han promulgado los legisladores.

Todas estas teorías fueron expuestas por los ilustrados ya en el siglo XVIII, antes de que estallase la Revolución. Algunas reformas se hicieron en este sentido. En Inglaterra se pasó del Antiguo al Nuevo Régimen poco a poco, sin apenas violencia. En España, tal vez la continuidad de las reformas emprendidas en tiempos de Carlos III hubiese conducido a la larga a la misma solución; pero en Francia, una grave crisis socioeconómica llevó en 1787-1789 a una serie de revueltas, que acabaron desembocando en la Revolución, sangrienta a la vez que liberadora, que con sus convulsiones habría de impresionar a toda Europa y a llevarla a una compleja etapa de agitación.

Las repercusiones de la Revolución en España

Carlos IV era un hombre sencillo y bondadoso, pero de escasa personalidad y sin mucha inteligencia. Se encontró con el hecho de la Revolución en Francia, y le faltaron criterios para adoptar una política clara. También vacilaron los propios políticos. Siguieron dominando los típicos partidos de la época de Carlos III, el golilla y el aragonés, con sus respectivos directores, el conde de Floridablanca y el de Aranda. Curiosamente, Floridablanca, que parecía el más reformista, se alarmó ante los sucesos de Francia, y cerró radicalmente la frontera de los Pirineos. A pesar de ello, llegó a España una abundante propaganda revolucionaria. Cuando la oposición de Floridablanca a los revolucionarios franceses puso en peligro la paz y la propia vida del monarca vecino, Luis XVI, Carlos III elevó al poder al conde de Aranda, que trató de mantener buenas relaciones con Francia, calmar a los revolucionarios, y conseguir que éstos admitiesen una monarquía liberal. A pesar de todos los esfuerzos, Aranda no consiguió evitar que Luis XVI fuera condenado a muerte y guillotinado, en 1791. En el plazo de dos años habían fracasado tanto Floridablanca como Aranda.

Éste fue el momento de la subida de Godoy al poder. Manuel Godoy no era un hombre de humilde origen, como se ha dicho, pero sí un palaciego de segunda fila, que, joven y hábil, consiguió ganarse la confianza de Carlos IV. Posiblemente, la idea de Godoy que sugirió al rey el designio de concederle el poder fue la fundación de un «partido nacional». Los partidos golilla y aragonés eran grupos minoritarios que representaban a pocas personas, pero no a la opinión general del país. El Partido Nacional se basaría en las ideas y los intereses primordiales de los españoles. A Carlos IV le pareció excelente la idea, y con este fin nombró a Godoy primer Secretario de Estado (equivalente a jefe de gobierno). Godoy, que sólo tenía 25 años, ejerció el poder personalmente, adquirió cada vez más competencias, y llegó a titularse Secretario de Despacho Universal, es decir, ministro de todos los ramos. Como Carlos IV era débil de carácter y se dejaba conducir, aunque el rey nunca abandonó la preocupación por el gobierno, resultó que Godoy llegó a desempeñar un papel muy parecido al de los validos en el siglo XVII: con la diferencia de que la opinión de los españoles estaba muy despierta, y ya muy poco acostumbrada a que un particular se alzara en exclusiva con las riendas del país. Por si fuera poco, se juntaron dos factores: primero, que Godoy era demasiado ambicioso, y fue acumulando cargos y prebendas (hasta convertirse en Príncipe de la Paz), y segundo, que los anteriores políticos, especialmente el conde de Aranda, no perdonaron nunca su encumbramiento, y trataron de desprestigiarle o de derribarle. En efecto, Godoy había pertenecido al partido aragonés, y se explica que Aranda le considerase un traidor, que se había quedado con el santo y la limosna. No cabe duda de que los panfletos publicados por el partido aragonés (que comenzó a llamarse «partido de la oposición») contribuyeron a levantar una leyenda negra contra el valido. Hoy, algunos historiadores tratan de reivindicarle, porque fue un hombre inteligente y tomó muchas medidas acertadas; pero su exclusivismo en el uso del poder y el alejamiento de sus enemigos no parecen disculparle. Su mayor error sería, como veremos, su alianza con Napoleón.

La política de Godoy

No es nada seguro que Godoy pensara en acaudillar realmente un «partido nacional», pero sí es cierto que cuando se unió a las potencias europeas que declararon la guerra a la Francia revolucionaria después de la ejecución de Luis XVI, creía estar respondiendo a la opinión del país, e iniciando una cruzada que iba a entusiasmar a los españoles. En efecto, hubo muchos voluntarios para aquella campaña, y se ofrecieron muchos donativos. Pero las tropas estaban mal organizadas y faltaba material. En las primeras semanas, los generales Ricardos y Caro penetraron en Francia por un extremo y otro del Pirineo (Rosellón y Gascuña), pero los franceses recurrieron a una movilización general, y contaban con una eficiencia que los aliados estaban muy lejos de suponerles. Pasaron al contraataque, y penetraron en España. Entonces se vio que no toda la oficialidad estaba de acuerdo con aquella guerra: ya por razones ideológicas, ya por escasa simpatía hacia Godoy. El hecho es que lo que parecía una fácil victoria se transformó en derrota. Es difícil demostrar que fuese una derrota buscada por el propio Godoy, aunque algunos lo pretenden.

En 1795 se firmó la paz de Basilea, y en 1796 la alianza con la Francia revolucionaria. No es que Godoy —que era un ilustrado, pero no un radical— viese con simpatía las ideas de la república francesa, sino que entendía que el principal enemigo de España era Inglaterra. Las colonias americanas peligraban más que nunca. Y, pensó Godoy, lo importante es la típica alianza hispanofrancesa contra los ingleses, con independencia de que al otro lado de los Pirineos hubiesen cambiado de régimen. No sabemos si acertó o se equivocó. Sin la aparición de Napoleón, quizá las cosas habrían ido de modo diferente. Lo malo es que, al fin y al cabo, España acabaría perdiendo sus posesiones americanas e invadida por Francia al mismo tiempo. Pero eso no se consumaría hasta 1808.

LA CRISIS DEL ANTIGUO RÉGIMEN (1790-1830)

Las guerras con Inglaterra

Todo había cambiado de la manera más espectacular. España ya no podría librarse de las complicaciones internacionales, ni de las propias divisiones que comenzaron a anidar en la conciencia de los españoles. Se vivían años difíciles. Godoy era cada vez más impopular. No parecía probable una revolución en España del mismo estilo de la que había ensangrentado a Francia. Cierto es que había gentes ilustradas que deseaban un régimen similar al francés (aunque con monarquía: los republicanos eran muy pocos), pero rechazaban los métodos de violencia que se habían desatado en el país vecino. Más tarde, uno de los promotores del Nuevo Régimen en España, el poeta Quintana, habría de presumir de que los liberales españoles supieron hacer su revolución «sin hacer derramar una gota de sangre, ni una lágrima siquiera». Tampoco es fácil precisar si en las varias conspiraciones que se descubrieron por entonces había una clara intención ideológica o se trataba más bien de derribar a Godoy. Una cosa es cierta: como Carlos IV aparecía en todo momento incondicionalmente al lado del valido, la inquina contra éste pudo influir en el desprestigio del rey... y de la propia Corona.

Las guerras con Inglaterra no proporcionaron más que derrotas y gastos. La escuadra española fue derrotada en el cabo San Vicente (1797), y luego más decisivamente en Trafalgar (1805). La alianza con Francia no servía para nada útil, y hasta se hizo incómoda desde el momento en que Napoleón Bonaparte se hizo con los destinos de Francia y comenzó a mostrar sus ambiciones imperiales. España no podía romper con los franceses sin peligro de ser invadida por los poderosos ejércitos napoleónicos, pero tampoco podía defenderse de los ingleses, porque para eso necesitaba barcos, no tropas, como las que tenía Napoleón. La política de Godoy, quizá no mal pensada en un principio, comenzaba a verse como un callejón sin salida.

Otro hecho complicó la crisis española, y fue la galopante inflación. Nada por el estilo se recordaba desde un siglo antes. El siglo XVIII fue de precios estables, hasta aproximadamente 1765, en que comenzaron a subir lentamente, como consecuencia del aumento de las actividades económicas. Pero las guerras que tuvieron lugar desde entonces, con sus gastos enormes, sus grandes flotas, sus movilizaciones de cientos de miles de hombres, provocaron en Europa occidental (Inglaterra, Francia, España, Portugal) la necesidad de emitir papel moneda. Hasta entonces se compraba con monedas que se valoraban tanto como la mercancía que con ellas se intercambiaba. Desde los tiempos de Carlos III comenzaron a emitirse «vales reales», un tipo de papel cuyo uso no era obligatorio, y que, aunque pudo comenzar el proceso inflacionario, también agilizó muchas operaciones. Pero en 1797 Godoy, con el Estado falto de dinero, ordenó el curso forzoso del papel: es decir, el vendedor tenía que aceptar el papel que le ofrecía el comprador, no podía exigir dinero «metálico». El resultado fue que el vendedor empezó a poner precios más altos. En diez o doce años, los precios pasaron a ser el doble, con la consiguiente crisis económica. Pronto se le unió la crisis política.

La gran crisis de 1808

De pronto, en 1808, una serie de acontecimientos simultáneos y dramáticos vienen a cambiar toda la historia de España, y la hacen entrar en una nueva edad, la llamada usualmente Edad Contemporánea. Con todo, comenzar un nuevo capítulo en 1808, sin tener en cuenta los problemas y planteamientos anteriores, nos puede predisponer a no comprender absolutamente nada, como si todo apareciese a partir de cero. Las cosas pueden ocurrir de la noche a la mañana, pero las causas que las provocan no surgen repentinamente, ni mucho menos. Desde el momento en que estalla la Revolución francesa, es decir, desde el comienzo del reinado de Carlos IV, la historia ya no podía volver a ser la de antes: no podían continuar los tiempos apacibles y suavemente prósperos que se habían vivido hasta 1789. El cambio de las ideas, las ambiciones napoleónicas y los errores de Godoy hicieron que llegado un momento (el que se enmarca en el periodo 1808-1812) las cosas se transformasen del modo más espectacular.

Tenemos cinco hechos fundamentales que se entrelazan en una misma trama histórica y confieren un nuevo color a la época que sigue:

1.º El intento por parte de Napoleón de convertir a España en un país satélite de su imperio, con el establecimiento de una nueva dinastía (la Bonaparte) y un gobierno «afrancesado».

2.º La rebelión de los españoles contra el designio napoleónico, y el desarrollo de la guerra más dura librada nunca en territorio español, por lo menos desde el comienzo de los tiempos modernos (la llamada Guerra de la Independencia).

3.º La reunión en Cádiz, centro de la resistencia de los patriotas españoles, de unas Cortes que cambian totalmente los supuestos políticos, administrativos, sociales y económicos de nuestro país, hasta hacerlo entrar en el Nuevo Régimen.

4.º La emancipación de los territorios americanos, que se constituyen en naciones independientes. Desaparece el imperio español.

5.º Como consecuencia de los puntos 2.º y 4.º, pero quizá también por razón de la mala coyuntura, España sufre una de sus crisis económicas más duras de los tiempos modernos que agarrota a toda una generación, y aún en parte condiciona nuestra marcha histórica por los comienzos de la Edad Contemporánea.

Los designios napoleónicos. Los afrancesados

Como ya sabemos, Napoleón buscaba la manera de intervenir en España. La ocasión se la proporcionó el motín de Aranjuez (17 de marzo, 1808), en que los miembros del «partido de la oposición» consiguieron derribar a Godoy. Carlos IV se sintió literalmente huérfano, y dos días más tarde dejaba la corona a su hijo Fernando VII. Napoleón se movió enseguida: ¿qué ha pasado? ¿Quién es legítimo rey de España? Tanto el padre como el hijo cayeron ingenuamente en la trampa de la entrevista de Bayona, en que el emperador francés, con su poderosa personalidad, se las ingenió para obtener la renuncia de los dos, y ofreció el trono de España a su propio hermano, José I Bonaparte. Fue una jugada perfecta, en que Napoleón utilizó la fuerza y la habilidad al mismo tiempo. Naturalmente, él sabía que los españoles no se le habían de someter tan fácilmente como los reyes, pero hizo una astuta propaganda, prometiendo todas las ventajas del Nuevo Régimen: España sería una nación más próspera y feliz, bien gobernada y administrada, y los ciudadanos serían más libres. La mayoría del pueblo español no se dejó convencer, pero algunos, especialmente intelectuales y miembros del «partido de la oposición», creyeron que la solución bonapartista era preferible a la borbónica, y aceptaron la nueva situación: fueron los *afrancesados*.

Allí mismo, en Bayona, se elaboró una nueva Constitución para España. No era exactamente una constitución liberal, pero daba más libertades, prometía unas Cortes, disminuía los privilegios de la nobleza y del clero, y trataba de establecer una administración más eficaz. José I llegó a Madrid, y trató de ser un buen rey de España. Su ideal era liberarse de la tutela de Napoleón y gobernar a gusto de los españoles. Los afrancesados eran por lo general personas inteligentes, que deseaban un cambio en España, y pensaban que con la nueva dinastía iban a lograrlo con más facilidad y eficacia. Tenían un carácter moderado: no se sentían revolucionarios, pero tampoco conservadores. Deseaban cambios, pero poco a poco, para que la sociedad se fuese acostumbrando a ellos. El régimen afrancesado, sin embargo, fracasó, porque los españoles no lo aceptaron. Enseguida comenzó la guerra de la Independencia, que ensangrentó el país por espacio de seis años. Los españoles no consiguieron establecer un poder estable, pero tampoco los afrancesados. José I realizó algunas medidas interesantes, pero apenas pudo gobernar; no le dejaron los españoles, ni tampoco los soldados franceses de Napoleón, que con frecuencia decidían más que él. La tremenda resistencia española sería una de las causas principales de la caída del imperio napoleónico.

La guerra de Independencia

Así se la conoce generalmente. Es posible que los españoles se equivocaran si pensaban que la identidad de su patria estaba amenazada. Parece que Napoleón fue lo suficientemente prudente para no pensar en la anexión de España a su imperio; sí deseaba convertirla en una especie de país satélite, como a tantas otras naciones de Europa, de acuerdo con su concepción continental. Pero los españoles vieron en peligro su país, su cultura, su lengua, su religión, y se lanzaron a una lucha denodada contra los invasores. La guerra de Independencia fue una gesta extraordinaria del pueblo español, y al mismo tiempo también una desgracia, porque, debido a las condiciones especiales en que se desarrolló, todo el país quedó destrozado. Por primera vez, la población civil participó activamente en una guerra, y este hecho le confirió unos alcances que de otra forma no hubiera tenido. Ahora bien, si los españoles tal vez se equivocaron al pensar que su patria, como nación, estaba en juego, más se equivocó Napoleón, que juzgó fácil dominar España. Más tarde recordaría que el de 1808 fue el mayor error de su vida.

La insurrección del pueblo de Madrid se produjo el 2 de mayo de 1808, y aunque fracasó, a fines de aquel mismo mes se sublevaron contra los franceses, una tras otra, casi todas las ciudades de España. Fue al principio una rebelión puramente civil, ya que los militares se consideraban obligados por su deber a obedecer al poder establecido. Sólo cuando se formaron *juntas* patrióticas en España, el ejército se unió a los sublevados. Los franceses creyeron fácil dominar el territorio, pero pronto tropezaron con resistencia, ya de los paisanos —los somatenes catalanes en el Bruch—, ya de los militares. La catástrofe se produjo cuando el general Dupont avanzó imprudentemente por Andalucía, y fue cercado y derrotado por el ejército español (mitad regular mitad improvisado) del general Castaños en la batalla de Bailén (19 julio 1808): fue la primera derrota en batalla campal de un ejército napoleónico, y la noticia causó enorme sensación en Europa. Los españoles recuperaron casi toda la Península, el rey José se retiró a Vitoria, y en Aranjuez se formó una Junta

Central, representante de todas las Juntas provinciales que se habían formado. La invasión francesa parecía haber fracasado.

Pero Napoleón se sintió humillado por la derrota, comprendió que su inmenso prestigio quedaba comprometido, y meses más tarde invadía personalmente la Península, con su *Grande Armée* de medio millón de hombres. Madrid cayó facilmente, pero resistieron con heroísmo Zaragoza y Gerona, y la resistencia se mantuvo con altibajos hasta la batalla de Ocaña (octubre de 1809), en que el ejército español fue totalmente derrotado, pero no aniquilado. Quedaron pequeñas unidades dispersas que combatieron cada cual por su cuenta, dando lugar a lo que los franceses llamaron «petite guerre» y los españoles «guerrilla». Pronto se unieron partidas de paisanos, y las guerrillas hormiguearon en España por todas partes. Guerrilleros como López y Mina o El Empecinado hicieron la vida imposible a los franceses. Nunca se había dado una oportunidad como aquella, en que personas desconocidas se convirtieron pronto en líderes. La guerra se hizo por tanto irregular, distinta a todas las demás guerras conocidas en el mundo. Los españoles no pudieron dominar permanentemente más que Cádiz, casi una isla, inexpugnable para los invasores; por su parte, éstos no dominaban más que el terreno que pisaban, y habían de permanecer en continua alerta, ante las sorpresas y emboscadas. El mejor ejército del mundo se mostraba incapaz de ganar aquella extraña guerra sin frentes ni grandes operaciones, de continuos alfilerazos inesperados. Los daños se hicieron así mucho más graves que los de una guerra normal: represalias, fusilamientos, campos arrasados e incendiados, ciudades destruidas, puentes intencionadamente destrozados, vías de comunicación cortadas, tesoros de todas clases llevados por los franceses.

Una guerra de guerrillas no puede ganarla el ejército regular, al que se le hace la vida imposible; difícilmente pueden ganarla tampoco los guerrilleros, como no sea por aburrimiento de sus adversarios. En este caso decidió la contienda la ayuda de los ingleses, mandados por el marqués de Wellesley (luego duque de Wellington), con un ejército no muy numeroso, pero suficiente para romper el equilibrio. En 1812-1813 se volvía a la guerra regular, mientras la mayor parte de las tropas francesas seguían fijadas al terreno por los guerrilleros. Las batallas de Arapiles (Salamanca), Vitoria y San Marcial fueron otras tantas victorias de los aliados. En 1814, los anglohispanos entraban en Francia. Napoleón firmaba la paz de Valencey, y dejaba en libertad a Fernando VII. España quedaba increíblemente victoriosa, pero también increíblemente destrozada.

Las Cortes de Cádiz

Mientras la mayoría de los españoles vivían la tragedia de la guerra, o participaban en ella, un pequeño y selecto grupo de personas, reunidas en Cádiz, única ciudad que permaneció en manos de los patriotas, aprovechó aquella circunstancia excepcional para reunirse en unas Cortes y modificar el sistema político, social y económico de España, hasta hacerla entrar en el Nuevo Régimen.

Es difícil explicar cómo llegaron a reunirse las Cortes de Cádiz (1810-1813) y cómo se verificaron las elecciones en un país en gran parte ocupado por el enemigo. El hecho es que llegaron unos trescientos representantes. De ellos, unos eran contrarios a las reformas políticas, otros deseaban reformas, pero dentro de la tradición española y otros querían adoptar un régimen parecido al de la Francia revolucionaria, aunque siempre respetando la monarquía de Fernando VII y realizando reformas moderadas. En las discusiones se impusieron los reformadores, sin duda mejor preparados. La obra de las Cortes de Cádiz es tan sistemática que parece obedecer a un programa. Primero se hicieron las reformas políticas: se proclamó la soberanía nacional (el soberano es «la nación», no el rey), se realizó la división de poderes, legislativo, ejecutivo y judicial, se concedió libertad de imprenta, y se elaboró una Constitución (Constitución de 1812), que es la base del liberalismo español, aunque tan ideal y perfecta, que resulta difícilmente aplicable. Las Cortes se elegirían por sufragio universal indirecto (los españoles elegirían a los compromisarios, y éstos a los diputados), y estas Cortes tendrían primacía sobre el rey.

Luego se procedió a la reforma administrativa. Se dividió a España en provincias, todas iguales y sin diferencias jurídicas. Era el triunfo del uniformismo, que ya habían perseguido los Borbones. Entonces parecía aquello lo más justo y equitativo. La reforma social suprimió los señoríos, aunque los nobles conservaban sus propiedades: todos los españoles serían iguales ante la ley. Y la reforma económica, por último, proclamaba el liberalismo económico: Libertad para producir, transportar, vender, y, por supuesto, también libertad de precios. La obra de las Cortes de Cádiz, por las circunstancias históricas, duró muy poco tiempo. Pero habría de ser la base del liberalismo español.

La emancipación de América

Cuando España fue invadida por los franceses se establecieron en América, lo mismo que en la Península, unas Juntas que rechazaron aquel cambio, en nombre de Fernando VII. Sin embargo, muy pronto aquellas Juntas comenzaron a plantear la independencia de los distintos territorios americanos, no ya de José I, sino de la propia España. América aprovechaba la misma excepcional situación para hacerse a su vez independiente. Las nuevas ideas habían prendido también a aquel lado del Atlántico, y el ejemplo de los Estados Unidos, que ya se habían independizado de los ingleses, invitaba a hacer lo mismo.

España se encontraba en condiciones terribles para hacer frente a la emancipación de sus territorios ultramarinos. Terminada la guerra de Independencia, Fernando VII pudo enviar algunas tropas a lo que hoy es Venezuela, que derrotaron a uno de los grandes caudillos libertadores, Bolívar. Pero poco después cobraba fuerza el movimiento en Argentina, con el general San Martín, y más tarde en México. España no tenía entonces barcos ni dinero para hacer frente a la situación, y no se enviaron nuevas expediciones militares. La lucha tuvo así un poco de guerra civil entre los propios residentes en América: unos querían separarse de España, otros no. En 1820 eran prácticamente independientes los virreinatos de Nueva Granada y Río de la Plata. Poco después lo era México, y desde 1824, Perú. En un espacio de quince años (1810-1825) los inmensos territorios ultramarinos, menos las islas (Cuba, Puerto Rico y Filipinas) se habían hecho independientes. España perdía el gran imperio conquistado en el siglo XVI, y dejaba de ser una potencia atlántica.

La crisis económica

Dos hechos simultáneos, la guerra de Independencia en la Península y la emancipación de los dominios americanos, vino a potenciar una consecuencia común: la ruina económica. En efecto, la guerra dejó a España destrozada, y la falta del metal americano hizo prácticamente imposible la reconstrucción. Las ciudades y las vías de comunicación fueron restauradas muy lentamente. Por ejemplo, de los siete puentes que cruzaban el río Cinca, y que fueron destruidos por la guerra, los siete continuaban cortados en 1830. Cuando Fernando VII hubo de jurar la Constitución, hubo de hacerlo con un manto y una corona quitados a una estatua de San Fernando, porque los franceses se los habían llevado. El general Castaños, héroe de la guerra, cobraba su sueldo con seis meses de retraso. Algunos funcionarios tuvieron que esperar tres años. La administración funcionaba desastrosamente.

El fenómeno más espectacular fue la falta de dinero. Fernando VII, que temía caer en una inflación como la provocada por Godoy, no quiso emitir más que moneda de metal precioso, pero como éste escaseaba por no llegar de América, apenas pudo lanzar moneda a la circulación, mientras la que había desaparecía, ya por compras al extranjero (puesto que España no producía todo lo que necesitaba), ya porque los que tenían dinero, procuraban atesorarlo. Efectivamente, lo que produjo la escasez de dinero fue lo contrario de la inflación, la *deflación:* los precios eran cada vez más bajos, porque si el vendedor no los rebajaba, no conseguía colocar su producto. Y eso hacía que los que tenían dinero contante y sonante lo guardasen en la medida de lo posible, porque ese dinero valía cada vez más (mañana se podían comprar más artículos por el mismo precio que hoy). Cuando ocurre un proceso de inflación, pasa todo lo contrario: la gente compra hoy lo que mañana va a estar más caro: ¡con lo cual, los precios suben todavía más! En una coyuntura de deflación se registra el mismo círculo vicioso, sólo que en sentido contrario. El resultado fue que en 1820 los precios valían la mitad que en 1814, y en 1830 la tercera parte. Fue el mayor proceso deflacionario que se recuerda en España. Pero la baja de precios no fue una ventaja para los compradores, porque escaseaba el dinero, y no era fácil ganarlo. Muchas tierras fueron abandonadas, porque su rendimiento no compensaba el gasto. La fábricas no fueron reconstruidas, porque la falta de demanda hacía ruinoso el negocio. Así, España vivió una época de postración casi sin precedentes. En algunos pueblos, a falta de dinero, se procedía al trueque: se cambiaba trigo por una silla, leche por unos estribos, etc. Los políticos se equivocaron en tiempos de Fernando VII (y el propio Fernando VII también). Pero hay que tener en cuenta que vivieron en una de las épocas más desfavorables de nuestra historia.

Absolutistas y liberales (1814-1823)

En la primavera de 1814 regresaba Fernando VII a España. Se le llamaba *El Deseado.* Ese sobrenombre le había sido aplicado ya en tiempos de Godoy, y con más motivos parecía aplicable ahora, en que España salía de una guerra terrible y ansiaba la paz y la prosperidad. Sin embargo, el regreso del Rey no respondió a esas esperanzas; en parte porque no reunía las cualidades necesarias —aunque no fue tan perverso como se ha dicho— y en parte porque era muy difícil arreglar las cosas en España. Recibido con enorme entusiasmo, comprendió muy pronto que podía gobernar como rey absoluto. El liberalismo sólo había prendido en grupos intelectuales y de las clases medias, y la mayor parte de pueblo no se extrañaba de que se volviera al sistema de siempre. De modo que Fernando VII, después de algunas consultas, decretó la restitución de la forma de gobierno y organización anterior a la guerra, es decir, al Antiguo Régimen. No hubo de momento represiones, ni se encontró resistencia por parte de nadie. Pero era muy difícil gobernar bien en un país deshecho por la guerra y empobrecido por la falta de dinero. Por otra parte, Fernando era muy desconfiado, y por temor de que nadie le hiciese sombra, no supo rodearse de buenos consejeros. En 1816 hubo una cierta apertura, y medidas algo favorables a los liberales, coincidentes con una pequeña mejoría económica. Pero las cosas volvieron a estropearse al año siguiente, los precios se hundieron, y el rey volvió a una política dura. El resultado fueron una serie de conspiraciones emprendidas por los liberales. Todas fracasaron, hasta que en 1820 se sublevó una parte del Ejército Expedicionario de Ultramar, que se estaba preparando para dominar la insurrección americana. Fernando VII, que temía a la revolución como al diablo, prefirió ceder antes que exponerse, y juró la Constitución de 1812. América se perdía sin remedio; a cambio, España se convertía en un país liberal.

Así fue como comenzó el *trienio constitucional* (1820-1823), en el que muchos depositaron también sus esperanzas. Incluso algunos liberales confiaban en que los territorios americanos volvieran a integrarse en la órbita de España, ahora que ésta estaba regida por «leyes justas y benéficas». Esta ilusión no se cumplió, ni tampoco otras muchas. La crisis económica continuaba, y en estas condiciones era muy difícil seguir una buena política. Lo peor de todo fue que los propios liberales se dividieron en *moderados* y *exaltados*, y esta división condujo a muchas discordias y desórdenes. Proliferaban las sociedades secretas, que intentaban influir en el gobierno, y también las «sociedades patrióticas», por lo general de carácter exaltado. Comenzaba a experimentarse el fenómeno vital del romanticismo, y los ánimos estaban en continua efervescencia.

Por otra parte, Fernando VII, aunque al principio juró la Constitución, añoraba el régimen de plena soberanía real, y no tardó en enemistarse con los liberales. Los realistas, o partidarios de esa plena soberanía, comenzaron a formar guerrillas, y se llegó a una verdadera guerra civil; una guerra civil entre ciudad y campo, entre burguesía y pueblo modesto —artesanos y sobre todo campesinos— que postulaban, respectivamente, las doctrinas liberales y las tradicionales. Fue aquella una lucha ideológica que tuvo también su componente social, y también religioso. Estaba claro que ya no era fácil poner de acuerdo a los españoles, sobre todo cuando las cosas marchaban mal, como ocurría en aquellos años de depresión. La situación fue decidida por la intervención de las potencias extranjeras. Se había formado el *Directorio* —acuerdo entre Austria, Prusia,

Francia y Rusia—, para mantener la paz en Europa, y al mismo tiempo el absolutismo, que se practicaba en aquellos países. En el Congreso de Verona (1822), las potencias se pusieron de acuerdo para intervenir en España. Los que entraron fueron los franceses —los «Cien Mil Hijos de San Luis»—, que con la ayuda de los realistas españoles ocuparon toda España en 1823. Los más destacados liberales se exiliaron, o fueron fusilados. El país volvía al régimen absoluto.

La «ominosa década»

Fernando VII reinó de nuevo como monarca absoluto otros diez años, desde 1823, hasta su muerte en 1833. Este periodo, el más largo de su reinado, ha sido bautizado por la historiografía liberal como «la ominosa década», y aún es conocido así, aunque no todos sus aspectos son negativos, y en algunos se vislumbran signos de esperanza y de recuperación. Al principio, 1823-1824, Fernando VII es duro. Sabe que se la juega si hay una nueva revolución. Funda la policía y reprime todos los intentos. Luego, nombra ministros más moderados, y se va a una etapa más tolerante. De 1826 en adelante, la palabra «moderado» es bien vista, ya se refiera a un realista moderado o a un liberal moderado. Después de muchos años sin un criterio claro, parece que al fin Fernando VII adopta una línea política constructiva, haya sido acertada o no: es la que empieza a llamarse «tercera vía», o «justo medio»; un sistema que no es absolutismo exaltado ni tampoco liberalismo, y que busca reformas gratas a la burguesía y a los ilustrados, algo así como absolutismo moderado en la política y liberalismo moderado en las tendencias administrativas y económicas. Con la Ley de Baldíos se hace el primer intento de reparto de tierras. La aparición de los Presupuestos del Estado permite una más racional distribución de los fondos públicos, y la hacienda mejora. La administración, que dirigen, en política interior y Justicia Calomarde, y en Hacienda y economía López Ballesteros, trata de seguir fórmulas más racionales y eficaces. Se promulga el Código de Comercio y se funda la Bolsa de Madrid. Se ve cada vez más clara una especie de alianza entre monarquía y burguesía.

Por otra parte, se aprecia desde 1827 una clara recuperación económica. Cuba compensa en parte lo perdido en el continente americano, y en el plazo de una generación duplica la producción de azúcar y aumenta la de cacao y tabaco. Mejora la cantidad y calidad del vino de Jerez y por primera vez se proyecta una línea ferroviaria: Jerez-Puerto de Santa María. Cataluña vuelve a ser el gran emporio de las hilaturas y tejidos de algodón, y mejora la calidad de las técnicas empleadas; Béjar se reconstruye y vuelve a ser un importante centro lanero. Y ya hay grandes inversiones industriales, como las fábricas de tejidos de Bonaplata, en Barcelona, o los primeros altos hornos de España, que los Heredia montan en Málaga. Los últimos años del reinado de Fernando VII son de una notable prosperidad que hace olvidar los malos tiempos pasados hasta entonces. Desgraciadamente, aquella buena racha se cortó, tras la muerte del rey, con la guerra civil.

El problema sucesorio

En 1829 falleció la reina Josefa Amalia, que no había tenido hijos. En estas condiciones, el heredero de la corona era el infante don Carlos, un hombre más realista que el propio rey, que deseaba el mantenimiento de los supuestos propios del Antiguo Régimen. Ferrando VII, como ya hemos visto, proyectaba un cierto cambio político, basado al parecer, más que en el puro liberalismo, en la doctrina del «justo medio». El hecho es que, aunque enfermo, decidió casarse para ver de tener descendencia y desheredar a don Carlos. La esposa elegida fue María Cristina de Nápoles. Muchos autores suponen que María Cristina era liberal: no lo era en absoluto, pero podía convenir a los fines de los liberales, si daba un descendiente a Fernando VII, y por eso los partidarios de la reforma la recibieron con esperanza. A los pocos meses se supo que la nueva reina esperaba descendencia. Ahora bien: si este descendiente era hembra, don Carlos conservaría sus derechos al trono, porque la «ley sálica» impuesta por los Borbones impedía reinar a las mujeres. Ante tal posibilidad, Fernando VII hizo promulgar la *Pragmática Sanción*, que preveía que la criatura pudiese acceder al trono aunque fuese mujer. Don Carlos protestó contra aquel documento, que consideraba ilegal. Y, en efecto, en 1830 nació una princesa, la que sería Isabel II. Todavía podría evitarse un conflicto dinástico si Fernando VII llegaba a tener un hijo varón: en este caso, don Carlos no podría protestar. Pero no fue así; en 1832 nació una segunda hija de los reyes, Luisa Fernanda.

Fernando VII murió en 1833, convencido de que tras su fallecimiento no sería posible evitar la guerra civil. La idea del «justo medio» quedaba aplastada por la realidad: la corona sería disputada por dos bandos: pero en este conflicto, más que por las personas, se combatiría por lo que éstas significaban: el Antiguo o el Nuevo Régimen, el absolutismo o el liberalismo.

Capítulo 19

LA ÉPOCA LIBERAL Y ROMÁNTICA (1830-1868)

El segundo tercio del siglo xix (1833-1868) se caracteriza por el reinado de Isabel II, la vigencia del liberalismo como sistema político, y una actitud que no sólo se aprecia en las obras de arte o en la literatura, sino en el propio comportamiento de la gente, y que se caracteriza por el predominio de los sentimientos y la imaginación, y que recibe el nombre genérico de *romanticismo*. Pronto trataremos de precisar en breves palabras en qué consisten el liberalismo y el romanticismo. De momento es necesario cómo se llegó a esta situación durante los avatares de una guerra civil

La guerra carlista

Muerto Fernando VII, dos personas se titularon reyes de España: don Carlos María Isidro, hermano del monarca fallecido, e Isabel, II, que contaba entonces tres años de edad y estaba tutelada por su madre, la reina María Cristina. Este conflicto dio lugar a una guerra civil, en que, como ya queda dicho, fue más importante el factor ideológico que el personal. Los carlistas preconizaban en líneas generales el mantenimiento de los supuestos del Antiguo Régimen, aunque algunos de ellos eran «renovadores», o reformadores dentro de la tradición. Don Carlos no supo atender a estos últimos, y la guerra fomentó las posiciones extremas. A su vez, la regente María Cristina no era liberal, pero hubo de apoyarse en los liberales para sostener los derechos de su hija. Muy pronto, no se podía ser isabelino sin titularse liberal.

Los carlistas eran una masa muy numerosa, especialmente en el campo, y también entre los artesanos de las ciudades; pero contaban con pocos medios y escasa organización. La mayor parte de la nobleza apoyó a los liberales, cuando se dio cuenta de que éstos, aunque negaban los derechos señoriales, favorecían la propiedad y les dejaban sus rentas. En la Iglesia, casi todos los obispos y muchos clérigos seculares acataron a Isabel II. En cambio, en el clero rural y en las órdenes religiosas hubo más carlistas. Los eclesiásticos aumentaron su inclinación hacia el carlismo cuando empezaron a ser perseguidos, expropiados y desterrados (e incluso asesinados en las matanzas de frailes de 1834-1835), de modo que su carlismo muchas veces fue más fruto del trato que recibieron que de su tendencia inicial.

En la guerra civil lucharon una mayoría contra una minoría; también suele decirse que lucharon el campo contra la ciudad. Pero la minoría era inteligente, estaba bien preparada, tenía dinero, contaba con el Ejército y con los recursos del Estado; por el contrario, la mayoría estaba formada por campesinos o pequeños artesanos, carecía de medios y de organización, y había de nutrirse con voluntarios, por lo general muy mal armados. Mientras acaudilló a los carlistas el general Zumalacárregui obtuvo algunos éxitos; pero, muerto en el sitio de Bilbao, los carlistas lucharon en forma de guerrillas y en una serie de expediciones. En una de ellas (1837) don Carlos llegó a las puertas de Madrid, y hubiera podido conquistarlo, pero no se atrevió a hacerlo, sin duda por no contar con un equipo de personas capaces de asumir el gobierno y la administración de España. Desde entonces, los carlistas se desanimaron, y en 1839 se llegó al convenio de Vergara, por el que el general Maroto, líder carlista, reconocía a Isabel II. Don Carlos hubo de exiliarse. Isabel II quedaba como única reina de España, y al mismo tiempo triunfaba la causa liberal.

La regencia de Maria Cristina y el triunfo del liberalismo

Don Carlos no dominó simultaneamente más que una pequeña parte de España, en el Norte. En el resto, había partidas carlistas, pero no un poder efectivo. Este poder fue ejercido en la mayor parte del país por los gobiernos de la regente María Cristina. María Cristina no era liberal, como no lo fue su primer ministro, Cea Bermúdez, fiel al principio del «justo medio; pero la guerra civil, al favorecer las tendencias extremas, hizo que los sucesivos gobiernos fueran cada vez más liberales. El liberalismo como fenómeno histórico del siglo XIX, y tal como lo conocemos, nació más que en las Cortes de Cádiz, durante la regencia de María Cristina. Se basa en la vigencia de una Constitución, y en el parlamentarismo de unas Cortes cuyos miembros son elegidos. Ahora bien: el liberalismo del siglo XIX no debe ser confundido con la democracia. Los liberales desconfían del pueblo (que en gran parte es carlista), e inventan un principio nuevo, el *doctrinarismo*, según el cual «es mejor para todos el gobierno de los mejores que el gobierno de todos». De acuerdo con ese principio, los electores no deben ser todo el pueblo, sino individuos distinguidos; y los elegidos, una minoría aún más reducida, de personas muy destacadas. Así se consagran formas de libertad, en que todos los ciudadanos poseen derechos civiles (la ley es igual para todos), pero sólo un pequeño grupo, del 3 al 5 %, poseen derechos políticos, es decir, pueden elegir o ser elegidos.

Un hecho que no estaba previsto en las teorías liberales es la aparición de los *partidos políticos*. Aunque ya en las Cortes de Cádiz o en el trienio constitucional hubo diversas opiniones, no se deseaba el pluralismo, sino el consenso. Todavía en 1834 decía uno de los padres del liberalismo español, Agustín de Argüelles: *¡desgraciado el país en que existen partidos!* Porque el partido divide a los propios liberales, les hace discutir entre sí, les quita fuerza colectiva. Y sin embargo, poco a poco se fue comprendiendo que la libertad de pensamiento hace inevitable el pensar de distintas maneras, y esa libertad sólo se garantiza dejando que cada cual exprese su opinión. Poco a poco se fueron juntando los que pensaban de forma parecida, y nacieron los partidos. Javier Istúriz fue uno de los primeros en concebir un partido, organizó un grupo, le dio un programa, hizo fundar periódicos de la misma tendencia, y comenzó a hacer propaganda antes de las elecciones (propaganda electoral). Así nació el partido moderado. Los moderados adquirieron tal prestigio, que el grupo contrario, que empezó llamándose «partido exaltado», tuvo que buscar un nombre más sugestivo: *progresista*. Moderados y progresistas constituyen el nervio del liberalismo español en el siglo XIX.

Durante la regencia de María Cristina se promulgó la Constitución de 1837, típicamente liberal y mucho menos idealista que la de 1812, y hubo muchos gobiernos, también muchos desórdenes, por la falta de acuerdo entre los propios liberales. Uno de los más famosos políticos de la época, Álvarez Mendizábal, procedió a la desamortización de los bienes eclesiásticos. Entretanto, de los militares que hacían la guerra contra los carlistas, destacaba cada vez más el general Espartero. Como la regente se inclinaba hacia los moderados, Espartero, que en un principio parecía moderado también, se hizo progresista. Y una vez firmada la paz de Vergara, y vencedor en la guerra civil, Espartero dio un golpe de estado y derribó a María Cristina. Curiosamente, María Cristina, que ya hemos dicho que no era liberal, ejerció la regencia mientras era necesaria, es decir, mientras tuvo que existir una bandera frente a don Carlos. Eliminado éste, tampoco hacía falta María Cristina, y el que se proclamó regente fue el propio Espartero.

La desamortización

El ministro Juan Álvarez Mendizábal, del partido exaltado, luego progresista, procedió a la desamortización de los bienes vinculados, para dejar la propiedad libre en manos de personas concretas. En el caso de la nobleza, los dueños perdieron el señorío de las tierras, pero conservaron la propiedad y sus rentas, lo cual fue para ello una ventaja, ya que podían venderlas si querían, y transformarlas en dinero. Los nobles, por lo general, eran propicios al liberalismo, y contribuyeron con su dinero e influencia a engrosar el poder de una burguesía que en España era débil. Por el contrario, el régimen fue mucho más duro con la Iglesia: los bienes eclesiásticos no fueron propiamente «desamortizados», sino incautados: el Estado se quedaba con ellos y los vendía en pública subasta, es decir, de la forma que podía reportarle el mayor beneficio; las órdenes religiosas eran suprimidas o expulsadas de España. Con el pretexto de que eran carlistas, muchos frailes fueron asesinados.

El sistema de subastas no permitió en muchos casos repartir mejor las tierras, sino que, como los que podían ganar la subasta eran los más ricos, la propiedad se concentró sobre todo en el sur de España. El dinero empleado en adquirir las tierras no se destinó, como en otros países, a financiar ferrocarriles o crear industrias: así, el capitalismo español del siglo XIX fue en gran parte un capitalismo de grandes propietarios. La desamortización sirvió en unos casos para trabajar mejor las tierras y obtener de ellas mayor rendimiento, pero no sirvió para repartirlas, ni mejoró la situación de los agricultores, sobre todo allí donde los colonos perdieron sus viejos contratos y tuvieron que convertirse en jornaleros. Y por último, se creó un grave problema educativo. Los eclesiásticos, para ganarse la vida, tuvieron que fundar colegios de pago, y desapareció la enseñanza gratuita de los conventos suprimidos.

En lo que se equivocó Mendizábal fue en la suposición de que los nuevos propietarios le iban a apoyar. Apoyaron al liberalismo, en efecto, porque una victoria carlista hubiera devuelto las tierras a la Iglesia. Pero, una vez enriquecidos, aquellos nuevos propietarios se hicieron del partido moderado, que les ofrecía más estabilidad. Sin darse cuenta, Mendizábal selló la ruina de su partido por muchos años.

La regencia de Espartero

En 1840, el general Espartero, vencedor en la guerra carlista, derrocó a la regente María Cristina y poco después fue elegido regente él mismo. Fue un caso extraño, que mucha gente aceptó porque aquel militar se había convertido en una especie de héroe nacional. Isabel II tenía entonces diez años, y aún no podía reinar personalmente. Espartero había sido un buen general, pero no fue un buen político. Ayudó a sus amigos progresistas y desterró a una parte de sus adversarios moderados. Pero tampoco gustó a muchos progresistas, porque quiso gobernar personalmente. Confundió la jefatura del Estado (a la que sólo correspondía presidir), con la jefatura del gobierno, que era la encargada de ejercer el poder ejecutivo. Por eso nombró jefes de gobierno a subordinados suyos o personas de poca importancia.

Una de las causas que pusieron a muchos progresistas contra Espartero fue su librecambismo, posiblemente inspirado por Mendizábal. Suavizó las aduanas, y abrió los mercados españoles a los productos ingleses. Los más perjudicados fueron los industriales catalanes, pero, también otros. En 1842 estalló una revolución en Barcelona que Espartero reprimió duramente. Y en 1843 hubo una revolución general, en la que participó una alianza de progresistas y moderados. Espartero intentó resistir, pero al fin hubo de huir a su querida Inglaterra. España quedó bajo el poder de la alianza antiesparterista. Y como nadie quería ser regente, Isabel II fue proclamada mayor de edad, a pesar de que sólo tenía trece años.

Aspectos del romanticismo

Seguramente no comprenderíamos la historia de mediados del siglo XIX si no tuviéramos en cuenta la incidencia de una mentalidad especial que influye en los comportamientos y confiere a la época un peculiar colorido. El romanticismo no es solamente una manera de escribir, como la de las obras sentimentales o lúgubres de Larra o Espronceda, o tragedias terribles como *Don Álvaro o la fuerza del sino*, del duque de Rivas, *El Trovador* de García Gutiérrez o el *Tenorio* de Zorrilla. Tan románticos como los autores de estas tragedias eran los espectadores que acudían al teatro, y durante la sesión lloraban, arrojaban flores sobre los artistas, o les insultaban: o llegaban incluso a agredirles. El romanticismo significa pasión, imaginación, sentimientos desbordados; y se manifiesta lo mismo en el arte que en la vida corriente, o en la propia vida pública. En política, el romántico pronuncia discursos lacrimosos, y se exalta con extrema facilidad. Varios debates parlamentarios terminan en un duelo a pistola entre los propios diputados. La aversión entre los partidos es tan violenta, que no existe modo de aceptar el triunfo del adversario: todo cambio importante parece que necesita una revolución, y así se dan tantos cientos de revoluciones a mediados del siglo XIX.

El romántico tiende a soñar y a confundir sus sueños con la realidad. El enamorado romántico cree que su amor es tan puro, que la princesa de sus sueños no podrá menos de aceptarlo con embeleso. El negociante romántico está seguro de que la empresa que ha planeado es tan extraordinaria, que se va a enriquecer con facilidad pasmosa (realmente, Mendizábal se enriqueció y se arruinó tres veces en su vida). El revolucionario romántico está convencido de que sus ideas son tan sublimes, que el pueblo entero le seguirá entusiasmado. El artista romántico piensa que su obra es tan genial, que está destinada a triunfar ante enfebrecidas multitudes. O el militar romántico cree que con sólo un batallón podrá decidir el destino de una batalla. Frente a los sueños se impone la realidad. Y la realidad es cruda muchas veces. El enamorado se encuentra con la negativa o el desprecio, el negociante con la bancarrota (la cantidad de quiebras en tiempos de Isabel II es sorprendente), el artista se desespera ante los silbidos del público, el militar no comprende los motivos de su derrota o el revolucionario se cree traicionado. El hombre romántico es así optimista y pesimista a un tiempo: optimista porque lo ve todo fácil y maravilloso, pesimista porque tropieza con la realidad y acaba convirtiendo la vida en tragedia. Puede parecer increíble que en la España de Isabel II, con catorce o quince millones de habitantes, se registrase un promedio de seis mil suicidios al año. No toda forma de comportamiento, por supuesto, es romántica, y no faltan actitudes sensatas; pero el factor romántico trasluce en muchas ocasiones, y mueve la dinámica de la época. La historia de aquellos años es tan complicada, que aprenderse de memoria la serie de «infinitos pequeños sucesos» sería el martirio de cualquier estudiante. Afortunadamente no hace falta memorizarlos para comprender la realidad de la época.

Los moderados en el poder

Era de suponer que la alianza entre moderados y progresistas que había derribado a Espartero iba a durar muy poco. Los dos partidos tenían ideas y actitudes políticas incompatibles. Pronto ganaron los moderados, que contaban con los ricos propietarios, la mayor parte del ejército, y personas inteligentes. El doctrinarismo encajaba mejor en la postura moderada que en la progresista. Y España, después de tantas aventuras internas, deseaba la paz. Durante la década 1844-1854 gobernaron sin interrupción los moderados. Nunca en la historia de nuestro liberalismo hubo un predominio tan largo de un partido. Eso sí, los progresistas no dejaron de conspirar: solamente en el año 1843 hubo más de cien intentos de revolución;

pero los moderados se imponían siempre. Su hombre fuerte era el general Narváez, que sabía imponer su autoridad, aunque a su vez, como buen romántico, sufría tremendas depresiones. Narváez era invencible sofocando motines y pronunciamientos.

Los moderados elaboraron una Constitución a su gusto, la de 1845, y fueron sobre todo buenos administradores. Crearon nuevas instituciones, reformaron el sistema de impuestos y el monetario, fundaron el Banco de España, hicieron construir las primeras líneas de ferrocarril en nuestro país, mejoraron las carreteras, montaron oficinas telegráficas, construyeron puertos y mejoraron la marina mercante. A los barcos de vela fueron sucediendo los de vapor. Y la industria, aunque lentamente, mejoraba: en Asturias y Vizcaya se establecieron nuevas factorías siderúrgicas, y en Cataluña los telares a mano o a pedales iban siendo sustituidos por los mecánicos, movidos por vapor. De entre los políticos moderados, el general Narváez fue el hombre fuerte, autoritario y enérgico, aunque con ideología liberal, que mantuvo el orden. Aplastó rápidamente la revolución de 1848, que por un tiempo dominó en los demás países de Europa. Pedro José Pidal fue el ideólogo del partido y su cuñado Alejandro Mon un buen economista: ambos tenían intereses industriales y mineros. Bravo Murillo fue un excelente administrador, aunque carecía de habilidad política; a él se deben muchas obras públicas y una nueva ley de funcionarios, que independizaba la administración de la política.

Los últimos años de la década moderada estuvieron salpicados por las críticas a las concesiones de la Ley de Ferrocarriles. El Estado daba dinero a una compañía para construir una línea férrea, y con frecuencia esta línea no se construía, y no se devolvía el dinero. Hubo imprevisiones, y cálculos equivocados, como era tan frecuente en los negocios de la época, pero también amiguismos o favores, que fueron minando a los gobiernos.

Progresistas y unionistas

En 1854, el general O'Donnell, que era moderado, pero que rechazaba la corrupción en que habían caído algunos políticos moderados, dirigió una revolución para derribar al gobierno. La batalla que se libró en Vicálvaro (la *Vicalvarada*) quedó indecisa, y de ella se aprovecharon los progresistas para levantarse a su vez y dominar las calles de Madrid. Isabel II, asustada, hizo llamar a Espartero, que aunque retirado de la política, seguía siendo el ídolo de los progresistas. Así fue como una intentona de los moderados no corruptos dio el poder al partido contrario.

El bienio progresista (1854-1856) tiene sus aspectos favorables y desfavorables. Fue una etapa de gran inestabilidad y desórdenes, porque esta vez el viejo Espartero no quiso hacer uso de su autoridad. Pero se superó la crisis económica, abundaba al fin el dinero, se hicieron inversiones, y, sobre todo, se permitió la llegada de capitales extranjeros, con las ventajas y los inconvenientes que esto significaba. Se establecieron bancos propiedad de los Rotschild, los Pereyre o los Prost, y se construyeron muchas líneas de ferrocarril, casi todas por obra del capital extranjero y con material extranjero (hasta los tornillos eran importados), con lo cual no se fomentó la industria nacional. Lo mismo ocurrió con las minas. Sin embargo, abundaba el dinero y mejoraron los servicios. El ministro Madoz procedió a la desamortización de los bienes municipales: una medida que dio dinero al Estado, que fue el que vendió estos bienes; los ayuntamientos, que participaron en la venta, mataron la gallina de los huevos de oro: se vieron de pronto con dinero, pero perdieron la fuente habitual de sus ingresos, y al cabo de un tiempo tuvieron que pedir dinero al Estado. Se perdió la vieja autonomía municipal y se acentuó el centralismo.

El punto flaco de los gobiernos progresistas fue su escasa energía para reprimir los desórdenes. Fueron frecuentes los motines campesinos, porque las desamortizaciones habían disminuido el número de arrendatarios y habían aumentado el de los jornaleros, y éstos vivían muy mal. En el verano de 1856 se multiplicaron estos motines, y el general O'Donnell protestó contra la falta de energía del gobierno. Espartero, cansado de la política, dimitió, y la reina confió el poder a O'Donnell.

Éste fundó la Unión Liberal, un partido de centro, que trataba de unir a progresistas y moderados en un programa común: libertad y orden al mismo tiempo. Por una larga temporada, la Unión Liberal fue muy bien vista, y muchos políticos de un bando y otro se pasaron a ella. Fue así como O'Donnnel presidió el gobierno más largo del siglo XIX: cinco años, 1858 a 1863 (se le conoce justamente como el *Gobierno Largo*). Esta etapa fue de las más prósperas del siglo XIX. Se construyeron más ferrocarriles que en ningún otro momento de nuestra historia (hubo años en que se montaron hasta 1.000 km de vía tendida), se hicieron buenos negocios, se desarrollaron las clases medias y se vio una nueva alegría de vivir. Aparecieron nuevas modas, nuevos bailes, la zarzuela alcanzó una gran popularidad, y surgieron las terrazas de los cafés, en plena vía pública. Como había una situación de pleno empleo, mejoró la situación social, y apenas hubo manifestaciones de descontento.

Con la Unión Liberal pudo haberse llegado a una situación de equilibrio y concordia en el sistema del liberalismo español. Pero no tardaron en resurgir las fuerzas extremas, y sobre todo ocurrió que la Unión no tenía otra bandera que la de la concordia y el buen entendimiento, pero carecía de un auténtico programa de centro, es decir, estaba un poco vacía de ideología, mientras los progresistas o los moderados hicieron valer sus ideas a través de la prensa y de la propaganda. Se veía cada vez más claro que la tranquilidad no iba a durar mucho tiempo.

El ocaso de la era isabelina

Durante los últimos años del reinado de Isabel II se turnan en el poder los moderados y la Unión Liberal (unionistas). No había pleno acuerdo entre ellos, pero no se peleaban. Sin embargo, las ideas de los moderados estaban ya gastadas, atrasadas, y las de los unionistas eran muy pocas. Por otra parte, el turno entre estos dos partidos dejaba fuera de juego al tercero de ellos, el progresista, que ya no volvió a alcanzar el poder. Con ello, los progresistas pasaron de ser enemigos del gobierno a ser enemigos del sistema. A última hora, Isabel II trató de atraérselos, pero era ya tarde. Los progresistas no querían participar en el régimen, sino derribar al régimen. Por otra parte, cobraba importancia un cuarto partido, el demócrata. Los demócratas, con ideas más modernas que los liberales, predicaban el sufragio universal y los derechos humanos. La mayoría eran republicanos. Pero por su carácter muy intelectual no llegaron profundamente al pueblo, o lo que el pueblo entendió de su doctrina era que había que hacer la revolución. Sin embargo, los demócratas tenían una ideología, que era lo que faltaba cada vez más a los partidos liberales.

El hecho de que gran parte del pueblo fuese en 1866-1868 partidario de una revolución es la consecuencia de una transformación muy grande en la mentalidad de la gente sencilla, que era a su vez la más numerosa. En 1835, los españoles de clases modestas eran preponderantemente carlistas, porque veían en el carlismo la mejor garantía de sus valores tradicionales, de su fe religiosa y de su devoción monárquica. Hacia 1870, las desamortizaciones, que habían quitado poder a la Iglesia, la falta de instrucción religiosa, los abusos de los nuevos propietarios, que cobraban más rentas o convertían a los colonos en jornaleros y a los artesanos en obreros, provocaron esta espectacular *retroconversión*: muchos de los españoles de las clases modestas eran ya revolucionarios de izquierdas. Es un hecho que habría de tener inmensa importancia en lo sucesivo.

En 1866 se produjo una grave crisis económica, que afectó a gran parte de Europa, y España también la sufrió. Su origen fue de tipo financiero: había gran facilidad para los créditos, y se fundaban muchas empresas, algunas con esa falta de previsión tan propia del temperamento romántico. Privaba la fiebre de los ferrocarriles, y se creía que los trenes iban a ser la panacea universal (se decía, por ejemplo, que el ferrocarril era la garantía de la paz universal, o los positivistas, que quisieron fundar una religión basada en la ciencia y la técnica, edificaron templos en los cuales se adoraba a una locomotora). El ferrocarril dio en muchos casos excelentes resultados; pero en otros el tendido exigía muchos gastos en obras públicas y material, y al final el empresario se daba cuenta de que la línea no era rentable. Quebraron varias compañías ferroviarias, y muchos bancos, que les habían prestado dinero, quebraron también. Entonces, las industrias que fabricaban material para los ferrocarriles se encontraron casi sin pedidos, y muchas tuvieron que cerrar. Y, naturalmente, sin industrias que reclamaran materias primas (carbón y hierro) las minas se vieron también en la ruina. El cierre de empresas engendró paro. Fue un fenómeno en cadena, o «efecto dominó», en que la quiebra de unos arrastró la de otros. Y encima, el paro generaba un gran malestar social.

La crisis llegó también a España. En 1865 se habían tendido 900 kilómetros de vía ferroviaria; en 1866, solo 55. Muchas compañías quebraron, o suspendieron pagos. Numerosos bancos tuvieron que cerrar. La Bolsa de Barcelona se hundió. Y hubo familias que de pronto se vieron en la ruina. A ello se unió en 1868 una pésima cosecha, que hizo subir disparatadamente los precios. Los trabajadores se encontraron con graves dificultades para adquirir alimentos precisamente cuando habían sido lanzados al paro, o les habían rebajado los salarios. Y por su parte, los empresarios, los ahorradores, los empleados, se veían en grandes dificultades. Se explica que si en 1866 el descontento era ya grande, en 1868 se generalizó.

Ya en 1866 se había firmado el convenio de Ostende entre demócratas y progresistas sobre la base de destronar a Isabel II, convocar elecciones por sufragio universal, reunir Cortes constituyentes, y atenerse a lo que acordasen aquellas Cortes. En 1868, en vista de lo malo de las circunstancias, y de que Isabel II se apoyaba en los moderados, los unionistas se adhirieron también al Pacto de Ostende. Isabel II, que entendía muy poco de política, pero que era una mujer campechana y simpática, gozaba aun de grandes simpatías populares. Pero por otra parte, eran muchos los que veían en una revolución general el remedio de los males que angustiaban al país.

Capítulo 20

REVOLUCIÓN Y RESTAURACIÓN (1868-1898)

Los hechos que se abren con la revolución de 1868 constituyen una sucesión de acontecimientos encadenados tan sorprendente como los que se inician en 1808. Sólo que en este caso no ocurre ninguna agresión exterior, ni ninguna grave complicación internacional, sino que todo obedece a un extraordinario proceso de inestabilidad interna. En un plazo tan breve como seis años (1868-1874) se producen una revolución, un destronamiento, un régimen provisional, una nueva constitución, una regencia, una monarquía democrática con un rey extranjero, una abdicación, una república unitaria, una república federal, tres guerras civiles a un tiempo, un golpe de estado, un nuevo intento de regencia, y finalmente la restauración de la dinastía derrocada en un principio. Estudiar todo este proceso como una simple sucesión de acontecimientos resulta desconcertante; si analizamos sus causas y el fondo de la cuestión, lo ocurrido encierra un auténtico interés histórico. Y lo sorprendente es que a este sexenio en que ocurren más cambios internos que en ningún otro momento análogo de la historia de España, sigue un cuarto de siglo de absoluta y apacible normalidad, al menos por lo que respecta a la historia de acontecimientos. Un cuarto de siglo en que los periódicos apenas tienen otras noticias que contar que el crimen de la calle Fuencarral o los éxitos de Gayarre en la ópera. Que una época suceda inmediatamente a la otra, y que ambas estén protagonizadas por hombres de una misma generación, muy distinta de la isabelina, parece también un misterio histórico, que igualmente se hace preciso explicar. Por eso, considerar la llamada Restauración como una simple vuelta atrás es en gran parte una inexactitud histórica, y puede conducirnos a interpretaciones equivocadas.

La revolución de 1868

El descontento creado en muchos sectores sociales por la crisis de 1866-1868 fue un hecho generalizado, aunque tal vez no tan amplio como durante mucho tiempo se ha creído. Pero resultó suficiente para generar un movimiento revolucionario que iba a tener las más inesperadas consecuencias, y que realmente abre una etapa completamente nueva en la historia de España. Ya nada, después de 1868, volvería a ser como antes.

La revolución de 1868 fue, al menos en el desarrollo de los hechos, producto del Pacto de Ostende, es decir, de la alianza momentánea de tres partidos que querían cosas distintas, pero que estaban de acuerdo en la idea primordial: derribar a Isabel II y establecer un régimen más abierto que el anterior. Desde 1866 menudearon los intentos revolucionarios, y el primer ministro moderado, González Bravo, hizo todos los esfuerzos posibles por conjurarlos. Adoptó una política represiva, castigó a muchos conspiradores, entre ellos militares, y amordazó a la prensa. Quizá la decisión más impopular fue la de exigir impuestos anticipados, para paliar la desesperada situación de la hacienda, y disminuir el sueldo de los funcionarios. Con ello no hacía sino ganarse nuevos enemigos. Sin embargo, la energía del gobierno parecía haber conseguido sus frutos, González Bravo se sentía tranquilo, y la reina Isabel II estaba veraneando en Lequeitio (por una enfermedad de la piel, tenía que tomar todos los años baños de mar. Esta circunstancia hizo que el uso de la playa, propio hasta entonces de familias pobres, se convirtiese en una costumbre aristocrática y todo el mundo acabase adoptándola).

Fue entonces cuando estalló la revolución, en septiembre de 1868. Fue, como casi todas, una revolución militar, aunque más tarde encontrase un amplio eco popular. Curiosamente, quien la inició fue la escuadra fondeada en la bahía de Cádiz, mandada por el almirante Topete, unionista, y secundada por el también unionista general Serrano, y por el progresista Prim. Los sublevados ganaron la batalla de Alcolea, cerca de Córdoba, e Isabel II, que comprendió su dificilísima situación, cruzó la frontera francesa y se convirtió en una exiliada, aunque no renunció a la corona. Fue entonces, triunfante ya la revolución, cuando los demócratas se lanzaron a la calle, y formaron una serie de juntas populares en muy diversos puntos de España. Serrano y Prim entraron en Madrid, y allí formaron un gobierno provisional, en nombre del pueblo y de los tres partidos triunfantes. Quedaba quizás lo más difícil, que era definir la futura suerte del país.

El nuevo régimen y la constitución de 1869

La revolución tuvo una amplia base popular, pero lo que iba a hacerse después de ella dependía de los grupos que la habían encabezado. Los demócratas eran casi todos republicanos, los progresistas y unionistas, monárquicos. Pero los unionistas, aunque contrarios a la continuación de Isabel II, querían que la corona quedase en manos de un miembro de su familia. Por el contrario, los progresistas preferían un monarca completamente nuevo, traído de una dinastía extranjera. De aquí que la unión entre los distintos elementos revolucionarios comenzara a resquebrajarse desde el primer momento. En realidad, toda la espectacular sucesión de situaciones que registra el sexenio 1868-1874 es una consecuencia de esta desunión, y de la poca capacidad que cada uno tuvo para dialogar con los demás.

Hoy puede parecernos lógico que los demócratas tuvieran mayor respaldo popular. A mayor abundamiento, la mayoría de las juntas provisionales establecidas en las ciudades y pueblos eran de carácter demócrata. Sin embargo, el excesivo intelectualismo del partido demócrata y la enorme popularidad del general Prim dieron ventaja a los progresistas. Y efectivamente, éstos ganaron las elecciones a las Cortes constituyentes. Enseguida se vio una alianza circunstancial de progresistas y unionistas, monárquicos, contra los demócratas, republicanos. Decididamente, España continuaría siendo una monarquía. La Constitución de 1869 dio una importancia muy grande a los derechos humanos (libertad de conciencia, de pensamiento, de prensa, de reunión y asociación, inviolabilidad de domicilio, ningún ciudadano podrá ser detenido sin mandato judicial). Estos derechos habían sido muy poco contemplados en constituciones anteriores, y fueron reconocidos esta vez para dar gusto a los demócratas. En cambio, España se proclamaba como una monarquía hereditaria, aunque la persona del primer rey de la nueva dinastía sería elegida, no por el pueblo (quizá se desconfiaba de él), sino por las Cortes, en las cuales se reconocía la soberanía nacional.

El reinado de Amadeo I

Descartada la idea de una república, quedaba la elección de monarca. Los unionistas preferían un pariente de Isabel II, aunque unos se inclinaba por su hermana Luisa Fernanda y otros por su esposo el duque de Montpensier. Durante un tiempo, éste pareció el candidato más caracterizado, pero luego predominó la idea de Prim de traer un monarca del extranjero. Serrano, al que le gustaba presidir, quedó como regente, y Prim, al que le gustaba mandar, quedó como primer ministro. Buscó un rey por toda Europa, pero se encontró con negativas por todas partes: ¡nadie quería ser rey de España! Había tal desorden en el país, y la nueva monarquía aparecía tan débil, que a ningún príncipe le apetecía recibir la corona por una simple votación parlamentaria. Al fin, a la tercera y desesperada insistencia de Prim, acabó aceptando el duque de Aosta, e hijo del rey de Italia: Amadeo de Saboya.

Don Amadeo era un hombre joven y bastante inteligente, y de su buena intención parece que no se puede dudar. Pero no estaba impuesto en los complicados problemas de España, y en el momento menos oportuno le faltó el apoyo principal. Realmente, el general Prim había sido quien había gestionado su venida; y el mismo día en que Amadeo desembarcaba en Cartagena, Prim era asesinado en Madrid. La nueva monarquía había nacido huérfana. Don Amadeo hubo de apoyarse en hombres que no le querían, como el hasta entonces regente Serrano, o los políticos progresistas Sagasta y Ruiz Zorrilla, que no podían verse entre sí. Por si fuera poco, volvieron a sublevarse los carlistas, proclamando esta vez al llamado Carlos VII, y se reanudó la vieja guerra civil. El problema era fundamentalmente político, puesto que el reinado de Amadeo I coincide con uno de los momentos de mayor división entre los partidos españoles —como que llegó a haber unos treinta—, sin el menor espíritu de entendimiento entre sí. La crisis económica de 1866-1868 había sido superada, y el ministro Figuerola consiguió restablecer la hacienda. Como que las monedas de plata que llevan la efigie de Amadeo I son las de mayor pureza del siglo XIX, y hoy muy valoradas. Pero la acérrima división entre los políticos hizo imposible el arbitraje del monarca, que en cuanto encargaba a uno de ellos la tarea de formar gobierno, veía como los demás se echaban encima de él. Don Amadeo, aunque la estima de los españoles hacia su persona creció cuando repelió un atentado y se lanzó él mismo en persecución de los terroristas, comprendió que no podía poner de acuerdo a los políticos. Había venido a reinar sin muchas ganas, y las que podía tener las perdió en dos años. En enero de 1873 decidió abdicar y se marchó de España.

La I República

Sucedió entonces uno de los hechos más desconcertantes de aquel sexenio. Unas Cortes con gran mayoría de monárquicos decidieron proclamar la república, y cuatro de los seis ministros del nuevo régimen lo habían sido un día antes de Amadeo I. Se llegó a la república un poco por exclusión, al haber fallado otras opciones. Algunos historiadores hablan de «una república sin republicanos», y aunque la expresión no es cierta, fue aquélla una república en que los republicanos estaban en minoría. Tampoco el pueblo, excepto los grupos más radicales, pareció acoger el cambio con gran entusiasmo, puesto que en las elecciones de 1873 la participación electoral apenas pasó del 20 %.

Por si fuera poco, los republicanos se dividieron a su vez en unitarios y federales, y estos últimos en moderados y exaltados. Se dice que en los once meses que duró la República hubo nada menos que cuatro presidentes. Hay que entenderlo: fueron «presidentes del poder ejecutivo» (Figueras, Pi y Margall, Salmerón y Castelar), ya que como no había una constitución republicana, que por falta de acuerdo no llegó a elaborarse, no se sabía cómo elegir presidente. La máxima confusión llegó en el verano de 1873, bajo la presidencia del federalista Pi y Margall, un intelectual de muy interesantes ideas, pero sin sentido práctico. Para Pi y Margall, el poder debe ir «de abajo a arriba», y establecerse mediante sucesivos pactos. Varias familias constituyen una comunidad, varias comunidades un «cantón» o comarca, varias comarcas una provincia, varias provincias una región, varias regiones una nación, y hasta piensa Pi en una Federación Universal de naciones, que abrace a toda la humanidad. Pero la gente no entendió bien su doctrina, y la idea federal, en vez de vínculo de unión y acuerdo, lo fue de separación. Así se formaron en España hasta treinta y dos cantones, todos independientes y celosos unos de otros, como que Jaén declaró la guerra a Granada, Utrera a Sevilla, Coria a Cáceres y hasta Cartagena a Madrid, guerra esta última que duró cinco meses y en la que hubo hasta una batalla naval. La insolidaridad de los españoles alcanzó extremos nunca vistos hasta entonces. Entretanto, proseguía en el Norte la guerra carlista, y parte de Cuba se había sublevado contra la metrópoli: tres guerras civiles al mismo tiempo.

En tales condiciones, la situación se hizo insostenible. En enero de 1874, el general Pavía dio un golpe de estado, aunque no quiso ocupar el poder. Lo hizo el general Serrano, nadie sabía muy bien si como presidente ejecutivo de la República o como aspirante de nuevo a regente. En este sistema que no fue siquiera sistema pasó el año 1874. Por Navidades, el general Martínez Campos dio otro golpe de estado, y proclamó rey a Alfonso XII, hijo de Isabel II. Habían fracasado todos los sistemas y hasta la falta de sistema. Se veía venir la restauración como única salida posible.

El sistema de la Restauración

Nada más sorprendente en el ritmo histórico del siglo XIX que el cambio operado en 1875. La Restauración nos produce una sensación de absoluta normalidad, de placidez en la sucesión de acontecimientos, de estabilidad en la política, en la sociedad, en las instituciones, como no se había operado en ningún otro momento de la centuria. Se pasa del ritmo vertiginoso del sexenio 1868-1874 a una época que, por lo que se refiere a los hechos ocurridos, es la delicia de los estudiantes, porque en ella no «sucede» casi nada. Podemos interpretar este cambio como producto del cansancio de los españoles por tantas agitaciones y convulsiones internas como las que habían alterado la vida pública en el periodo inmediatamente anterior, y, en general, en toda la época romántica. Pero hay que tener en cuenta también que precisamente la mentalidad romántica se ve sustituida entonces por la mentalidad realista-positivista: ahora se prefiere la cabeza al corazón, se busca razonar las actitudes, y se da más valor al sentido práctico que al idealismo o al obrar por impulsos. Algo por el estilo parece ocurrir por los años setenta en la mayor parte de los países europeos.

Un hombre representativo de la mentalidad realista-positivista es Antonio Cánovas del Castillo, el principal político artífice del sistema de la Restauración. Pero es evidente que no hubiera podido construir ese sistema ni introducirlo con éxito si no hubiese estado rodeado de otros políticos tan realistas como él. Cánovas se dio cuenta de que la inestabilidad en que España había vivido su agitada historia decimonónica se debía a la intransigencia de unos grupos con otros. Cada grupo intentaba alcanzar el poder y acorazarlo contra los demás, para que no consiguiesen derribarlo. El partido gobernante se consideraba dueño de toda la razón del mundo, y el contrario no tenía razón ninguna. En el parlamento y en la prensa se hablaba de «buenos y malos». Con esta actitud era imposible el entendimiento, y la única forma de que el partido de la oposición alcanzase el poder era la revolución. Así hubo tantas revoluciones o intentos de revoluciones en el siglo XIX que es prácticamente imposible contarlas. El sexenio 1868-1874, y especialmente el episodio de las «cantonales» en el verano y otoño de 1873 son un caso extraordinario de desbordamiento pasional e incontrolado.

Cánovas inventa un sistema en el cual «la política es el arte de lo posible», de modo que «todo lo que no es posible es falso». Ningún partido debe aspirar a cumplir enteramente su programa, porque eso sería dejar sin opciones a los otros partidos. Y el partido de la oposición no es «malo», sino una fuerza tan necesaria y tan digna de figurar en el régimen como el propio partido del gobierno. El gobierno tiene el deber de gobernar en nombre del rey, y la oposición (que se llama la «oposición de Su Majestad») tiene el deber de oponerse al gobierno también en nombre del rey. Se opone al gobierno, pero en modo alguno se opone al régimen, del cual como tal oposición forma parte necesaria. La dignificación de la oposición es uno de los grandes logros del sistema de Cánovas. Para él lo ideal era un sistema de dos partidos, a la manera de Inglaterra o los Estados Unidos, dos países de gran estabilidad democrática. Así, uno de los dos partidos tendrá siempre mayoría absoluta, y podrá gobernar sin estorbo; pero nunca deberá hacer *todo lo que quiere*, porque siempre ha de tener en cuenta a la oposición, y tratar de llegar a soluciones de consenso con ella. En vez de lucha y revolución, discusión ordenada y razonable. Es mejor llegar a acuerdos que pelearse: y esto lo piensan ahora la mayor parte de los políticos. Y otra idea fundamental de Cánovas: no pueden gobernar al mismo tiempo los dos partidos, pero han de estar de acuerdo en cederse alternativamente el poder: es decir, un sistema de «turno de partidos», como ya hacen los *tories* y los *whigs* en Gran Bretaña, o republicanos y demócratas en Estados Unidos. Como el partido de la oposición ya sabe que le tocará desempeñar el poder al cabo de pocos años, no intentará conquistarlo en una revolución. Sentido común, consenso, discusión razonada, paciencia, respeto al contrario, admisión de las «reglas del juego» (en una concepción de la política que recuerda un poco a la del deporte): tal es el secreto de la política realista que va a dar a España unos años de gran estabilidad.

El reinado de Alfonso XII

Alfonso XII tenía entonces 17 años, y era un hombre inteligente y simpático que supo hacerse pronto muy popular. Quiso venir como caudillo y pacificador de una España convulsionada, pero Cánovas lo convenció de que tenía que ser un monarca constitucional y dejar hacer a los políticos. Alfonso XII lo comprendió muy bien, y no hizo más que firmar lo que le presentaban. El que tenía toda la iniciativa era Cánovas, pero por principios tampoco quería convertirse en el héroe de la situación. Formó el partido conservador (en que que se integraron antiguos unionistas, antiguos moderados y algunos progresistas), y tuvo cuidado de que se formara un partido contrario, que fue el partido liberal (con progresistas, radicales y algunos ex demócratas). Así se constituyeron dos grandes partidos de centro-derecha y centro-izquierda. Para dirigir el partido liberal, Cánovas consiguió que aceptase Sagasta, un hombre tan realista como él. Contra todo lo que se ha dicho, Cánovas y Sagasta no se entendieron nunca, eran caracteres muy contrapuestos, y no solían hablarse; pero cada uno estaba convencido de que el otro era tan imprescindible como él.

En 1876 se aprobó por consenso la nueva Constitución, una constitución muy ágil y abierta. Proclamaba la monarquía parlamentaria, y la soberanía correspondía tanto al rey como a las Cortes, representantes de la nación. Se reconocía la triple división de poderes, legislativo, ejecutivo y judicial. Habría dos cuerpos parlamentarios, Congreso y Senado, se proclamaba una discreta libertad religiosa, aunque sólo se admitían manifestaciones externas de la Iglesia católica, a la que se reconocía que pertenecían entonces casi todos los españoles. Artículos como el que decía que «las elecciones se verificarán en la forma que determine la ley» no podían molestar a nadie. Por eso fue la Constitución más duradera hasta el momento en la historia de España.

Alfonso XII murió todavía muy joven, en 1885. Tenía ya una hija, pero la reina esperaba nueva descendencia. Como por entonces la gente (incluidas las mujeres) deseaba un rey varón, los políticos, con un criterio muy propio de la época, decidieron esperar. En 1886 nació un niño, Alfonso XIII, el primer rey de España que lo fue desde el momento de nacer. Como muestra de confianza, Cánovas dejó el poder a Sagasta. Así se fueron turnando los partidos y los jefes de gobierno, Cánovas y Sagasta, a un cambio, por término medio, de tres o cuatro años. Estos cambios se veían venir desde tiempo antes y a nadie sorprendían. El sistema marchaba con la suavidad de una máquina bien engrasada. Tenía un defecto: era un sistema inventado por los políticos para los políticos, un medio de repartirse el poder mediante el turno, y no tener que pelearse. Pero los cambios los determina cada crisis interna. Se va un partido, y viene el otro partido. Como no puede gobernar con unas Cortes contrarias, convoca nuevas elecciones, y siempre las gana. Las influencias sobre los electores eran entonces muy grandes, sobre todo en el campo, donde los caciques tenían gran capacidad de presión. De modo que en vez de ser las elecciones las que determinaban un cambio de partido, eran los cambios de partido (decididos por ellos mismos) los que determinaban el resultado de las elecciones. Bien es verdad que como los dos partidos eran moderados, a la gente le daba casi igual votar a uno que a otro. Había una paz política como nunca se recordaba en el siglo XIX, pero el sistema no era del todo sincero.

La prosperidad de la Restauración

El último cuarto de siglo fue, hasta las complicaciones finales, relativamente feliz en España. No es que el Estado, que sigue todavía las directrices del liberalismo histórico, se preocupe demasiado del crecimiento del sector privado, sino que la larga etapa de estabilidad interior anima a los inversores. La población pasa de 16 a casi 20 millones de habitantes. Más crece la ciudad, por emigración del campo a las zonas urbanas: entre 1875 y 1900, Madrid pasó de 260.000 a 560.000 habitantes; Barcelona, de 230.000 a 533.000. Bilbao, gracias al desarrollo de la industria pesada, pasó de 15.00 a 100.000. La ciudad, con su animación, sus modas, sus periódicos, sus espectáculos, es más que nunca el centro de la vida, de las iniciativas, de la cultura y de las diversiones; aunque España, en su conjunto, sigue siendo un país rural.

También el campo produce más riqueza, aunque eso no quiere decir que se trabaje más cantidad de tierra que en tiempos de Isabel II, ni que los beneficios se repartan mejor. Lo que ocurre es que aumentan los cultivos especializados. La extensión del viñedo aumenta en un 30 %, pero la producción de vino, gracias a las nuevas técnicas, crece un 90 %. Por los años ochenta y principios de los noventa, España se convierte en la primera potencia vinícola del mundo. Son famosos los vinos de Jerez, La Rioja, La Mancha, el Priorato. La producción de aceite aumenta en un 60 %, y se exporta en buenas cantidades a América; a la mayor parte de los europeos, en cambio, no les apetece el aceite de oliva. La Rioja, aparte de sus vinos, se especializa en cultivos de espárragos, alcachofas, etc., que se exportan cuando un pariente de Espartero inventa la lata de conservas.

Otro sector que experimenta un crecimiento sin precedentes es el de la minería. En 1875 se producían 500.000 toneladas de mineral de hierro, en 1880, 3 millones; en 1890, 6,5 millones, y en 1900, 9 millones. España se transformó así en el primer productor de hierro de Europa. Por desgracia, de esta enorme cantidad de mineral, el 85 % se exportaba, y sólo un 15 era transformado por nuestra industria siderúrgica; de todas formas, los altos hornos son el principal motor del gran crecimiento de Bilbao. También es España la primera productora de cobre de Europa, aunque en este caso la mayor parte de las minas están en manos de extranjeros. La industria textil quintuplica su producción en estos veinticinco años, y es la principal causa del desarrollo de Barcelona y su entorno. En Barcelona, «la ciudad de los prodigios», se celebra en 1888 la primera exposición universal que tiene lugar en España, y que es exponente de todos los inventos: el teléfono, el tocadiscos, la máquina de escribir, la máquina de coser, el ascensor. Un personaje de la zarzuela canta: «hoy las ciencias adelantan que es una barbaridad».

España no se encuentra a la altura de los países más adelantados, pero también progresa a un buen ritmo. Entre 1875 y 1900 la red de carreteras se multiplica por 15, las líneas de ferrocarril, que contaban 6.500 km de vía tendida, pasan a 13.000, y las estaciones telegráficas, que eran 199, pasan a ser 1.490.

La vida se hace más fácil, es más sencillo y más barato viajar, aparece el tranvía en las grandes ciudades, y para el transporte urbano individual empieza a tener importancia la bicicleta. Tampoco nadie esperaba que fuese tan fácil hacer fuego mediante una cerilla. Todo este progreso influyó, no cabe duda, en el optimismo de los españoles durante esta época.

El ambiente de la Restauración

En general, desde 1875 aproximadamente se respira una sensación de tranquilidad, confianza, optimismo y despreocupación. La mentalidad positivista, entonces imperante, da en casi toda Europa una idea de que se progresa, de que el mundo marcha a mejor, y hay, por tanto, motivos para confiar en el mañana. Quizá en España hay menos conciencia de este progreso material, pero también es fácil encontrar detalles de esa edad «alegre y confiada». Cuando un ingeniero agrónomo criticista, Lucas Mallada, pronunció en el Ateneo de Madrid una conferencia sobre «La pobreza de nuestro suelo» fue silbado por los asistentes, que le consideraron un aguafiestas.

La aristocracia de la época de la Restauración, tras los para ella difíciles años de la interinidad, mejora sus rentas, se construye o moderniza sus magníficas viviendas y organiza bailes y reuniones en sus casas. Pero no rehúye tampoco el contacto con el pueblo ni ciertas costumbres populares. La infanta Isabel, «la Chata», no se perdía una verbena de barrio, y a su imitación, muchos aristócratas hacían lo mismo. Cuando la segunda esposa del Alfonso XII, María Cristina, llegó a España, se encontró con una nobleza que le pareció demasiado llana y populachera, a diferencia de la más envarada y solemne de Centroeuropa.

La clase media vive una época dorada con el crecimiento de las ciudades, los inventos que facilitan la vida, la mejora del sector servicios, y la bajada de precios, que en general aumentan su nivel adquisitivo. A su modo, organiza fiestas en sus casas, las célebres «cachupinadas», en que se reúnen varias familias, y en que nunca faltan el piano y el chocolate. La gente va a los toros, que alcanzan uno de sus momentos de mayor esplendor, con «monstruos» como Lagartijo y Frascuelo, o la la ópera, donde cantan con maestría insuperable Julián Gayarre o La Penco, o al teatro, cuyos ídolos, recordados por muchos años, son Julián Romea o Antonio Vico. Pero sobre todo se pone de moda la zarzuela, el «género chico» de la ópera española, mitad cantada, mitad hablada, que ya se había puesto de moda en los años felices de O'Donnell, y llega ahora a su máxima popularidad. En cualquier teatro de provincias puede haber hasta cien sesiones de zarzuela al año, y como una entrada de paraíso cuesta aproximadamente la mitad de un jornal diario, asiste a ellas gente de todas las clases sociales. También se ponen de moda el pasodoble o el chotis, y son muy frecuentes las fiestas populares, en las que se baila al son de las bandas de música o de un simple organillo: las verbenas con farolillos de colores y mantones de Manila revelan la influencia de Filipinas, que tras la apertura del canal de Suez vive también una época de prosperidad, y aumenta su relación con la Península. Nada digamos de Cuba, que produce ahora un tercio del azúcar del mundo, y envía también artículos tropicales, o «ultramarinos», como entonces se decía. Por supuesto, también se ponen de moda las habaneras.

No es fácil precisar si las clases modestas viven mejor o peor que antes. La disminución de la demanda de mano de obra en el campo, debido al incremento de los cultivos industriales y el abandono de los campos más pobres dedicados a agricultura intensiva del cereal, que rinden poco, explica la emigración del campo a la ciudad: pero también influye el prestigio de la misma ciudad, con su vida alegre, sus espectáculos y sus mil incentivos. Los últimos años del siglo XIX se caracterizan en Europa por la llamada «onda larga finisecular», en que el aumento de la producción conduce a una baja de precios, pero la mayor capacidad adquisitiva de las clases modestas evita que esta deflación arruine a las empresas. En cierto modo, tal es el secreto de la llamada «belle époque». En el caso de España, no todo el mundo sale favorecido, pero es evidente que la baja de precios favorece a aquellos trabajadores cuyo salario se mantiene. Y aunque la prosperidad no es la nota de los barrios bajos, se advierte en ellos, como en todas partes, ese ambiente festero propio de la época de la Restauración. La gente ve con simpatía los trajes populares, y algunas formas de folclore regional son valoradas no sólo en sus zonas respectivas, sino en toda España. Los toros y la zarzuela están al alcance de la gente más modesta, al menos en las poblaciones en que tienen lugar. Es posible que esta sensación de alegría y despreocupación no sea siempre precisamente reflejo de una general felicidad; pero esa sensación, de todas formas existe. Un detalle es perceptible también en la sociedad de la Restauración: la valoración de lo propio y lo castizo. En la época romántica se valoraba especialmente lo francés, y hasta para la feria de Sevilla se encargaban trajes a París. Ahora se valora lo propio: las canciones españolas, las costumbres españolas, los trajes españoles, están más de moda que nunca.

Nuevos motivos de inquietud

Se dice que el año de la Exposición Universal, «el año de los tres ochos», como se le llamó, fue uno de los más felices de la época de la Restauración. Todo parecía marchar a pedir de boca. Pero por entonces se produjo en Europa una nueva crisis económica, que en España no fue demasiado grave, aunque obligó en muchos casos a apretarse el cinturón. Quien más tuvo que apretárselo fue el Estado, que tuvo que reducir el presupuesto. Los distintos países, para defenderse de la producción de los demás, declararon el proteccionismo: todo el mundo importaba la menor cantidad posible de productos extranjeros, y esta política deterioró las relaciones internacionales. España tuvo también que declararse proteccionista, una medida que perjudicó determinados intereses, especialmente en Cuba.

Por los años noventa se van dibujando poco a poco dos problemas que terminaron por hacerse graves. Uno fue la protesta social. Quizá la época de fines de siglo no fue la de mayor desigualdad o la de mayor injusticia (esto es muy difícil precisarlo); pero la protesta no solo tiene que ver con la coyuntura, sino con la actitud y organización de la masa obrera. Por los años setenta llegó a España la Internacional de Trabajadores. Dos movimientos entraron casi al mismo tiempo. Uno fue el socialismo, introducido aquí por un yerno de Marx, Paul Lafargue. En 1879, uno de sus discípulos, Pablo Iglesias, fundó el Partido Socialista Obrero (PSO: la «E» de Español no fue introducida hasta 1888). Era un grupo de obreros relativamente cultos, muy disciplinados y organizados. Precisamente la disciplina y el control de los jefes provocaron que no fuera muy popular entre los trabajadores. Cuando se fundó la UGT, en 1888, contaba sólo con 3.000 miembros, que en el año noventa y ocho eran 6.000. Por el contrario, el otro movimiento, el anarquista, importado por un italiano muy gesticulador y expresivo, Fanelli, era mucho más espontáneo: no se exigía organización —como que rechazaba toda clase de organización: propugnaba una sociedad absolutamente libre, sin estado ni instituciones, ni leyes, ni autoridades—, y por supuesto, no se exigía disciplina ni obediencia. Quizá por esta razón, en los años noventa se extendió mucho más el anarquismo que el socialismo. Nada más difícil que «contar anarquistas», porque ni ellos mismos sabían cuántos eran, pero es posible que llegaran a 80.000. Como se ve, la mayor parte de los trabajadores españoles no pertenecían a un grupo ni a otro; pero los anarquistas eran muchos más que los socialistas.

Estos últimos organizaron algunas huelgas, de momento sin demasiada importancia. Los anarquistas, en un principio, creían en una revolución salvadora, en un paraíso en que «hasta los ricos saldrán ganando»; pero como esta esperanza mesiánica no llevaba camino de cumplirse, en los últimos años del siglo comenzaron, aunque aislados, los primeros actos terroristas. Una bomba estalló en la sede de una organización patronal, otra fue lanzada contra un desfile presidido por el general Martínez Campos, que resultó herido; otra cayó del gallinero al patio de butacas del teatro del Liceo en Barcelona, con dieciséis muertos, y otra fue arrojada contra la procesión del Corpus en la también barcelonesa calle de Canvis Nous, con una docena de víctimas. El último atentado anarquista del siglo fue el que acabó con la vida de Cánovas, fundador del régimen, en agosto de 1897. La revolución social en España se había hecho sangrienta.

El otro problema surgió en la isla de Cuba, la más próspera de las posesiones españolas en ultramar. La clase media cubana se había hecho rica y culta, y este beneficio fue justamente el que alentó un cada vez más claro sentido de nacionalidad. El proteccionismo decretado por Cánovas avivó el descontento, pues dificultaba el lucrativo negocio de los cubanos con Estados Unidos: sobre todo la venta de azúcar intercambiada por productos norteamericanos. En 1895 se dio el «Grito de Baire» o proclama de independencia de Cuba. Comenzó entonces una guerra que fue en gran parte una guerra civil: cubanos independentistas contra cubanos españolistas; también hubo unos 1.400 españoles que lucharon por la independencia. España tuvo que enviar a Cuba cerca de 300.000 soldados, y gastar muchísimo dinero en una guerra de guerrillas interminable. La contienda en sí no fue muy sangrienta: en tres años, apenas murieron en combate unos 4.000 soldados españoles; en cambio perdieron la vida unos 50.000 por culpa de las enfermedades tropicales. Sobre todo, la guerra de Cuba era ingrata, cruel, alteraba por completo la vida de la isla, nadie le veía fin.

El general Weyler, con una táctica dura, se iba adueñando poco a poco de la isla. No es fácil saber si hubiera conseguido acabar con la guerrilla, pero lo cierto es que en el verano de 1897, a pesar de la ayuda norteamericana, los propios cabecillas de la revolución estaban decididos a «mandar la gente a sus casas». Fue entonces cuando fue asesinado Cánovas: el atentado fue obra de un filoanarquista italiano, pero quien le había señalado la víctima y le había pagado fue un activista cubano. La muerte de Cánovas tiene que ver así, dramáticamente, con los dos grandes problemas de los años noventa. Subió al gobierno el líder liberal, Sagasta, que quiso cambiar por completo de política: concedió un estatuto de autonomía a Cuba, que pudo disponer de un gobierno y un parlamento propios, bajo la soberanía española. Era lo que menos podían desear los norteamericanos, que buscaron por todos los medios una guerra contra España.

El hundimiento del acorazado *Maine* en la bahía de La Habana en febrero de 1898 (hoy se sabe que por efecto de una explosión interna) fue el pretexto de la guerra. España estaba ya agotada, y no podía mantener un largo conflicto con una gran potencia a 6.000 kilometros de distancia. Aunque en tierra los españoles se defendían bien, y los americanos llegaron a proyectar un plan de reembarque, la derrota naval de Santiago de Cuba (julio de 1898) dejaba a España sin escuadra. Lo absurdo de aquella batalla, en que los barcos españoles no se hundieron, sino que fueron embarrancados contra la costa, ha hecho pensar a algunos historiadores modernos que fue una derrota buscada. Por el tratado de París, España había de abandonar Cuba, Puerto Rico y Filipinas. Había dejado de ser una potencia colonial. Todo en adelante, desde aquel mismo momento, había de ser distinto.

Capítulo 21

NUEVO SIGLO, NUEVOS TIEMPOS (1900-1930)

Todo cambia a partir de 1898. No sólo se trata de la derrota ante Estados Unidos o de la pérdida de las últimas colonias ultramarinas, sino de una importante crisis que sufre el alma española, y que va a provocar nuevas actitudes a principios del siglo XX. Lo que antes era ambiente apacible, confianza en el futuro, afirmación de lo español, falta de grandes inquietudes, es ahora una situación crispada, en que se plantean problemas urgentes, que parece preciso resolver a toda costa. Podríamos hablar de la «España de los problemas», en que, presidiéndolos a todos, se plantea el propio problema de España: qué es nuestro país, por qué es así, qué es lo que debe ser. Podríamos pensar incluso que se trata de una verdadera manía problemática, en que, si no existen problemas, se los inventa.

Vistas así las cosas, hoy se tiende a pensar que esta «crisis de conciencia» es mucho más que una reacción frente a la guerra de Cuba y su consiguiente derrota. Se trata de un fenómeno mucho más amplio, que probablemente, según se cree ahora, se hubiera registrado de todas formas, aun sin derrota y sin pérdida colonial. Y se tiende a relacionarla con la «crisis de fin de siglo», con una conciencia, casi general en Europa, en que se empieza a dudar de las seguridades del positivismo. Hay movimientos contra el «sentido común», actitudes irracionales en la filosofía, en la literatura, en el arte. Todos estos fenómenos están bien estudiados; lo que falta es comprender mejor la causa de esta crisis de conciencia que lleva a actitudes muy distintas de las positivistas de fines del siglo XIX, y a posturas más radicales o irracionales, que acabarían desembocando en la Primera Guerra Mundial. En España la crisis revistió sus caracteres peculiares. Aquí no hubo una guerra a comienzos del siglo XX, ni una gran revolución, como temían los políticos después del desastre de Cuba. Al contrario, los estudios actuales tienden a pensar que la indignación provocada por el desastre no fue tan grande como se pensaba. Eso sí, sirvió de disparador para que los síntomas de esa crisis de conciencia de los españoles se hicieran más visibles.

El espíritu del 98

En historia de la Literatura, se ha hablado mucho de «la generación del 98», y se suponía que un grupo muy importante de escritores, entre los que figuran, por ejemplo, Unamuno, Baroja, Valle-Inclán, Azorín o Machado, formaron una escuela amalgamados por el sentimiento común ante el desastre. Hoy se sabe, primero, que ninguno de ellos habla apenas del desastre; segundo, que no constituyen una escuela, sino que tienen estilos literarios y estéticos muy distintos, y tercero, que no son una «generación del 98», por el sencillo motivo de que muchos de ellos ya escribían, con el mismo estilo y con el mismo espíritu crítico antes de esa fecha y de los sucesos que la enmarcan. Por demás, estén relacionados o no, dan a la literatura española uno de sus momentos más brillantes, como que se ha dado a la época de los primeros treinta años del siglo XX la denominación de «edad de plata». España podía estar sufriendo una crisis, pero esa crisis produjo también frutos de alta calidad, entre ellos la excelencia de aquellos escritores, y lo mismo podría decirse de una serie de grandes artistas o científicos.

La mayoría de esos escritores —a veces los científicos también, como Ramón y Cajal— ponen su acento en la decadencia de España, en sus vicios políticos, como el caciquismo o la falta de sinceridad electoral; pero asimismo en los defectos de los españoles, como su falta de amor al trabajo, su tendencia a la insolidaridad, su escaso interés por los problemas públicos, su tremenda incultura (con un índice de analfabetismo del orden de un 67 %), su vulgaridad y su mantenerse en la rutina. A veces nos parece que señalan defectos reales, pero otras veces puede parecer también que están convirtiendo la realidad en caricatura. Más que los escritores del 98, destacan en esta campaña una serie de publicistas, como Costa, Macías Picavea, Lucas Mallada, Vital Fité, que exageran todavía más los defectos de los españoles y sobre todo los de sus clases dirigentes. Al principio predominan las críticas, por lo general durísimas; luego se van perfilando también planes de «regeneración». La idea inicial es la de que «España es el problema y Europa la solución», o que «tenemos que desafricanizarnos y europeizarnos a toda costa». Es decir, lo que hace falta es imitar a las naciones más cultas y desarrolladas de nuestro continente. Luego, algunos regeneracionistas procurarán una forma de restauración de España que consiste en encontrar sus auténticas esencias, buscar de verdad lo que de sano hay en lo español, para superar nuestros defectos sin dejar de ser nosotros mismos. De todas formas, la época de comienzos del siglo XX es eminentemente criticista y regeneracionista. Y esto cambiará muchos planteamientos históricos, a pesar de que el régimen de la Restauración mantiene su vigencia. Eso sí, se hará también lo posible por reformarlo.

Nuevo panorama social y económico

La crisis de cambio de siglo tiene las más inesperadas manifestaciones. Por lo que se refiere a lo social destacaremos dos:

a) Una de ellas es la que se ha llamado —con exageración— «revolución de las clases medias». Dichas las cosas así, parece que se trata de una revolución social, y eso no es cierto. Tampoco es cierto que en el régimen de la Restauración mandase la «aristocracia», y ahora la clase media reclame su derecho. En la Restauración (1875-1898) cualquier persona de la clase media tenía la posibilidad de llegar a los más altos puestos del Estado. Sin ir más lejos, Cánovas y Sagasta procedían de familias de la baja clase media, y lo mismo puede decirse de otros muchos políticos. Pero el sistema canovista era un sistema cerrado, en el cual resultaba bastante difícil ingresar en la clase política. Para ello se necesitaba tener «padrinos» o amigos influyentes. Los que mandaban no mandaban porque eran ricos, sino que eran ricos porque mandaban. Y contra este hecho protestan no los pobres, sino los que, teniendo suficiente cultura y suficiente nivel económico, se ven con escasas posibilidades de ingresar en las clases dirigentes. Todos los regeneracionistas protestan contra «la oligarquía», contra unos gobernantes que siempre resultan ser los mismos, o sus parientes, o sus amigos.

Lo que realmente se observa en la época de cambio de siglo es un aumento muy notable de los llamados «cuerpos intermedios», como colegios profesionales, cámaras de comercio, cámaras agrarias. Entre 1895 y 1900 se da un caso curioso: en muchas ciudades españolas, las cámaras de comercio presentan a sus miembros como candidatos a concejales: hasta entonces no se les había ocurrido hacer eso. Luego empezarán a protestar contra la clase política, y pensarán en sustituirla. En 1899, bajo la dirección de Joaquín Costa y Basilio Paraíso se unen las cámaras de comercio y las cámaras agrarias de toda España, y fundan la *Unión Nacional,* una especie de partido que se propone gobernar en España. Es posible que la Unión Nacional llegase a ser popular y contar con muchas simpatías, hasta convertirse en la expresión más visible del regeneracionismo. Pero tropezó con dos dificultades: una, que Costa y Paraíso no se entendieron y terminaron separándose; otra, que la Unión Nacional nunca se decidió a presentarse a unas elecciones, sabiendo que los partidos —el conservador y el liberal— tenían muchos medios y muchas influencias y así podían dar la impresión de que contaban con el apoyo de los españoles, frente a los regeneracionistas. La Unión Nacional, que se consideraba expresión de la opinión de la gran mayoría de la gente de la calle, no podía permitirse perder unas elecciones: por eso, por no lanzarse a buscar un cauce político, la Unión, muy fuerte y prometedora hacia 1900, comenzó a perder implantación.

b) Otro hecho importante, éste dentro de las clases modestas, es el que se llama «98 de los obreros». No se trata de que los obreros desde 1898 sean más revolucionarios que antes, sino que cambian de actitud por lo que se refiere a sus métodos. Ya hemos visto que a fines del siglo XIX comienza el terrorismo anarquista. Pero en cuanto llega la crisis del 98, muchos trabajadores caen en la cuenta de que el anarquismo, carente de organización, tiene muy pocas posibilidades de conseguir sus fines. La idea que entonces predomina es: hay que organizarse, hay que sindicarse. Y los anarquistas se negaban a fundar un sindicato, porque al fin y al cabo un sindicato es una forma de organización. Por su parte, los socialistas habían fundado su sindicato, UGT, en 1888. Entre 1888 y 1898, UGT sólo consiguió pasar de 3.000 a 6.000 afiliados. ¡En cambio, en 1900 eran ya 26.000! Y en 1904 llegaron a 57.000. De pronto, miles de trabajadores se afiliaban a UGT, en contra de las reticencias de años anteriores. Por su parte, el número de anarquistas tendía a bajar. Parece que por 1905 había ya más socialistas que anarquistas: algo absolutamente inimaginable diez años antes. Todo produce la impresión de que un profundo cambio de mentalidades y actitudes se estaba operando en las clases obreras.

Los anarquistas, hasta entonces mucho más numerosos, entendieron el mensaje. Entre 1900 y 1910 vivieron una dramática crisis, dudando entre ser fieles a sus principios de acracia absoluta u organizarse. Por de pronto, fundaron escuelas y periódicos, para mejorar la cultura de sus miembros. Y en 1910, venciendo sus escrúpulos, fundaron el primer sindicato anarquista, CNT. Desde entonces, volvió a aumentar su número. En el siglo XX los sindicatos desempeñarían un papel muy importante, y el protagonismo de los movimientos obreros tendría alcances históricos. Por lo que se refiere a la vida pública, en el siglo XIX las decisiones dependen exclusivamente de los políticos (o a veces de los militares, también con fines políticos). En el siglo XX, los sindicatos serán ya un elemento que no se puede ignorar al analizar el desenvolvimiento de los hechos históricos.

El regeneracionismo en el poder

Los partidos regeneracionistas nunca alcanzaron el poder político. En cambio los partidos ya existentes, o por lo menos una parte de sus miembros, siguieron la corriente de los tiempos, y así hubo políticos regeneracionistas. El mismo rey, Alfonso XIII, fue decididamente regeneracionista. Comenzó a reinar en 1902, y al contrario de sus predecesores —Alfonso XII o la reina regente María Cristina—, quiso influir en la vida política: seguramente no por ambición ni por deseo de aparecer en primera fila, sino para poner en práctica los nuevos ideales. Y entre los políticos, hubo regeneracionistas como Silvela, Villaverde, Maura o Canalejas. Silvela era un hombre honesto, que deseaba una buena administración, la descentralización de España, el fin del caciquismo, unas elecciones sinceras. Pero le faltó energía, y tropezó también con la discrepancia de varios de sus colaboradores. Todo el mundo quería ser regeneracionista, pero cada cual a su manera. De todas formas, en tiempos de Silvela se hizo una reforma de la Hacienda, que mejoró muchísimo los recursos del Estado. El político más destacado de los regeneracionistas fue Antonio Maura, que gobernó en 1903-1904 y en 1907-1909. Cambió la ley electoral, para evitar fraudes, mejoró la administración, haciéndola más honesta y eficaz, realizó reformas económicas y un plan de fomento de la industria, y comenzó la legislación social en España con el Instituto Nacional de Previsión, base de los futuros seguros sociales, fomentó la formación de cooperativas e hizo un plan de Colonización Interior, para conceder a los trabajadores del campo tierras hasta entonces baldías. De pronto, la política «liberal», propia del siglo XIX, en que el Estado se limitaba a funciones puramente gubernativas y administrativas, había sido sustituida por otra política distinta, en que el poder público intervenía también en aspectos sociales y económicos.

El gran empeño de Maura era la Ley de Administración Local, una ley que, a pesar de su nombre, no se limitaba a modificar el sistema de ayuntamientos. Es cierto que éstos tendrían más poder, y el alcalde no sería representante del gobierno, sino del municipio y sus electores. Pero también por acuerdo de varios ayuntamientos podían formarse *mancomunidades* capaces de seguir una política común en una comarca. Las Diputaciones provinciales, a su vez, no serían representantes del gobierno, sino de los distintos ayuntamientos de la provincia; e igualmente podrían formarse mancomunidades provinciales, para unir en una serie de proyectos comunes a una determinada región, si cada una de las provincias decidía asociarse a las otras. Las mancomunidades no tendrían atribuciones políticas, sino administrativas, en campos como la enseñanza, la sanidad, las obras públicas, etc. Con todo ello pretendía Maura matar dos pájaros de un tiro: el caciquismo (dotando a los municipios de un poder que los caciques no podrían controlar) y el centralismo, que se consideraba excesivo, sin por eso ceder poderes políticos a los regionalismos y nacionalismos que ya por entonces comenzaban a manifestarse. La Ley de Administración Local se discutió en las Cortes por espacio de casi tres años, porque iba contra muchos intereses creados. Por otra parte, Maura era un hombre muy demócrata de principios, pero al mismo tiempo muy personalista, que se ganó enemigos, lo mismo que partidarios entusiastas. Fue el primer líder político que dio mítines en las plazas de toros y en los campos de fútbol. Tropezó con dificultades, pero en el verano de 1909 la Ley de Administración Local estaba aprobada por el Congreso, y sólo faltaba su aprobación por el Senado.

Aquel verano parecía tranquilo. El rey, Maura y gran parte de los ministros estaban de veraneo. Fue entonces cuando estalló en Barcelona la famosa *Semana Trágica*. Para protestar contra el envío de tropas a Marruecos —no se trataba de una guerra, sino de pacificar la zona del Rif contraria al sultán— se declaró una huelga general que, no se sabe cómo, porque los hechos están muy oscuros, desembocó en una situación de salvaje violencia. Se levantaron cientos de barricadas en las calles de Barcelona, que, sin ferrocarriles ni tranvías, sin luz, sin gas y sin teléfonos, vivió unos días de horror. Especialmente —otro misterio no aclarado— la mayor parte de los actos de salvajismo tuvieron como víctimas centros religiosos: más de sesenta iglesias y conventos fueron incendiados, destruidos y saqueados, incluyendo sacrilegios como la profanación de tumbas, o el bailar en la vía pública con los cadáveres de las monjas. En España se habían registrado ya, en épocas de gran desorden extremista, brutalidades contra los miembros de la Iglesia; pero las escenas de horror vividas en Barcelona no tenían precedentes.

El gobierno, ante la falta de efectivos en Barcelona, tuvo que recurrir a tropas traídas de Valencia y Zaragoza, que consiguieron restablecer el orden, no sin nuevas luchas. En general, la *Semana Trágica* (24-29 de julio de 1909) ocasionó 120 muertos y más de 300 heridos. La represión fue dura, aunque no tanto como se ha dicho. De 1.300 revolucionarios detenidos, 1.230 quedaron en libertad, 65 fueron condenados a penas de prisión, y 5 a la de muerte. Entonces la pena de muerte estaba en vigor en toda Europa y se aplicaba con rigor, en casos semejantes, en todas partes. A nadie podían extrañar semejantes medidas. Sin embargo, en varios países comenzaron a organizarse manifestaciones pidiendo la amnistía de uno de los condenados, Francisco Ferrer, anarquista director de la Escuela Moderna. Era un hombre tenido por poco culto, nada ejemplar y amigo de la violencia. Apenas se le conocían amistades en Cataluña, por su carácter huraño, pero debía tener —no se conocen las causas— influencias en el extranjero. El juicio de Ferrer duró más tiempo, pero al fin fue fusilado en octubre. Hubo protestas en París, Londres, Zurich, Milán, Bruselas, Buenos Aires.

Y entonces, el partido liberal, que no había puesto la menor dificultad a la ejecución de Ferrer, exigió de pronto la dimisión del gobierno, y formó el Bloque de Izquierdas, alineándose con republicanos y socialistas. Maura quedó sorprendido por una reacción tan inesperada, y cuando fue a consultar con el rey, Alfonso XIII, presionado, agradeció a su ministro una dimisión que éste no había presentado. Fue una crisis tan inesperada como mal explicada hasta ahora por las influencias que debieron ejercerse, apenas se sabe por parte de quién.

Maura, despechado, parecía dispuesto a dejar el ejercicio de la política. Más tarde, fiel a su vocación regeneracionista, prefirió dedicarse a modernizar a su partido, el partido conservador, para convertirlo en «un partido moderno, popular, a la manera de los partidos de Europa». Y pidió al rey que abogara en favor de una transformación similar en el otro partido, el partido liberal. Este hecho pareció posible cuando se hizo cargo de un gobierno liberal José Canalejas, un político más radical que otros miembros de su partido, con un programa regeneracionista de izquierda. Pronto Canalejas se reveló como un verdadero hombre de estado, lleno de ideas y de proyectos, que sabía llevar a cabo con inteligente energía. Maura y Canalejas hubieran sido incapaces de entenderse, como tampoco lo habían sido Cánovas y Sagasta. Lo importante era que cada uno reconociera la valía del otro, y estuviera dispuesto a jugar limpio contra él. En 1911, Canalejas declaró que no admitía otro rival en el partido conservador que Maura. Se abría así la posibilidad de una nueva alternancia en el poder de dos partidos modernizados y decididos a una política más sincera y más eficaz.

Naturalmente que nunca sabremos si esta esperanza se hubiera realizado. En 1912, Canalejas era asesinado por un anarquista portugués. La muerte física de Canalejas significó también la muerte virtual de Maura, porque los otros líderes liberales, afectos a la vieja escuela, no quisieron aceptarlo como adversario ideal. Por su parte, Maura se desmarcó del sistema político de la Restauración, y ya no quiso colaborar con él. El regeneracionismo seguiría existiendo, pero ya nunca más habría de ocupar el poder.

Regionalismos y nacionalismos

La crisis de fin de siglo presenció también la aparición de otro movimiento que acabaría teniendo una importancia muy grande en la historia de España contemporánea, aunque al principio sólo se advirtió su profunda penetración social en Cataluña. Hay que advertir que, como todos los movimientos regeneracionistas, el regionalismo es anterior a la derrota de 1898; el único papel que puede atribuirse a ésta, en todo caso, es el de haberla precipitado y reforzado.

El caso de Cataluña es el más visible, pues ya en la segunda mitad del siglo XIX se advierte un movimiento de romanticismo tardío, que los catalanes llamaron la *Renaixença* (Renacimiento), que significa una reivindicación de la lengua y la cultura catalanas. Hasta entonces era normal que las personas cultas, especialmente en las ciudades, hablasen castellano, y en el campo se hablase catalán, una lengua que no se tenía en gran estima. Ni siquiera tenía este nombre, ya que el primer escritor culto que la empleó, Buenaventura Carlos Aribau, decía escribir en *llemosi*, limusín, lengua del sur de Francia. Sin embargo, el catalán adquirió el carácter de lengua culta con Verdaguer, Guimerà, y con teóricos como Torras i Bages, Mañé i Flaquer, Durán i Bas, que al mismo tiempo profundizaron en la cultura catalana. Todos ellos eran muy tradicionales, buscaban, más que lo nuevo, la restauración de lo antiguo, organizaron los Juegos Florales, editaron periódicos y defendieron el *derecho a ser diferentes*. Eso sí, no tenían un carácter verdaderamente político, ni se sentían antiespañoles. Más de izquierdas es el federalista Valentí Almirall, que tampoco proponía una separación, sino un sistema federal. En la época del cambio de siglo, el gran poeta Joan Maragall se mostró regeneracionista: quería «una Cataluña grande en una España grande», y profetizaba que «España resucitará transfigurada por Cataluña». El movimiento catalanista cobró importancia en los primeros años del siglo XX, cuando se funda el primer partido político, la *Lliga Regionalista* y más tarde *Solidaridad Catalana*, mucho más radical. Los políticos de Madrid no comprendieron bien el movimiento catalanista, hasta que Maura concibió la Ley de Administración Local, y con ella el principio de las Mancomunidades. Maura se entendió bien con el jefe de la *Lliga*, Francesc Cambó; comenzó una colaboración leal, y hasta se decía que Cambó podía convertirse en el sucesor de Maura. La retirada de éste de la vida política rompió la prometedora comprensión mutua.

El movimiento nacionalista vasco (aunque ya en el siglo XIX, como en otras partes, hubo un movimiento romántico exaltador de lo propio y creador de una serie de mitos muy característicos) nace de un impulso mucho más individual y minoritario que el catalán. Su casi único impulsor fue Sabino Arana, hijo de un rico industrial vasco de militancia carlista. El carlismo había sido siempre una ideología tradicional, católica y españolista. La tradición vasca se entroncaba con las grandes gestas del imperio español (descubrimiento de América, primera vuelta al mundo por Elcano, victorias del Gran Capitán con soldados vascos). Casi todos los almirantes de la escuadra española entre los siglos XVI y XVIII habían sido vascos: Elcano, Legazpi, Oquendo, Gaztañeta, Churruca; y también requería una vieja tradición: que el secretario del rey de España había de ser vasco. Sabino Arana, como buen carlista, defendía a la «verdadera España» frente a los «jacobinos de Madrid» (los liberales). Sin embargo, por 1892 se le ocurrió la idea de que los vascos no son españoles. Sus compañeros, al principio, no admitieron su teoría. Hasta un día apedrearon los cristales de su casa. Pero Arana era un hombre «iluminado» y de una tenacidad extraordinaria. Hacia 1895 fundó el *Euskal Buru Batzar*, convertido muy pronto en Partido Nacionalista Vasco. Este partido surgió como un movimiento muy de derechas; concebía a Euzkadi como una república, pero sumamente tradicional y sometida a la Iglesia. Tuvo muy poco éxito, y al final de su vida (hacia 1902) Arana propugnó una política españolista: no se sabe si por táctica (puesto que apenas encontraba seguidores) o por convicción. El movimiento vasco no cobraría verdadera importancia hasta bastante más tarde.

En Galicia hubo también un movimiento romántico tardío, que exaltaba lo popular. El marido de Rosalía de Castro, Manuel Murguía, fundó en 1890 el periódico *La Patria Gallega*, y en 1899 Alfredo Brañas publicó *El Regionalismo*. Sin embargo, el galleguismo no tuvo un claro carácter político hasta la formación, allá por 1915, de las *Irmandades da fala*, para la defensa del idioma gallego. Su desarrollo fue bastante lento. En Valencia hubo un cierto movimiento regionalista a comienzos del siglo XX (*Valencia Nova*, 1904; *Joventut Valencianista*, 1908; *Centre Regionalista*, 1909). Luego, este movimiento, nunca de grandes dimensiones, decayó bastante. En Andalucía nació un movimiento regionalista dirigido por Blas Infante a partir de la Asamblea de Ronda (1915), pero por su carácter intelectual y teórico no caló por entonces en el pueblo. Realmente, el único movimiento regionalista que llegó a preocupar a principios de siglo fue el catalán, y aun así se vio en muchos casos la posibilidad de que colaborase en un movimiento regeneracionista de carácter general. Sin embargo, este problema, que no pareció de los más graves en la crisis del cambio de siglo, habría de resurgir muchas veces en épocas posteriores.

La primera guerra mundial y la crisis del sistema

En 1914 estalló la primera guerra mundial. Por fortuna, el rey Alfonso XIII, hijo de una austriaca y casado con una inglesa, era pacifista, y realizó una encomiable labor a través de la Cruz Roja. También el entonces primer ministro, Eduardo Dato, se inclinó por la neutralidad. Pudo ocurrir otra cosa, porque en aquellos tiempos muchos españoles, incluidos bastantes políticos, eran partidarios de la guerra: les parecía que España no era una potencia si no intervenía en la contienda. Realmente, no había motivo alguno para hacerlo. Y la neutralidad nos vino bien, aunque la guerra, de todas formas, surtió efectos, unos positivos, otros negativos. Entre las ventajas estuvo el poder exportar productos a los beligerantes, necesitados de ellos. Los beneficios de la exportación de mineral de hierro se multiplicaron por veinte, y también se vendieron muy bien otros metales estratégicos, o tejidos, e incluso productos agrícolas. Los países en guerra habían de esforzarse en aumentar su producción bélica, y abandonaron otras industrias o parcialmente los cultivos. Así, España pudo permitirse el lujo de obligar a las primeras potencias del mundo a comprar sus artículos a precios muy altos, y en oro. Nunca se había visto en tal situación de ventaja. Las reservas de oro del Banco de España, en cuatro años, se multiplicaron por tres.

Muchos industriales hicieron su fortuna, especialmente los mineros, los siderúrgicos y los textiles; también algunos cultivadores. El dinero abundó como nunca en España. Las fábricas trabajaban las veinticuatro horas del día, en tres turnos. Hubo por tanto una situación de pleno empleo, pero también graves inconvenientes. La abundancia de dinero, y la exportación de productos, que faltaron así en el mercado español, provocó una fuerte inflación, de suerte que en 1919 los precios eran lo doble que en 1913. Y los salarios, aunque también subieron, lo hicieron más despacio, de forma que sólo en 1921 alcanzaron a los precios. Hacia 1917 se produjo el máximo desfase. Y fue entonces cuando se produjeron los más fuertes movimientos de descontento. Los militares exigieron aumento de sueldo *(Juntas Militares de Defensa)*, y luego pasaron a hacer también exigencias políticas. En Barcelona se reunieron una especie de Cortes *(Junta de Parlamentarios)*, para protestar contra el gobierno de Madrid; y lo más grave fue la Huelga General Revolucionaria, la más amplia que había tenido lugar en España, y de la que derivaron unos 100 muertos. Los distintos movimientos no triunfaron, porque cada uno de ellos pretendía cosas muy distintas; pero el gobierno, aunque consiguió reprimirlos, quedó muy debilitado y desprestigiado. Desde entonces se inicia una decadencia, con numerosos desórdenes, huelgas y terrorismo social.

La situación no mejoró con la paz, porque se produjo el fenómeno inverso: había demasiada producción, y los países extranjeros dejaron de comprar productos españoles. Muchas fábricas tuvieron que cerrar, y gran cantidad de trabajadores quedaron en la calle. En 1921 se produjeron dos catástrofes: una fue el asesinato de Dato, quizá el político más capaz del momento, que murió por los disparos de un anarquista. El otro fue el desastre de Annual: España estaba comisionada, junto con Francia, para poner paz en Marruecos: fue una política que se aceptó sin muchas ganas, pero prácticamente obligada. Las tropas españolas, que no sabían por qué combatían, estaban bajas de moral. Y un imprudente avance del general Fernández Silvestre desde Melilla hasta Annual, en las montañas del Rif, provocó una derrota que se consideró vergonzosa. Tanto los políticos como los militares, más que a tratar de remediar el desastre, se dedicaron a tirarse los trastos a la cabeza. Llegó a acusarse al propio rey, que había animado a Silvestre, y Alfonso XIII se vio en tal situación, que más tarde dijo que el año 1921 había sido el más triste de su reinado, y había estado a punto de abdicar.

Se formaron gobiernos de salvación (a base de coaliciones de partidos contrarios); pero esta política acabó con el régimen del turno, y no se sabía qué otra seguir. El régimen estaba completamente desgastado, y aunque los salarios mejoraron las condiciones de los trabajadores, la agitación social continuó sin tregua. A comienzos de los años veinte, la situación interior de España había hecho crisis.

La dictadura de Primo de Rivera

En septiembre de 1923, el general Miguel Primo de Rivera, entonces capitán general de Cataluña, exigió al rey que le concediera plenos poderes. Parece que la burguesía catalana animó al general, pues vivía agobiada por el terrorismo anarquista. Alfonso XIII se vio en un apuro dramático: si no aceptaba a Primo de Rivera se exponía a un golpe de estado y tal vez a una guerra civil. Si aceptaba, abría paso a una dictadura. Y al fin aceptó, quizá creyendo que la mayoría de la opinión estaba de acuerdo con aquel cambio. Se equivocó por lo que respecta a la naturaleza y a las consecuencias de una dictadura; parece que acertó en el sentido de acatar la opinión, pues todo parece indicar que un número muy grande de españoles estaban dispuestos a aceptar momentáneamente a un hombre fuerte que resolviese los problemas. Desde que Joaquín Costa, en la crisis del 98, había hablado de la necesidad de un «cirujano de hierro», muchos españoles vivían en la convicción de que hacía falta un hombre fuerte que, con un poder transitorio, arreglase lo que los políticos eran incapaces de resolver. Primo de Rivera era un militar enérgico, espontáneo, simpático, no muy inteligente, pero con intuiciones. Su visión era muy simplista: implantó un Directorio militar y creyó que todo se arreglaba con «diez o quince medidas bien tomadas», en un plazo de «cuatro o cinco meses». El general tenía un fondo liberal, y concebía la dictadura como una situación transitoria para resolver los problemas y volver luego a la normalidad.

Pero las cosas no eran tan fáciles. Tomó medidas eficaces, desaparecieron los desórdenes y el terrorismo, mejoró la economía, aumentó el empleo y la gente aplaudía cuando detenían a un político corrupto o multaban a un cacique. Pero la idea de que, arregladas las cosas, era posible volver «a lo de antes» se vio cada vez más complicada. Primero el dictador pensó que bastaba cambiar a las personas, luego se dio cuenta de que hacía falta cambiar el sistema. En 1925, tras el desembarco de Alhucemas (primera acción de la historia en que participaron fuerzas de tierra, mar y aire) resolvió triunfalmente el problema de Marruecos, y entonces disolvió el Directorio militar y formó un gobierno civil. Su plan era doble: buscar un nuevo régimen para España, y seguir mejorando el nivel social y económico. En este segundo aspecto, el éxito de Primo de Rivera, bien aconsejado por expertos, fue indudable: se llegó al pleno empleo, mejoraron los salarios, aumentó la producción, y los precios, a pesar de la coyuntura expansiva, no subieron. Nuevas leyes protegieron a la industria, se asfaltaron las carreteras (hasta entonces de piedra y tierra apisonada), se comenzó la electrificación de los ferrocarriles y se construyeron grandes embalses para impulsar la producción de energía eléctrica. Apareció la Telefónica, y muchos españoles de clase media o alta pudieron permitirse el lujo de tener un teléfono, un aparato de radio o comprarse un automóvil. Aparecieron obreros especializados, como electricistas, mecánicos, pequeños transportistas, etc., que tendían a ingresar en las clases medias. Evidentemente, la gente vivía mejor, y luego se recordaría aquella época como «los felices años veinte». Se generalizaron espectáculos como las salas de cine, se empezó a practicar el turismo (y también llegaba turismo de fuera), se puso de moda el fútbol, y en 1927 comenzó a jugarse el Campeonato de Liga. Los españoles tendían a una vida alegre y despreocupada.

El problema era el político. Primo de Rivera no sabía cómo inventar un régimen nuevo, y tenía que cumplir su promesa de abandonar la dictadura. Apareció un partido, la *Unión Patriótica*, de carácter regeneracionista, que Primo de Rivera enseguida apadrinó, pero a él se unieron personas de todas clases, desde las que pretendían un régimen autoritario hasta los amigos de los viejos políticos, que deseaban regresar al sistema de antes. Se reunió una «Asamblea Nacional», que se propuso como primer fin redactar una nueva Constitución, pero las discusiones duraron años, y los asambleístas no se ponían de acuerdo. Primo de Rivera no tenía talento político, ni tampoco encontró intelectuales que le apoyaran. Pronto, por su tardanza en marcharse y por sus contradicciones o arbitrariedades, empezó a ganarse enemigos.

Las cosas marcharon para él sin grandes dificultades mientras la economía iba viento en popa. España se había modernizado e industrializado. Era fácil encontrar trabajo, el número de ahorradores (en las Cajas de Ahorros) se multiplicó por tres, y abundaba el dinero. Pero en 1929 llegó la Gran Depresión, un fenómeno de pánico que comenzó en Estados Unidos y pronto se contagió a Europa. Muchas empresas quebraron, la gente retiraba el dinero de los bancos, empezó el paro, y la peseta, que se había convertido en una de las divisas más valoradas del mundo, cayó en picado. Lo único que podía hasta cierto punto justificar la dictadura era la prosperidad económica, y esa justificación desapareció. Cundió el descontento, Primo de Rivera perdió los apoyos que tenía, y a comienzos de 1930 el rey le despidió. España entraba en una fase de crisis y de incertidumbre.

Capítulo 22

LA REPÚBLICA Y LA GUERRA (1931-1939)

A los «felices años veinte» suceden los «aciagos años treinta». La Gran Depresión en lo económico, la radicalización de los movimientos sociales, una nueva oleada de nacionalismos regionalistas y la división de las fuerzas políticas van a ser los factores que conducirán a España, por difíciles vericuetos, a una guerra civil. No faltaron deseos de implantar una verdadera democracia ni hombres valiosos, capaces de comprender los problemas, pero las circunstancias eran propicias a la discordia, y los hechos fueron más poderosos que la inteligencia o la buena voluntad de aquellos hombres.

La caída de Alfonso XIII

La dictadura cayó en enero de 1930. La monarquía cayó en abril de 1931. Ambos acontecimientos están tan cercanos entre sí, que hay motivos para suponer que existe una relación entre ellos. Es indudable que la dictadura no podía prolongarse indefinidamente, y que fracasó en su tarea de inventar un régimen nuevo. Se podía volver atrás, pero eso era justamente lo que menos deseaban los españoles, excepto muchos viejos políticos. Alfonso XIII se equivocó al aceptar al dictador, aunque creyó que ese remedio de emergencia iba a ser momentáneamente acatado —y parece que lo fue, en efecto—, pero quedaba comprometido con la dictadura, y muchos ya no se lo iban a perdonar. Volver a lo de antes era impopular. ¿Y qué otro «régimen nuevo» podía encontrarse? Entonces empezó a mencionarse la república. A los monárquicos, que eran muchos, les faltó imaginación, y los republicanos fueron ganando terreno. Aun así, no hay datos para saber qué hubieran votado los españoles en un referéndum.

El hecho es que el 12 de abril de 1931 se decidió celebrar unas elecciones municipales. Por su carácter, no podían decidir el sistema de gobierno, pero se pensó que servirían para conocer un poco la opinión. De estas elecciones salieron muchos más concejales monárquicos que republicanos. Sin embargo, los republicanos, basándose en el hecho de que habían ganado en la mayor parte de las capitales de provincia, se consideraron vencedores. Los monárquicos, desmoralizados y muchos de ellos resentidos con Alfonso XIII porque había aceptado la dictadura, no opusieron resistencia, y el rey prefirió exiliarse. De esta forma curiosa, aunque no del todo inesperada, se proclamó la II República el 14 de abril de 1931.

La Segunda República

La República (1931-1936) señala un momento de extraordinaria inestabilidad en nuestra historia. Sin duda alguna los republicanos quisieron implantar un sistema decididamente democrático, pero tropezaron con muchas dificultades, entre ellas su propia división, la gran cantidad de partidos que se formaron, la falta de un clima de consenso, la no colaboración de los extremistas, la proliferación de los nacionalismos insolidarios con el conjunto, la crisis económica y la exaltación de las fuerzas sociales. La duración media de un gobierno es de tres meses, y la mayoría de las reformas proyectadas no pudieron ponerse en práctica, por falta de medios o por la división de los ánimos. Había un poder legítimo, derivado de un parlamento elegido por el pueblo y de un gobierno consentido o amparado por ese parlamento; pero había al mismo tiempo un «poder en la calle», que muchas veces resultó ser más fuerte y más efectivo que el poder gubernamental. La «movilización» de los españoles, su ansia, con frecuencia pasional, por intervenir en la vida pública, alcanzó su paroxismo, sin precedentes quizá en ninguna otra época.

Es de destacar que entre 1898 y 1936 se registra uno de los movimientos de «movilización» más importantes del pueblo español. Todavía en la época del cambio de siglo, la mayoría de la gente se desentendía de la política, y sólo votaba la cuarta parte de los ciudadanos que tenían derecho a hacerlo. Sin embargo, en cuanto comenzó el siglo XX, se inició una etapa de creciente inquietud por la política. Influyeron en ello el regeneracionismo, el maurismo con sus grandes actos de masas, los movimientos obreros, organizados ya por los sindicatos, una prensa cada vez más partidista y cada vez más leída. La crisis de 1917 movió grandes masas. Incluso la Dictadura consiguió movilizar a los que odiaban la política. La República es una época de efervescencias y pasiones, en la que ya ningún español es indiferente a las cuestiones públicas.

Por otra parte, faltó un gran político cuya autoridad moral fuese al menos reconocida y respetada por todos. Las divisiones y las actitudes inconciliables fueron haciéndose cada vez más duras. Una circunstancia que pudo influir en las actitudes intransigentes fue la ley electoral, que daba una gran ventaja a una coalición de partidos frente a la contraria, por pequeña que fuera la diferencia de votos. Así, los derrotados, siempre pensaban que lo habían sido injustamente. De este hecho derivó una curiosa sucesión de situaciones, que puede resumirse en este esquema: *a*) victoria de un grupo no proporcional a los votos; *b*) cierto abuso del grupo que disfruta de la mayoría; *c*) intento del otro grupo de dar un golpe violento; *d*) represión de este golpe por parte del gobierno; *e*) protestas contra la represión, e impopularidad del gobierno; *f*) nuevas elecciones y triunfo del otro grupo. Esta historia se repitió dos veces y media: a la tercera, triunfa *c*) —el golpe— y empieza la guerra civil.

Hubo un bienio de izquierda (1931-1933), cuya figura más importante fue Manuel Azaña, en que se hizo una constitución republicana, una reforma agraria, que dio pocos resultados (por mal pensada o por falta de medios para realizarla), reformas en la enseñanza, y una política contra la Iglesia. La penuria económica —falta de dinero, pocas inversiones, déficit de la balanza comercial, paro— suscitó el descontento, y sobre todo las violencias sociales. Los sindicatos entonces más fuertes eran la CNT anarquista y la UGT socialista. Fracasó un golpe de derecha dirigido por el general Sanjurjo, en 1932, que fue reprimido. Sin embargo, en las elecciones de 1933, (primeras en que votaron las mujeres), ganó la coalición de centro-derecha; el líder del centro era Alejandro Lerroux, y el de la derecha, José M.ª Gil Robles; pero hubo oposición a que gobernara la derecha, y por su parte el centro tenía muy pocas ideas. Se procuró poner remedio a la situación económica, con poco éxito, si bien es verdad que el año 1935 fue el menos malo de la Gran Depresión. La República no tenía ninguna culpa de la coyuntura económica, pero las luchas políticas y sociales o las continuas huelgas tampoco eran el mejor medio de solucionar el problema.

En 1934 tuvo lugar una revolución social en Asturias, que para algunos fue el primer capítulo de la guerra civil. Se cometieron muchos actos de violencia, y la represión fue dura. En este ambiente se celebraron las elecciones de febrero de 1936. Los españoles se radicalizaban: el centro se hundió, y tanto la derecha como la izquierda tuvieron casi los mismos votos: 4,6 contra 4,5 millones. Pero la izquierda obtuvo 263 diputados y la derecha 145. Se implantó el Frente Popular, en un clima de gran efervescencia y violencias continuas: había ya una extrema derecha y una extrema izquierda. Y quizá lo peor es que el poder del gobierno era incapaz de dominar al poder de la calle. Hoy es muy difícil explicar por qué fracasó la República. Quizá, entre otras razones, porque se esperaba mucho de ella. También por la división de los propios republicanos, por la actitud poco transigente de unos con otros, y por la Gran Depresión económica, que provocaba, inevitablemente, paro y descontento. Hay que tener en cuenta que entonces no había (ni podía haber) subsidio de paro.

La guerra civil (1936-1939)

El 13 de julio de 1936 fue asesinado por elementos de la policía el jefe de la oposición de derecha, José Calvo Sotelo. El grupo de militares que ya estaban conspirando para dar un golpe contra el régimen del Frente Popular creyeron aprovechar la ocasión psicológica, para sublevarse al momento, cuando aún el levantamiento no estaba bien preparado. Se lanzaron a la acción el 17, 18 y 19 de julio. Los militares sublevados estaban casi seguros de que el golpe iba a triunfar. El gobierno estaba seguro de poder reprimirlo. Sin embargo, no ocurrió ninguna de estas dos cosas: la rebelión triunfó en unas partes y fracasó en otras. Quedaron enfrentados militares contra militares, civiles contra civiles. Y, aunque probablemente los españoles responsables no deseaban una guerra, ocurrió que ni un bando ni otro quisieron rendirse, porque sabían que las represalias serían terribles. Fue así como se llegó a la guerra civil.

La guerra, contra lo que se esperaba, no duró unos meses, sino tres años. No fue tan sangrienta como se dice en los frentes de combate, donde las acciones fueron por lo general lentas y en muchos sectores pasaron meses enteros sin lucha. Pero se realizaron tremendas represiones en la retaguardia de uno y otro bando, por los odios acumulados, y éste es uno de los hechos más tristes de aquellos años. Una guerra entre hermanos suele ser especialmente cruel, y así lo son tantas guerras civiles. No se puede hablar de una simple guerra entre militares, ni mucho menos entre un ejército y un pueblo. El ejército estaba dividido, el pueblo también. Un hecho llamativo es que el territorio de cada bando se corresponde casi exactamente con el mapa de las elecciones de 1936: donde había triunfado la derecha, triunfaron los sublevados, donde había triunfado la izquierda, triunfó el gobierno republicano. Es decir, que el golpe lo dieron los militares, pero el éxito o el fracaso del golpe lo determinaron más bien los elementos populares. Entonces los españoles estaban enfebrecidos por una situación de especial violencia, y sólo así nos explicamos el entusiasmo de los voluntarios de uno y otro bando que cantando himnos de guerra se dirigían en camiones al frente. Hoy nos resulta difícil comprenderlo, pero entonces las cosas eran así.

Los sublevados o «nacionales» dominaban Galicia, Castilla-León, Navarra, La Rioja, parte de Aragón, la Baja Andalucía, Baleares y Canarias. Los partidarios del Frente Popular ocupaban Madrid, Castilla-La Mancha, Cataluña, Valencia, Murcia, y una franja de la costa cantábrica, de Asturias al País Vasco. El gobierno de Madrid dominaba casi todas las grandes ciudades —excepto Zaragoza y Sevilla—, las zonas industriales, y era dueño de los fondos del Banco de España y de la mayor parte de la marina y la aviación. Parecía que el triunfo le estaba asegurado. Pero los nacionales estaban mejor organizados, y contaban con las tropas más entrenadas, las procedentes del protectorado de Marruecos. Fue así como el general Franco, partiendo de Sevilla, ocupó toda Extremadura y avanzó por la cuenca del Tajo hasta amenazar a Madrid. Tal como iban las cosas, parecía que los nacionales iban a ganar la guerra antes de Navidades. Pero los republicanos se reorganizaron en Madrid y se defendieron bien, al tiempo que les llegaban refuerzos en forma de Brigadas Internacionales, formadas por voluntarios de diversos países. Entonces, los sublevados admitieron también un cuerpo de voluntarios italianos. La guerra se internacionalizaba, y distintos países vendían armas a unos y otros.

La participación internacional tuvo trágicas consecuencias. Por un lado, prolongó la guerra, pues por cada ayuda que recibía un bando, el otro recibía una ayuda equivalente. Por otro lado, le dio un carácter más extremista, pues los países comunistas, especialmente la Rusia soviética, ayudaron a los republicanos, y los países fascistas, como Italia y Alemania, ayudaron a los nacionales. No puede decirse que fuera exactamente una guerra entre fascistas y comunistas, pero tuvo un poco de eso, algo que en un principio apenas podía pensarse. En España ya no había democracia, ni en un bando ni en otro, ni era fácil pensar que pudiera haberla cuando hubiese concluido la guerra. El gobierno de la zona republicana no podía controlar bien el territorio, porque había muchos poderes locales y comarcales que obraban por su cuenta, y porque socialistas (entonces muy radicalizados), comunistas y anarquistas se llevaban mal entre sí. Por el contrario, el general Franco fue nombrado, en octubre de 1936, Jefe del Estado y «generalísimo» con plenos poderes de la zona nacional, y procedió a una obra de unificación. Tampoco fue fácil porque entre los nacionales había igualmente muy diversas tendencias; pero al fin la unificación se realizó, y ésta fue una de las claves del triunfo final de los nacionales en la guerra.

Los republicanos prefirieron lanzar grandes ofensivas con muchos efectivos, pero fracasaron. En cambio, Franco prefirió lanzar pequeños ataques concretos en aquellos sectores en que momentáneamente tenía superioridad, y así fue ocupando primero la zona cantábrica —1937— y luego la cuenca del Ebro hasta llegar al Mediterráneo —1938—, con lo que la España republicana quedó partida en dos. En 1939 atacó Cataluña y después Madrid. La guerra terminó en abril. El gran conflicto había durado dos años y nueve meses, y constituyó probablemente una de las mayores catástrofes de la historia moderna de España. Murieron trescientos mil soldados, y una cantidad no muy inferior de civiles. Hubo millón y medio de heridos, medio millón de exiliados, 250.000 edificios destruidos, la industria maltrecha, los campos arrasados, las reservas del Banco de España llevadas a Rusia por los vencidos. Más difíciles de restañar fueron aún las heridas morales, los odios, las violencias, la cerrazón de las actitudes. La guerra civil fue un trauma del cual iba a ser difícil recuperarse durante mucho tiempo.

Capítulo 23

LA ÉPOCA DE FRANCO (1939-1975)

Una vez terminada la guerra era muy difícil saber lo que iba a seguir. Los vencedores se ufanaban de su triunfo, y se hacían los más ambiciosos proyectos —«la salvación de España», «la grandeza de la patria», «el Imperio»—, aunque muchos de los eslóganes de entonces eran más que nada producto de la propaganda: pero es evidente que no había un proyecto común, puesto que entre los propios vencedores existían proyectos distintos y hasta incompatibles. Muchos de los vencidos pensaban en la revancha, y esperaban que cualquier circunstancia histórica —por ejemplo, una guerra mundial, que parecía inminente— favoreciera sus deseos. De ellos, los más destacados e influyentes se hallaban en el exilio. Otros se resignaban a su suerte, y procuraban disimular su carácter republicano o de izquierdas, para sobrevivir de la mejor manera posible. Una idea que, con fundamento o sin él circuló con frecuencia en las conversaciones privadas de los españoles era la de que se acabaría desembocando en una restauración de la monarquía, aunque quedaba en el aire el tipo de monarquía que iba a prevalecer. Hasta que en 1941 murió en el destierro Alfonso XIII hubo siempre quien pensó en su restablecimiento. La vuelta a la República sólo era posible en caso de que los vencidos, por una circunstancia histórica, previsible o no, se convirtieran en vencedores. Pero muchos de los vencidos tampoco deseaban la vuelta a una República como la de 1931-1936.

Lo que nadie pensaba —probablemente ni el mismo Franco— era que la jefatura de Franco se pudiera prolongar sin solución de continuidad por espacio de treinta y seis años más. Es así como la duración del mandato de Franco, desde su nombramiento como Jefe del Estado, se extendería durante treinta y nueve. Jamás un español de sangre no real —y pocos reyes— había mantenido su suprema magistratura a lo largo de tanto tiempo. La anómala duración del mandato de Franco es un hecho históricamente poco corriente, cuyas causas habría que estudiar con detenimiento. No vale decir que un dictador investido con plenos poderes puede mantenerse todo lo que quiera, porque casi nunca ocurrió así. El caso de Primo de Rivera, al que finalmente acabaron echando casi todos, estaba todavía muy reciente. Por supuesto, Franco llegó al poder en una guerra civil, y lo mantuvo porque fue el vencedor en esa guerra. Pero también se dieron circunstancias especiales, entre ellas el propio horror de los españoles a otra contienda civil. «Cualquier cosa ahora menos una guerra» fue una frase muy oída por los primeros años (incluyendo, por supuesto, la participación de España en la guerra mundial). La habilidad de Franco para sortear las dificultades y hacer creer que era necesario, influyó también. Cuenta igualmente una gran desmovilización de los españoles. Si entre 1898 y 1936 se pasa progresivamente de la indiferencia a una participación activa y apasionada en la vida pública, a partir de 1939, y sobre todo hasta 1968 se da el caso diametralmente opuesto. Hasta por los recuerdos de un turbulento pasado, como por obra de la propaganda oficial, la palabra «política» tenía para muchos una connotación negativa. Hubo entusiastas del régimen y hubo oposición clandestina, pero la mayor parte de los españoles dejaban hacer, más preocupados de su trabajo o de labrarse su porvenir. Si la oposición interna tuvo muy poca virtualidad, la oposición externa, la de los exiliados, cometió torpezas o apareció dividida, máxime que para derribar al régimen imperante había que tener un proyecto definido de aquel que lo había de sustituir, y en este punto nunca hubo acuerdo. Otros hechos, como la propia condena de las Naciones Unidas contra el régimen franquista, pudieron resultar contraproducentes y otorgar al dictador apoyos que nunca pensó recibir. No sabemos ciertamente si fueron estos u otros los motivos que permitieron tan larga perduración al régimen; lo indiscutible es que esta perduración, contra las previsiones de muchos, se produjo.

Planteamiento de posguerra

Cuando terminó la guerra civil, unos estados de Europa eran totalitarios, como los de tipo fascista al estilo de Italia y Alemania, o los de tipo comunista como la Unión Soviética, todos con un partido único, un poder supremo muy fuerte, un parlamento poco más que nominal, y un «jefe carismático» que era objeto de un verdadero culto a la personalidad. Otros países, entre ellos las cercanas Francia e Inglaterra, eran democráticos, parlamentarios y con pluralismo de partidos. Había, por tanto, varios modelos de Estado, y no puede extrañar cómo hoy extrañaría hasta el escándalo que España se ajustara más o menos a cualquiera de ellos. No se sabía siquiera cuál de esos modelos iba a triunfar en el futuro, tras el ya previsible enfrentamiento de una guerra mundial. Esta misma incertidumbre pudo paralizar a muchos españoles que desconocían el futuro del mundo. Ahora bien, después de la victoria de los aliados en 1945, sólo prevalecían dos modelos, aunque ambos contrapuestos: el comunista y el democrático: y España no se ajustaba a ninguno de los dos. El planteamiento había cambiado por completo, y ahora la mayor parte del mundo se oponía a la postura oficial vigente en España. Franco jugó con el miedo al comunismo, pero también tuvo habilidad para no enfrentarse a los países de Occidente, prometiendo reformas y realizando algunas. No puede hablarse así de «un régimen de Franco», porque no es lo mismo el sistema parafascista, en que la Falange era la fuerza más visible, de los años cuarenta, al mucho más abierto, con una cierta libertad, y una evidente prosperidad económica, de los años setenta. Como no puede compararse la cartilla de racionamiento con el consumismo y la alegría de vivir. El régimen de Franco fueron muchos regímenes de Franco, o, si se prefiere decirlo así, hubo muchos estilos de vida, privada o pública, a lo largo de treinta y tantos años, que ofrecen llamativos contrastes. Casi lo único común que en todo tiempo se mantuvo fue justamente la presencia de la misma persona al frente del poder.

Franco y los elementos del sistema

Cuando estalló la guerra civil, nadie podía suponer que, fueren cuales fuesen sus resultados, el general Francisco Franco iba a ser Jefe del Estado. Su designación, en octubre de 1936, se debió en gran parte a que sus ideas políticas no estaban tan definidas como las de otros generales. Él mismo se definió, antes y después de ocupar su cargo, como «apolítico». Eso sí, era un hombre reconocido como militar y buen estratega desde las campañas de África. La figura humana de Franco no es fácil de entender. De baja estatura, figura redondeada, voz débil sin facilidad alguna de palabra, y gestos tímidos, parece la imagen menos apropiada para un dictador, sobre todo para lo que eran los orgullosos dictadores de aquellos tiempos. Era frío y calculador, dejaba hablar a los demás, y sólo decía al final unas palabras que, sí, —como en el caso de Felipe II— procuraba que fueran las últimas. Nunca tuvo prisa. Frases suyas, repetidas, eran «el tiempo es buen aliado» o «hay que saber esperar». Esta flema especial chocaba con el carácter temperamental de los españoles, y probablemente fue para él una ventaja. Nunca se le vio alterado, ni en las situaciones más comprometidas. Con su timidez especial, nunca obró por corazonadas, y nunca tomó una decisión antes de pensárselo muchas veces. Él mismo imprimió el famoso «ritmo lento» a la guerra, una táctica que le permitió ganarla, y siguió obrando a ritmo lento durante su largo mandato.

Tenía unas cuantas ideas muy firmes: era muy militar, y por tanto «patriota», católico, amante del orden y de la disciplina. Creía que el sistema de partidos políticos había sido fatal para España, y jamás los permitió, ni aun en los momentos de mayor apertura. Fue muy anticomunista —en un momento en que el comunismo era un movimiento también totalitario, aunque de extrema izquierda—, y tenía una manía muy especial a la masonería. Supo hacerse necesario, y hacer ver a todos los que le habían apoyado en la guerra, que saldrían ganando si le seguían apoyando en la paz. Se apoyó en todos a la vez, sin inclinarse por ningún grupo determinado, por lo cual suele decirse que todos los gobiernos de Franco fueron «gobiernos de coalición»: entiéndase, coalición de todas las fuerzas o tendencias que le apoyaban o simplemente le aceptaban. Y fue realista: «nunca contradijo los hechos», se dijo de él. Supo adaptarse a las circunstancias fundamentales, aunque sin renunciar nunca a sus principios, que como ya queda dicho, fueron pocos, aunque firmes. Franco fue un dictador, en el sentido genérico que suele concederse a esta palabra; no fue un hombre violento ni colérico, jamás levantó la voz, y con frecuencia oía todos los consejos que querían darle, aunque al final seguía su propio criterio, pero sin estridencias ni gestos teatrales. Todo ello no significa que no cometiera actos de dureza o de autoridad incontestable —sobre todo al principio, cuando no existía ningún freno jurídico a su autoridad—, pero prefería no dar la nota ni tomar medidas espectaculares.

Franco encontró el apoyo de aquellos que habían hecho la guerra en el bando «nacional», y el odio —casi nunca la violencia manifiesta— en aquellos que perdieron la contienda. Pero, entre los vencidos, dentro de España, reinaban también la resignación o la indiferencia. La propia «desmovilización política» de los españoles permitió a Franco seguir gobernando sin grandes peligros interiores aun en los momentos de mayor hostilidad internacional. Entre los que lo apoyaron desde el primer momento podemos contar:

a)   los falangistas. La Falange fue un partido de corte fascista, al principio idealista y juvenil, fundado por José Antonio Primo de Rivera, hijo del antiguo dictador, durante la República, cuando las fuerzas políticas se radicalizaron. La Falange prefería más una república que una monarquía, un partido único, una autoridad fuerte, detestaba los parlamentos y preconizaba una política social, eso sí, encauzada por un sindicato único;

b)   los tradicionalistas, carlistas o emparentados directamente con ellos. Eran monárquicos, al contrario de los falangistas, y por

LA ÉPOCA DE FRANCO (1939-1975) 273

eso se llevaban mal con la Falange, aunque Franco los unificó a la fuerza, unificación que nunca fue del todo efectiva. Pretendían una monarquía autoritaria y basada en las tradiciones españolas, en particular el sentido católico;

c) los partidos de derechas, procedentes ya de la monarquía, ya de tiempos de la república. Bajo el régimen de Franco estaban prohibidos los partidos políticos, pero muchos de los hombres de derechas que habían contribuido al levantamiento contra el Frente Popular en 1936 siguieron apoyando de hecho a Franco, aunque en ocasiones le aconsejaran moderación y apertura. Entre ellos contaban también antiguos miembros de la Unión Patriótica, fundada en tiempos de Primo de Rivera, y hasta conocidos mauristas regeneracionistas. Más tarde habría demócratas cristianos que entraron en el régimen para irlo reformando en el sentido de una mayor democratización;

d) la masa católica en general. La Iglesia, en su gran mayoría, apoyó a Franco, más que por simpatía en sí, porque los enemigos de Franco habían perseguido a la Iglesia, habían incendiado centenares de templos, y habían asesinado a dieciséis obispos y más de 6.000 sacerdotes. Franco se presentó como católico y defensor de los principios cristianos. En este sentido, puede decirse que la Iglesia no tuvo opción, aunque en ocasiones sirvió para moderar la naturaleza del régimen. Como, por otra parte, Franco respetó a la Iglesia, puede decirse que la única voz libre o la única prensa libre fue la que salía de ella. Pero no se trata sólo de la Iglesia como institución, sino que muchas familias sinceramente católicas, tal vez de ideas políticas no muy definidas —o totalmente apolíticas— apoyaron a Franco o al menos le consintieron, justamente por su carácter católico y no perseguidor. Entre esta masa católica, de muy amplio espectro social se encontró el franquismo muy cómodo, porque sabía que aquellos millones de españoles podían criticarle determinadas medidas o actitudes, pero nunca iban a ponerse abiertamente contra él;

e) los apolíticos y más aún los «antipolíticos» por definición (no, por supuesto, se entiende, los anarquistas). Aquellos que decían estar «asqueados de la política» se encontraban dispuestos a apoyar un régimen neutro y poco definido. Franco fue más autoritario que dogmático. «Nosotros no somos de derechas ni de izquierdas», dijo muchas veces. La llamada «masa neutra» vio por lo general estas declaraciones con simpatía, aunque sintiera rabia, por ejemplo, contra la insistente propaganda falangista, que fue la que proclamó más abiertamente una ideología, y por eso mismo resultó más antipática a los españoles neutros o poco definidos. A todos aquellos que no tenían inquietudes políticas no les molestó en absoluto la «tolerancia con la indiferencia», que distingue al régimen de Franco de otros sistemas totalitarios de la época, que «obligaban a intervenir» en contra de la propia opinión. De carácter neutro fueron también los que hablaban de la «filosofía de la eficacia», más tarde llamados tecnócratas, que preferían la buena marcha de la administración, el buen funcionamiento del país, a un programa político-ideológico. Los tecnócratas acabarían teniendo predominio en los últimos tiempos.

La dura posguerra

España había sufrido grandes pérdidas en hombres, edificios, estructuras y dinero durante la guerra. Y ahora se encontraba con inmensas dificultades para su recuperación. Uno de los principales problemas era la falta de las reservas del Banco de España, que los vencidos habían enviado a Rusia (cierta cantidad de plata a México). Esto significaba inflación. La zona nacional, gracias a una política bancaria muy ajustada, sólo había sufrido una subida de precios del 50 % durante la guerra. Pero en la republicana, peor administrada, los precios habían crecido un 2.000 %. Una vez lograda la paz, la economía española quedó unificada, pero por falta de respaldo hubo que emitir papel, y la inflación se hizo galopante en todas partes.

España hubiera podido acometer mejor su reconstrucción con ayuda exterior; pero sólo cinco meses después de terminar la guerra civil, en septiembre de 1939 estalló la segunda guerra mundial. Muchos esperaban que el gobierno se pusiera al lado de Alemania e Italia, que habían ayudado a Franco. Pero éste prefirió mantener la neutralidad, que era lo más razonable en aquellos momentos. En la primera guerra mundial (1914-1918), España había hecho buenos negocios vendiendo a ambos beligerantes; ahora se encontraba en una situación completamente distinta. Destrozada por la guerra, con muy poca producción, casi nada podía ofrecer, y tampoco podía esperar nada de los beligerantes. Los países del Eje, especialmente Alemania, exigieron el pago de la ayuda prestada, pago que muchas veces hubo que hacer mediante entrega de materias primas, que así faltaron en España, y esa falta contribuyó a la inflación. Ante la escasez de alimentos, se creó la Comisaría General de Abastecimientos y Transportes, que se encargaba de comprar productos del campo y venderlos a bajo precio mediante una cartilla de racionamiento. No sabemos lo que hubiera pasado en un régimen de mercado libre; el hecho es que la medida resultó probablemente equivocada. Los artículos distribuidos a través de la Comisaría resultaron insuficientes, de modo que los españoles podían comprar muy barata una parte de los alimentos que consumían, pero muy cara, en el mercado negro, la otra parte que necesitaban. El resultado, así, fue negativo, sobre todo en las ciudades. La Comisaría de Abastecimientos y Transportes nunca funcionó bien, y hubo actos de corrupción; por su parte, los beneficiarios del mercado negro se enriquecieron y cometieron toda clase de abusos, sin que las medidas adoptadas por el poder pudieran casi nunca evitarlo. Los españoles, que ya lo habían pasado mal durante la guerra (sobre todo en la zona republicana), lo siguieron pasando mal, a veces peor, en los años de posguerra.

Por otra parte, el conflicto mundial hizo más difícil que nunca la reconciliación de los españoles y prolongó virtualmente el clima de guerra civil. Los vencidos que se habían exiliado encontraron refugio en los países aliados, sobre todo Rusia, Francia y México, y constituyeron un «gobierno en el exilio». Franco, que no congeniaba con Hitler (más con Mussolini), hubo de admitir, por conveniencia o por presiones, el predominio de la Falange sobre otras fuerzas políticas. El régimen reforzaba así sus componentes totalitarios y autoritarios. La Falange se convirtió de este modo, no en la única voz política del régimen, pero sí en la predominante. Una joven generación de gobernantes en camisa azul —Ramón Serrano Súñer, José Antonio Girón, Raimundo Fernández Cuesta— parecían ser los hombres más representativos del momento. Cabe suponer que esta tendencia se hubiera mantenido durante mucho tiempo si hubieran triunfado las potencias del Eje. Durante los primeros años, Alemania obtuvo sorprendentes triunfos, y parecía dueña de Europa. Franco, que no simpatizaba con los alemanes ni con los falangistas (era autoritario a su modo, pero no quería depender de un partido o tendencia) hubo de complacerles por un tiempo. Pero, conforme se vio posible la victoria de los aliados, trató de adaptarse a la situación, aunque no era fácil. En 1942 se establecieron las Cortes Españolas, de momento con escasa tasa de representatividad, y en 1945 se promulgó el Fuero de los Españoles, una especie de constitución escueta, que reconocía los derechos fundamentales, aunque no existían leyes orgánicas capaces de garantizar en todo caso su ejercicio.

Por otra parte, Franco empezó a prescindir de los falangistas y de sus signos tan espectaculares, como el saludo brazo en alto; o, mejor dicho, puesto que la Falange siempre había tenido un sentido social, les dio refugio en los sindicatos. Existieron 72 sindicatos distintos, todos por oficios o profesiones, y englobados en una única Organización Sindical, que llegó a adquirir un gran poder. Las medidas sociales son sin duda las más destacadas de los tiempos de posguerra. Se construyeron las Viviendas Protegidas, que las familias modestas podían adquirir a muy bajo precio, y se desarrollaron los Seguros Sociales, sobre todo el de Enfermedad, que permitió por primera vez disfrutar a los trabajadores de médicos y medicinas gratis. Se construyeron grandes complejos sanitarios, de un tamaño probablemente desproporcionado y en línea con el gigantismo de la mentalidad «nacional-sindicalista», pero cuyos servicios, especialmente en favor de las familias de los trabajadores y de las clases modestas fueron indudables, y se irían generalizando en el futuro a prácticamente todas las clases.

El aislamiento internacional

Las reformas políticas se quedaron cortas y las reformas sociales, aunque mucho más avanzadas que las de otros países de Occidente, no convencieron a los aliados, vencedores de la Segunda Guerra Mundial: España, al fin y al cabo, seguía siendo una dictadura. En la Conferencia de Potsdam se acordó excluirla de los nuevos foros de organización mundial, y en la de San Francisco, en la que se decidió la fundación de la ONU, se votó la exclusión de España de las Naciones Unidas. Y fueron las Naciones Unidas las que en 1946 acordaron el aislamiento diplomático y económico de España, lo que los franquistas llamaron «el cerco internacional». Fue probablemente una medida equivocada, no sólo porque castigaba a los españoles indiscriminadamente, sino porque pudo surtir efectos contraproducentes, como más tarde podría comprobarse también en Cuba, Irak u otros países. España quedaba castigada, y este hecho encorajinó a muchos españoles, franquistas o no, que se vieron castigados por tal medida.

Fueron retirados los embajadores extranjeros. Se cerró la frontera con Francia. A España le fueron denegados suministros esenciales, como los de los carburantes. El comercio exterior se redujo al mínimo. Sólo algunos países árabes, entonces mucho más pobres que ahora, ayudaron a España, y por un tiempo el presidente argentino, Perón, envió unos cargamentos de trigo que estaban haciendo mucha falta. El país, que ya había tenido que sufrir las durezas de la guerra y de la posguerra, se veía castigado con una serie de nuevas durezas, cuando ya el mundo se encontraba en paz y se estaba reconstruyendo. La tesis de la ONU de que España era «un peligro para la paz» provocó la indignación y las burlas de los españoles de cualquier signo. Por si ello fuera poco, los años 1946-47-48 fueron extraordinariamente secos. Se perdieron muchas cosechas, y los embalses construidos para alimentar la producción hidroeléctrica y los regadíos —dos de las grandes preocupaciones de Franco, influido tal vez por el regeneracionismo de Costa— no sirvieron de momento para casi nada. Para que pudiera trabajar la industria, se cortaba el servicio eléctrico, por horas, a los barrios. La falta de petróleo y el mismo envejecimiento de los automóviles provocaron una disminución drástica de la circulación por las carreteras, que por otra parte se iban degradando, al no ser posible la compra de asfalto. El racionamiento se mantuvo, la industria padeció por falta de materias primas, y las comunicaciones, incluso las ferroviarias, se vieron en dificultades.

Sin embargo, los españoles, aunque molestos, se mantuvieron en paz. El intento de los comunistas de introducir guerrillas por los Pirineos fracasó muy pronto. Nadie quería guerras. Franco quizá más ganó prestigio que lo perdió con el «cerco internacional». Y los españoles aprendieron a ingeniárselas por sí mismos como hasta entonces no habían tenido necesidad de hacerlo. Muchos automóviles andaban pesadamente con motores de gasógeno. Se aprendió a destilar los lignitos y las pizarras bituminosas, se obtuvieron colorantes de las algas, y se experimentaron plantaciones de tabaco y de soja. La falta de grandes capitales particulares hacía que muchas empresas se hiciesen filiales del INI, el Instituto Nacional de Industria. Se realizaron importantes obras públicas, se construyeron viviendas protegidas y se amplió la seguridad social. Apareció la locomotora «Santa Fe» y luego el tren Talgo. Más tarde el camión Pegaso. Las comunicaciones iban mejorando. Y a pesar de que el nivel económico de los españoles era muy bajo, se estaban poniendo las bases de la futura prosperidad.

El aislamiento internacional había fracasado. Por otra parte, la división de las potencias en democracias occidentales y países comunistas, agudizada por la guerra de Corea en 1950, permitió la progresiva reconciliación de las primeras con España. En 1950 cesaron las recomendaciones de la ONU y fueron regresando los embajadores. La frontera francesa fue abierta, y comenzó un comercio internacional más activo. En 1952, España ingresó en la UNESCO; en 1953 se firmó un pacto de alianza militar con los Estados Unidos, a los que convenían las bases en el estratégico territorio español, y en 1955 España entraba en las Naciones Unidas. En pocos años la situación había cambiado del modo más espectacular.

Expansión e inflación

La recuperación de España después del trauma de la guerra fue lenta. Aparte de que se cometieron torpezas en la política económica, las circunstancias exteriores —la guerra mundial y el posterior aislamiento— la retrasaron, de modo que solo en 1950 se pudo recuperar el nivel de vida de 1935. A partir de entonces, el proceso fue mucho más rápido. Se volvió plenamente a una economía de libre mercado, aumentó la iniciativa particular y muchos empresarios se pusieron a invertir. En la década 1950-1960 se registra un proceso simultáneo de expansión e inflación. Los precios suben en una proporción desconocida hasta entonces, aunque los salarios, protegidos por una legislación social exigente, suben también. En 1959 costaba 14 pesetas lo que en 1935 valía una: pero también era más fácil agenciarse esas 14 pesetas. La inflación desaconseja el ahorro, y de aquí que los españoles se dedicasen a gastar (aumentando así la tasa de inflación). Podemos hablar de unos años de «prosperidad desequilibrada», en la que proliferan las diversiones, como las salas de baile, la música ligera, el cine y el fútbol como espectáculo.

Políticamente, se echa de ver una evolución del régimen, aunque como siempre, en tiempos de Franco, muy lenta. El príncipe Juan Carlos de Borbón viene a estudiar en España, y ya empieza hablarse de él como futuro rey. Las Cortes se hacen más representativas, de acuerdo con el concepto, más o menos sinceramente empleado, de «democracia orgánica», en que la representación no se hace por partidos, sino por oficios y profesiones. Por entonces aparecen unos políticos, usualmente llamados «democratacristianos» —admiradores de esta corriente en la Europa de la posguerra—, como Ruiz-Giménez o Castiella. La evolución parecía acelerarse cuando un incidente sin importancia —un tiroteo entre estudiantes, en que resultó herido un falangista— hizo que Franco, siempre desconfiado hacia los métodos democráticos, detuviera aquella corriente. Tampoco se apoyó en los falangistas, que quedaron arrinconados, sino en gobiernos de técnicos. Frente a las ideologías, prevalecía ahora la «filosofía de la eficacia». Los técnicos —en general economistas— pusieron en marcha el Plan de Estabilización, que cortó las alegrías anteriores, pero redujo la inflación a niveles mínimos. Comenzaba una nueva etapa.

La era del Desarrollo

El periodo que va de 1960 a 1973 fue el más próspero de la época de Franco, y sin precedentes tal vez en la historia contemporánea de España. En 1964 comenzaron a aplicarse los Planes de Desarrollo, pero ya desde antes estaba mejorando espectacularmente la economía. El producto interior bruto, según los datos de la OCDE, creció durante quince años seguidos, a un ritmo del 7 % anual, llegando al 9 en 1972. España era, junto con Japón y Canadá, el país que más se desarrollaba del mundo. Fue la época de la «propiedad horizontal», que permitió a millones de españoles adquirir no una casa, como antes, sino un piso propio; el chalet en el campo o en la playa, el automóvil accesible hasta para familias modestas —el célebre «seiscientos»—, la televisión, los viajes de placer y las vacaciones pagadas. Nunca se había progresado tanto en tan poco tiempo, y empezó a hablarse del «milagro español». Naturalmente, cambiaron las costumbres, y se hicieron más libres. Quizá Franco no se daba cuenta de que la prosperidad iba a provocar una transformación en las mentalidades y las actitudes, pero el hecho es que fue así. El cambio tuvo mucho que ver con el turismo (aunque no sólo con él). España se convirtió en uno de los países más visitados del mundo, y aquellos millones de extranjeros mostraron sus formas de vida, sus libertades, su vestimenta o las modas de sus países. Aunque no tantos, también muchos españoles salieron al extranjero —especialmente a Europa occidental— y aprendieron cosas de su forma de ser y de vivir. El estilo austero, de «buenas costumbres», que en parte por imposición del régimen, pero también por obra de una determinada concepción de los valores morales, había imperado en la España de los años difíciles, se iba relajando. Posiblemente, sin tener en cuenta este cambio, no sería posible explicar la facilidad con que se operó la transformación posterior.

No menos importante fue la transformación social. Franco se jactaba al final de su vida de haber «creado» una clase media en España. Naturalmente, siempre hubo una clase media, aunque poco numerosa. Ahora, el progreso económico, el aumento de los sueldos, la emigración a la ciudad y una mayor cultura dieron lugar a «una nueva clase media», no siempre con las virtudes tradicionales de la antigua, pero con nivel económico cómodo y con una evidente transformación de las formas de vida. En ello influyó, por supuesto, la educación. El analfabetismo, una tara histórica de la España contemporánea, desapareció oficialmente a fines de los años sesenta, aunque quedaran algunos elementos residuales. Prácticamente todos los niños iban a la escuela, y el número de alumnos de bachillerato se multiplicó por diez. Tan decisivo o más fue el número de universitarios: en 1930 había unos 20.000 estudiantes en la universidad; más o menos los mismos que en 1945; por 1950 eran ya 54.000; en 1964, 112.000, y en 1975, medio millón: el número de licenciados, médicos, abogados, ingenieros, economistas transformó la cultura y los comportamientos de la sociedad española.

Del cambio político a la transición

El desarrollo económico conducía casi inevitablemente al desarrollo político. Franco no deseaba una democracia de partidos, que le parecía funesta, pero se fue avanzando progresivamente, aunque siempre con lentitud, en la idea de la «democracia orgánica», en que la representación se establecía por profesiones. Los componentes de las Cortes se dividían en tres «tercios»: el familiar, el municipal y el sindical o corporativo. La democracia orgánica nunca funcionó de modo claro, pero las Cortes se movieron más activamente, y hubo una especie de pluralismo limitado. Lo mismo ocurrió en los municipios, donde se echó de ver con cierta frecuencia la elección de concejales opuestos al sistema. La democracia orgánica, en sí, no tiene por qué ser peor que la democracia de partidos; pero la desconfianza de Franco y de algunos de sus colaboradores al régimen partidista entorpeció la sinceridad de los resultados electorales, o la evolución decisiva en el camino emprendido. Con todo, que ese camino, quisieran o no quisieran los hombres del poder, se encaminaba a la democracia, era un hecho indudable.

En 1966 se aprobó una nueva Ley de Prensa, que concedía mucha más libertad a los periódicos, y el hecho se notó enseguida. Y meses más tarde las Cortes aprobaron la Ley Orgánica del Estado, que incluía la separación de la jefatura del estado de la jefatura del gobierno, y reconocía los derechos fundamentales y el «recurso de contrafuero»: fue confirmada por los españoles en el referéndum de diciembre, con gran esperanza de que representara un paso decisivo hacia un régimen de libertades. El aumento del número de huelgas y los incidentes estudiantiles de los años 1968-1969 acrecentaron los recelos de Franco, y la entrada en vigor de la nueva ley fue lenta, pero el paso estaba ya dado. En 1969, las Cortes votaron la designación del príncipe Juan Carlos de Borbón como «sucesor de Franco a título de rey». La desembocadura final del régimen en la monarquía, vislumbrada desde muchos años antes, era ya un hecho oficial y previsible, aunque no se sabía a ciencia cierta cómo y con qué consecuencias iba a operarse.

Realmente, entre 1968 y 1975 España atraviesa una curiosa etapa, que pudiera denominarse «posfranquismo en vida de Franco». El viejo general conservaba su carisma, pero la fuerza de su personalidad en la marcha de las cosas era cada vez menor. Empezaban a formarse grupos políticos, con los nombres de «plataformas» y «juntas», que aún no se titulaban partidos, pero que operaban en cierto modo como órganos de opinión. Se fundaban periódicos y revistas no sólo independientes, que eso siempre se permitió, sino tendentes a la oposición al sistema. Aunque la economía se hallaba en su mejor momento, y las rentas salariales crecían un 13 %, bastante por encima de la renta nacional, aumentó el número de huelgas, alentadas por Comisiones Obreras, que aún no tenía el nombre de sindicato, pero que influía ya más que el sindicato oficial. Esta curiosa dualidad de poderes hizo mucho más fácil la transición después de la muerte de Franco, porque muchas de las estructuras en que se basaría la futura democracia tenían ya un germen vivo a fines de los años sesenta.

También, por desgracia, apareció el terrorismo, con dos primeros movimientos: uno el FRAP, luego GRAPO, de extrema izquierda, y otro, ETA, nacionalista vasco. Víctima de ETA murió a fines de 1973 el jefe de gobierno, Luis Carrero Blanco. Su sucesor, Carlos Arias Navarro, trató, durante los años 1974 y 1975, de encontrar una fórmula de avenencia entre el régimen y la oposición al mismo. No hubo acuerdo, pero cada vez se veía más claro el sentido de la evolución. Cuando tras larga enfermedad falleció el propio Franco, en noviembre de 1975, los españoles intuían sin dificultad que España se encaminaba hacia las formas propias de las democracias occidentales.

Capítulo 24

LA ESPAÑA DEMOCRÁTICA

No sabemos el nombre que elegirán los historiadores del futuro para designar al sistema que siguió a la desaparición de Franco. Alguien propuso el de «Segunda Restauración», pero se quiso evitar toda referencia que pudiera recordar a los tiempos de Cánovas y Sagasta. Por un tiempo se identificó el régimen como «la España de las autonomías», que tampoco parece haber cuajado. Lo cierto es que este régimen se acerca más al ideal de lo que debe ser una democracia que todos los que hasta ahora ha tenido España. La Constitución de 1978 lo define como «Monarquía Parlamentaria», aunque está claro que estos dos términos no son suficientes. España es hoy una monarquía constitucional, dotada de sufragio universal para todos los ciudadanos, un doble parlamento formado por un Congreso y un Senado, en que tienen asiento los representantes elegidos por los españoles en sufragio universal, divididos en un amplio elenco de partidos, unos de ámbito nacional, otros de ámbito regional; un generoso reconocimiento de los derechos humanos, y una descentralización sin precedentes con el establecimiento de una serie de Comunidades Autónomas que gozan de muy amplias competencias. Los españoles sabemos muy bien que no todo es perfecto, que hay problemas no resueltos o asuntos que no marchan como debieran. Pero también solemos tener conciencia de que España disfruta de uno de los sistemas de convivencia política más avanzados del mundo.

Naturalmente, esto no es todo. La realidad histórica de España no se limita a su estructura política. También cuentan la nueva mentalidad de los españoles, el cambio de las costumbres, la cultura, la integración en Europa, con todas sus ventajas y sus compromisos, el problema demográfico, la existencia de un número cada vez mayor de ciudadanos que adquieren los derechos de los españoles, pero que no han nacido en España, o la presencia de realidades que son mundiales y que han llegado también a nuestro país, desde la globalización económica, cultural y de comportamientos, hasta las formas de ser propias de la «posmodernidad» que han cambiado muchos de nuestros hábitos de siempre, o la revolución informática, las nuevas tecnologías y la sustitución progresiva del trabajo del hombre por el trabajo de las máquinas, con todos los motivos de esperanza y temor que puedan presentarnos los nuevos tiempos. El historiador puede contemplar todos los cambios que se han operado en el último tránsito de siglos, y puede constatarlos, exponerlos. Lo que no puede es analizarlos con la metodología propia de la ciencia histórica, porque lo histórico es lo «sucedido» y hay muchas cosas en nuestro tiempo que están sucediendo y por tanto no han engrosado el panorama del pasado. Falta perspectiva, eso es evidente, desde un punto de vista estrictamente histórico. Lo cual no nos exime de la necesidad de exponer de la mejor manera posible lo que ocurre o ha ocurrido hasta tiempos muy recientes.

La transición

Parece que Franco y muchos de sus políticos pensaban en una continuación del sistema, con una inevitable evolución, eso estaba claro, bajo el reinado de don Juan Carlos, que se inició dos días después del fallecimiento del anterior jefe del estado. Franco dijo muchas veces que todo quedaba «atado y bien atado», aunque se han dado muchas interpretaciones a estas palabras. Tal vez se limitaba a predecir que la paz estaba asegurada, como efectivamente sucedió. También es cierto que le dijo a uno de sus más conocidos colaboradores: «el franquismo se acabará con Franco». De hecho, el futuro estaba abierto, y la evolución a partir de aquel momento demuestra tanto la inteligencia del rey y de sus consejeros como la madurez y el buen sentido de los españoles, que supieron evolucionar de un régimen a otro sin el menor trauma ni conmoción interna: un hecho que llamó la atención del mundo, al punto de ser llamado «el segundo milagro español». El primer milagro fue la prodigiosa recuperación económica de los años sesenta. Este otro es la expresión de un sentido común colectivo que muchos observadores extranjeros estaban lejos de suponer a nuestro pueblo.

Don Juan Carlos, para evitar una ruptura que pudiera ser peligrosa, designó como jefe de gobierno al que ya lo era del último gabinete de Franco, Carlos Arias Navarro, un hombre que ya había adoptado ciertas medidas de aperturismo. Continuidad evolutiva, sin romper, simplemente cambiando, era la idea de Arias Navarro. Frente a esta política empezó a cobrar fuerza y aceptación popular la idea no de evolución, sino de ruptura, o cuando menos la fórmula que ofrecía un político joven y prometedor, Adolfo Suárez, partidario de «llevar al Estado lo que ya está en la calle». Todo el mundo sabía lo que significaban estas palabras. La opinión, al principio temerosa, tendía cada vez más a un cambio rápido. En ello insistían muchos medios de comunicación, los intelectuales, el mundo universitario. Arias Navarro prometió «cuatro partidos antes de un año», pero se oponía a la aceptación del comunista y de los nacionalistas. Realmente, fue desbordado por una corriente cada vez más impetuosa, y en junio de 1976 dimitía y le sucedía Adolfo Suárez, decidido a ser el principal artífice de la transición a la democracia. Negoció con unos y otros, sin distinción. Un logro que demuestra cómo habían madurado las cosas fue que las Cortes elegidas en tiempos de Franco se autodisolvieron sin ofrecer la menor resistencia. Por su parte, el Partido comunista, dirigido por Santiago Carrillo, se mostró dispuesto a acatar la democracia y la monarquía, sin revanchismos.

Por iniciativa de Suárez, se elaboró el proyecto de Ley de Reforma Política, que no fue sometido a la aprobación de ningún parlamento, sino a la voluntad de los españoles, que lo aceptaron por amplia mayoría en un referéndum en diciembre de 1976. Vino luego la decisión de aceptar cuantas «asociaciones» se ajustaran a la ley. Era el retorno formal a la democracia de partidos. En plena fiebre asociacionista llegaron a formarse más de doscientos, entre nacionales y regionales. ¡Nunca habían existido tantos partidos políticos en España! Esta multiplicidad hizo temer por la estabilidad del nuevo régimen, aunque se confiaba en que la mayoría de los españoles tenderían a polarizarse en torno al «voto útil», es decir, a votar, de entre los partidos con mayores probabilidades, al más cercano a sus ideales o a sus intereses. Se decidió que las elecciones se harían de acuerdo con la «regla D'Hont» —todavía vigente hoy—, que concede mayor ventaja a los partidos más votados. Y Suárez, para reforzar la tendencia a la moderación y el arbitraje, propició la creación de un nuevo partido, UCD, o Unión de Centro Democrático. En aquellos momentos, la palabra «centro» como signo de sensatez y equidistancia, poseía un sortilegio especial.

En junio de 1977 se celebraron las primeras elecciones indiscutiblemente democráticas en la historia de España desde hacía cuarenta y un años. Alcanzó una mayoría casi absoluta la UCD, seguida por el PSOE, que desde 1974, dirigido por Felipe González, había renunciado al radicalismo marxista y se inclinaba por la socialdemocracia. Los españoles demostraban así su preferencia por las tendencias moderadas de centro-derecha o centro-izquierda, rechazando los extremismos. El Partido comunista, al que se auguraban brillantes resultados, quedó muy rezagado, y lo mismo la derecha de Alianza Popular dirigida por Manuel Fraga. Las Cortes que salieron de aquellas elecciones elaboraron en pocos meses una Constitución adaptada a las nuevas corrientes democráticas vigentes en Europa occidental, y muy avanzada, con una amplia declaración de los derechos de los ciudadanos. No dejaba de contener ciertas contradicciones, como era inevitable en una obra realizada por consenso entre fuerzas ideológicas y políticas muy distintas. Esta Constitución, aprobada casi unánimemente por el parlamento, fue sometida a referéndum el 6 de diciembre de 1978, y votada por una gran mayoría de españoles. Era el triunfo definitivo de la democracia. Un camino que parecía tan complicado y lleno de mil dificultades, fue recorrido con absoluta normalidad y sin sobresaltos en sólo tres años a partir de la muerte de Franco. El mundo asistió un poco extrañado a esta transformación pacífica. La Historia contemporánea de España no solía presentar hechos así. Pero el desarrollo económico, el bienestar social y la madurez alcanzada por la mayor parte de nuestro pueblo hizo posible este «segundo milagro español».

La época de UCD

Se intuyó por entonces una tendencia al bipartidismo, habiendo sido UCD y PSOE los dos partidos con diferencia más votados. Sin embargo, se procuró alejarse todo lo posible de los defectos de la Restauración. Felipe González aseguró que no quería ser «un Sagasta», y entonces Suárez dijo que no quería parecerse a Cánovas. Dos políticos nuevos, y un rey joven, abierto y sencillo: pero ésa era toda la semejanza. La nueva Constitución de 1978 tampoco se parecía nada a la de 1876. Dejaba la soberanía al pueblo, y confería al rey una función de suprema dignidad, pero sin participación alguna en el ejecutivo. Era también una Constitución aconfesional. Y dedicaba su parte final a definir el «Estado de las Autonomías». En ir concretando la naturaleza y distribución de las comunidades autónomas se dedicó la primera parte de la tarea del gobierno de UCD, presidido por Adolfo Suárez. No sin esfuerzos y equilibrios se fueron constituyendo hasta 17 Comunidades Autónomas, cada una de ellas con su gobierno propio, su parlamento y su administración privativa. Por un lado, se corregía el viejo defecto de una excesiva centralización, de modo que ahora muchos asuntos no tendrían que pasar por Madrid y se resolverían en el propio territorio; por otro, se multiplicaba el aparato administrativo, con una duplicación de funciones —y de funcionarios— a veces inútil, y por supuesto cara. El principal inconveniente, aunque por fortuna no el más frecuente, fue el recelo de las administraciones autonómicas unas con otras y, sobre todo, con el gobierno central. La solidaridad entre los españoles se mantuvo en muchos casos; en algunos quedó un poco comprometida.

Otra de las dificultades con que tuvo que tropezar el nuevo gobierno democrático fue la crisis económica. Esta crisis había estallado en el mundo en 1973, por dos motivos: uno, la ruptura del sistema monetario internacional, cuando se decidió dejar el dólar «flotante»; y otro la guerra del «Yom Kippur» entre árabes y palestinos, que provocó un inmediato y brutal encarecimiento de los crudos. España sufrió también la crisis, aunque de momento se defendió con cierta fortuna hasta el punto de que el año 1975 señala el momento de mayor convergencia con Europa hasta 1999. Pero tras la muerte de Franco hubo una vaga inquietud, evasión de capitales al extranjero, y falta de inversiones por falta de confianza en el futuro. Bastaron estas prevenciones psicológicas para agudizar la crisis. Volvió la inflación, quebraron unas 200.000 empresas, y surgió el problema del paro, nunca del todo resuelto, al menos en lo que restaba del siglo XX. La subida de precios fue en 1980 de un 18 %, con una tasa de millón y medio de parados: la cifra absoluta más alta que se recordaba en España. En este aspecto, está claro que las instauraciones democráticas no tuvieron suerte en nuestro país. La revolución de 1868 y consiguiente proclamación del sufragio universal coincidió con una de las crisis económicas más graves del siglo XIX; la Segunda República vino en el momento de la Gran Depresión, y a ella de debió en parte su impotencia y su fracaso; esta vez, el nuevo régimen tropezó con las mismas dificultades, pero el ánimo democrático de los españoles no sufrió la menor mengua por eso, ni hubo alteraciones graves como en aquellas dos ocasiones: el futuro parecía cada vez más asegurado.

Apenas hubo otro sobresalto que la intentona del 23 de febrero de 1981, protagonizada por el coronel Tejero y otros militares, que con un procedimiento digno del siglo XIX —penetrando en el Congreso y secuestrando a ministros y parlamentarios— pretendieron dar un golpe de oscuros fines, que fracasó rotundamente a las pocas horas. Fue un hecho que a la mayoría de la gente produjo más vergüenza que conmoción, y que, tras un llamamiento del rey, se resolvió sin mayor sobresalto. Otra forma de inquietud siguió, y seguiría durante todo lo que restaba de siglo: el terrorismo. Por un tiempo actuó el GRAPO, pero la falta de un ambiente propicio y la acción policial hicieron que se extinguiera progresivamente; por el contrario, la banda terrorista ETA, que ya había aparecido en los últimos años de la época de Franco, se mantuvo bajo la nueva situación democrática, pese a las esperanzas de que el cambio político y la autonomía del País Vasco propiciaran su desaparición. El terrorismo y el paro son, de acuerdo con las distintas encuestas realizadas durante las últimas décadas del siglo XX, las dos más importantes preocupaciones de los españoles.

La larga época socialista

Se suponía una larga duración al gobierno de UCD, que hacía gala de su carácter centrista y su moderación. Pero como tantos otros partidos de centro, carecía de una clara definición ideológica; por otra parte, no era más que una amplia coalición de partidos, que con el tiempo se fueron separando en diversas «familias» no bien avenidas entre sí. A comienzos de 1981, y por motivos no bien explicados, dimitió su jefe indiscutible y símbolo de la transición democrática, Adolfo Suárez. Su sucesor, Leopoldo Calvo Sotelo, procuró seguir una política más definida, combatió con energía el terrorismo, integró a España en la OTAN y comenzó las negociaciones para la entrada en la Comunidad Económica Europea (hoy Unión Europea); pero no con eso consiguió frenar la disgregación del partido.

En octubre de 1982 se celebraron elecciones generales. En ellas ya se pronosticaba el triunfo del otro gran partido, el PSOE, pero fue una sorpresa que alcanzara diez millones de votos, y más de 200 diputados, una cómoda mayoría absoluta. Seguía a cien escaños de diferencia el Partido Popular, heredero de Alianza Popular y más centrista, en tanto se desmoronaba UCD. Los comunistas seguían sin levantar cabeza. El triunfo del Partido Socialista se debe a la crisis económica, a la proliferación del paro, a la conciencia de la necesidad de un cambio en la política social y una ruptura más amplia con todo lo anterior; pero también, y quizá principalmente, al prestigio alcanzado por su líder, Felipe González, entonces un político joven, hábil de palabra y de gesto, dotado de un especial carisma. Los socialistas subieron al poder con la seguridad de mantenerlo muchos años, pero no soñaban en perdurar durante trece y medio (hasta marzo de 1996): lo que constituye la más prolongada permanencia de un partido político en toda la historia contemporánea de España. Las claves de tan llamativa permanencia no son del todo fáciles de explicar, pero probablemente tienen que ver con la brillante imagen de González, su capacidad para adaptarse a las más diversas circunstancias, y cierta resistencia a un «giro a la derecha», que parecía tener la significación de una vuelta atrás. También hay que tener en cuenta que la época final del siglo XX se caracteriza por la reiterada reelección de los partidos en el poder en la mayor parte de la Europa democrática.

Realmente, fue en 1982 y no antes, cuando se verificó el verdadero cambio generacional. Hasta entonces, una parte de la clase dirigente y la mayoría de los cuadros administrativos procedía de las estructuras derivadas de la época «aperturista» de los últimos años de Franco, aunque ya prácticamente ningún político era franquista. Ahora llegaban al poder políticos completamente nuevos, por lo general más jóvenes, formados en la oposición al franquismo. Procedían de la rebeldía universitaria de 1968 y años sucesivos. Esta generación, que en un principio había adoptado ideas neomarxistas, evolucionó hacia el «progresismo» en el sentido que a veces se da a esta palabra de tendencia a la «libertad vital», y no sólo a la libertad política, que ya estaba consagrada. De acuerdo con esta concepción «progresista», se tomaron medidas como la despenalización del aborto, la autorización o incluso fomento de la libertad sexual, la laicización de la enseñanza, la permisividad de la droga (llegó a autorizarse la droga blanda: luego se derogó), o la excarcelación de multitud de presos, que dio lugar a la multiplicación de la delincuencia: otro hecho que más tarde trató de corregirse, aún sin lograrlo ya nunca del todo. La permisividad es realmente una nota de la cultura «posmoderna» que parece muy progresista, aunque no necesariamente tiene que ver con el progreso ni con la democracia, como que hubo en la historia democracias muy preocupadas por la limpieza de las costumbres morales.

Probablemente fue una suerte que fueran los socialistas quienes tuvieran que pechar con la responsabilidad de hacer frente a la crisis económica. Las medidas que tomaron hubieran suscitado muchas y tal vez conflictivas protestas, de haber sido obra de la derecha. Se fue a una necesaria reestructuración económica, manteniendo las empresas rentables frente a las no rentables, y racionalizando las estructuras productivas. Ello significó echar mucha gente a la calle, llegándose a una cifra de casi tres millones de parados, alrededor del 20 % de la población activa. Afortunadamente, el país era lo bastante rico como para garantizar un suficiente subsidio de paro. Las medidas fueron duras y desagradables, pero permitieron el saneamiento de la economía española. En 1986, España ingresó en la Comunidad Europea, un hecho que exigió nuevos sacrificios, pero que fue al mismo tiempo fuente de la futura prosperidad, y que rompía dos siglos de notable aislamiento de España respecto de la política europea. Desde entonces, la vida de nuestro país ya no podría desvincularse de la de nuestro continente.

Aquel paso coincidió con una fase de expansión, con un aumento considerable de las inversiones y de los movimientos de capital, y una disminución relativa, aunque nunca considerable, de la tasa de paro. Los buenos años 1986-1991 se caracterizaron también por una espectacular disminución del índice de la inflación, que se colocó en niveles de un 5 % anual. Y el crecimiento económico alcanzó también un 4 o un 5 % al año, como no se recordaba desde la instauración de la democracia. La buena coyuntura se manifestó en una serie de inversiones del estado, como la construcción de una amplia red de autovías (las autopistas de peaje construidas por compañías particulares eran de los tiempos de Franco). Con motivo de la Exposición Universal de Sevilla, en 1992, se inauguró la primera línea ferroviaria de alta velocidad.

Sin embargo, el año 1992 se truncó este promisorio despliegue. Es cierto que se celebraron en Barcelona los Juegos Olímpicos y en Sevilla la Exposición Universal, dos hechos que atrajeron la atención del mundo sobre España (se perdió en cambio la oportunidad de celebrar expresamente, con conmemoraciones históricas, simbólicas o de trascendencia hispanoamericana, la posibilidad de aprovechar el profundo significado del Quinto Centenario del Descubrimiento de América); pero en su conjunto el año fue negativo para la economía, por culpa de una crisis psicológica europea —las dudas sobre el acuerdo de Maastricht— y también por los excesivos gastos del Estado, que quedó endeudado sin solución a corto plazo, y la retirada de inversiones extranjeras. La peseta cayó respecto de las divisas extranjeras, y en 1993 se rebasó por primera vez la cifra de tres millones de parados, un 23 % de la población activa. Por otra parte, el gobierno había ido perdiendo credibilidad por las repetidas y cada vez más frecuentes acusaciones de corrupción. Los socialistas se habían mantenido hasta entonces muy bien, obteniendo de nuevo mayoría absoluta en las elecciones de 1986 y 1989; pero en las de 1993 alcanzaron una mayoría sólo relativa, que les obligó a una alianza con los catalanistas de Convergencia i Unió (CiU). El aumento de las acusaciones de corrupción y la propia división del partido obligó a unas nuevas elecciones generales en marzo de 1996. Comenzó entonces una nueva era.

La época del Partido Popular

En marzo de 1996, después de la prolongada etapa de trece años y medio de predominio socialista, alcanzaba el poder del Partido Popular (PP), dirigido por un joven líder, José María Aznar, que había prescindido casi completamente de los elementos de la antigua dirección del partido, a los que podría atribuirse una inclinación derechista. Aznar dijo preferir una opción de centro, honesta y eficaz, atenida a los hechos, rodeado de un grupo de políticos tan jóvenes como él. Los electores, un poco desengañados por la corrupción de algunos socialistas y el fracaso económico de los últimos años, concedieron su confianza al PP, aunque no la mayoría absoluta. Los populares hubieron de aliarse, como sus adversarios de la víspera, en los catalanes de CiU. A base de concesiones, consiguieron una etapa de estabilidad que les permitió gobernar de acuerdo con su programa.

Aznar se mostró como un político muy distinto que González, sin su brillantez, ni su habilidad para sortear obstáculos, ni su especial carisma; pero produjo muy pronto una sensación de seriedad, seguridad en su programa, tenacidad y eficacia. Modificó los resortes administrativos, disminuyendo gastos inútiles y apretándose el cinturón (más el del Estado que el de los españoles) en muchos casos. El déficit y las deudas del Estado fueron disminuyendo, y una serie de privatizaciones de organismos que dependían hasta entonces del sector público le permitieron ahorrar dinero. Al mismo tiempo, la gestión económica fue acertada, disminuyó la tasa de inflación hasta límites muy aceptables, y mejoró el nivel de vida de los españoles. Si durante un tiempo el crecimiento medio de Europa era superior al de España, ahora ocurría todo lo contrario, y la tendencia a la «convergencia» —es decir, a asimilarnos a los países más desarrollados— era por lo menos una esperanza. Por 1999, el nivel español era ya del 84 % del de Europa occidental, alcanzándose las cotas de 1975, pero esta vez ya con una integración cada vez más grande en Europa, y la generalización, en todos los sectores, de los niveles y formas de vida propios de Occidente.

En las elecciones del año 2000, el Partido Popular alcanzó la mayoría absoluta. La prosperidad se mantuvo, y el paro continuó reduciéndose, hasta bajar en 2001 a un 9 % de la población activa, menos de la mitad que ocho años antes; aunque, paradójicamente, la posibilidad de seguir sin contestación posible un programa dio lugar a algunas críticas. España amplió su política europea y mundial, lo mismo por lo que se refiere a cooperación de fuerzas de pacificación españolas en Bosnia o Afganistán, que a inversiones en países americanos, al tiempo que muchas grandes compañías extranjeras invertían con absoluta libertad en España. El país ha tenido que adaptarse a las condiciones de competencia que supone la globalización económica; pero, aun con todas las dificultades que presenta el fenómeno de la interdependencia, el progreso se ha mantenido, y la «convergencia» sigue presentando un saldo positivo: bien es verdad que desde octubre de 2001 (con motivo de un famoso ataque terrorista a los Estados Unidos), España tuvo que sufrir las consecuencias de la «desaceleración» de la economía mundial, conservando, sin embargo, un saldo más positivo que la mayoría de los países del entorno. La entrada en vigor del euro como divisa común de la Unión Europea, el 1 de enero de 2002, fue un acto más de una integración que parece ya irreversible. El hecho coincidió con la segunda presidencia española de la UE (primer semestre de 2002). España sigue siendo España y mantiene su antiquísima y peculiar personalidad histórica; pero es al mismo tiempo, también, Europa.

Para finalizar: algunos problemas

A comienzos del siglo XXI, España vive uno de los momentos más plácidos y prósperos de su milenaria historia. Desde hace más de medio siglo no ha sufrido ninguna guerra exterior ni interior: un hecho que carece de precedentes. Hay también una notable paz social. Nunca hubo una tan numerosa clase media ni tan alta proporción de titulados universitarios y técnicos. Los españoles gozan (al menos teóricamente) de una cultura media más elevada que en ningún otro momento, viven más años y pueden disponer de una vivienda, de un tiempo libre y de unas posibilidades de disfrutarlo como en otra época no hubieran podido ni soñar.

Con todo, la historia nunca nos ha presentado ejemplos de pueblos absolutamente felices, libres de problemas y de preocupaciones, individuales o colectivas. Las encuestas celebradas en 2002 suelen incluir como las principales preocupaciones de los españoles el terrorismo, el paro y la inmigración, entre otras. El terrorismo es una de las formas de violencia más frecuentes en muchas partes del mundo a fines del siglo XX y comienzos del siglo XXI. En España han desaparecido otras formas de terrorismo, como el social, pero se ha hecho endémico el terrorismo de ETA, vinculado al movimiento independentista vasco. Hemos visto cómo se inició este movimiento en tiempos relativamente recientes, por obra de una desfiguración histórica y cómo, después de una larga etapa en que los vascos no sólo colaboraron en la obra histórica de España, sino que se consideraban los más auténticos españoles. El terrorismo es una manifestación extrema de un fanatismo insolidario cuyo desenlace y cuyas consecuencias últimas no podemos todavía prever.

El paro constituye un problema del mundo desarrollado cara al siglo XXI, en un momento en que la tecnología se ha desarrollado en tal grado, que es posible una alta tasa de producción con una cantidad relativamente reducida de mano de obra. Algún día, el mundo tendrá que plantearse el problema de qué hacen los hombres mientras trabajan unas máquinas cada vez más autónomas. El problema se planteó ya con la revolución industrial, en el siglo XIX, y se resolvió en gran parte durante la «onda larga finisecular», a que ya nos hemos referido. Es posible que en algún momento nuevos tipos de trabajo demanden más mano de obra. Hoy por hoy, el paro ha disminuído entre 1993 y 2001, aunque la nueva coyuntura tiende al empleo inestable y a la movilidad laboral. El problema no es español, sino propio de las sociedades desarrolladas, y es a éstas a las que falta una cierta dosis de imaginación para plantearlo y resolverlo adecuadamente.

La inmigración, que afectó a otros países antes que a España (los españoles fueron en otro tiempo emigrantes) es también un producto del desarrollo, y al mismo tiempo de una lamentable desigualdad de nivel económico entre países ricos y pobres. En Europa, y muy particularmente en España, la implantación de inmigrantes parece una paradoja cuando existe una tasa relativamente alta de paro; y sin embargo, hay trabajos que los españoles no quieren practicar, y requieren la oferta de mano de obra de países de economía poco desarrollada. La inmigración es también consecuencia de la baja tasa de natalidad. Éste es un problema quizá menos visible o menos comentado, pero de consecuencias muy graves a la larga. A mediados del siglo XX, España era el país europeo, junto con Irlanda, con más alta proporción de niños. La nuevas costumbres han invertido espectacularmente los términos, de suerte que nuestro país posee a comienzos del siglo XXI una de las tasas de natalidad más bajas del mundo, un fenómeno que puede deparar una auténtica catástrofe a medio plazo, cuando el número de jóvenes sea inferior al de viejos. Si España alcanza en 2002 los 41 millones de habitantes, ello se debe a la fuerte inmigración de los últimos años; sin ella, no pasaríamos de 39 millones.

No faltan problemas, por tanto. Todos ellos, como hemos podido observar, tienen raíces y causas históricas. De aquí que uno de los deberes que se nos deben exigir a los españoles es conocer mejor, con sencillez y espíritu de comprensión, el rico y apasionante contenido de nuestro pasado: sin él seríamos incapaces de conocernos y comprendernos a nosotros mismos.

ÍNDICE

PRIMERA PARTE

Capítulo 1.	La piel de toro	9
Capítulo 2.	Aquellas raíces lejanas	17
Capítulo 3.	*Lumen christi*	25
Capítulo 4.	La «pérdida» de España	35
Capítulo 5.	La tumba de Jacobo	43
Capítulo 6.	Del *imperium* a los cinco reinos	53
Capítulo 7.	La revolución de los espíritus	63
Capítulo 8.	El impulso hacia fuera	75
Capítulo 9.	La casa de Trastámara	89
Capítulo 10.	Nobleza *versus* monarquía: la crisis del siglo xv	97
Capítulo 11.	¡Qué fueron, sino verduras de las eras!	107
Capítulo 12.	Monarquía católica española	115
Capítulo 13.	Entonces surgió América	129
Capítulo 14.	Un destino imperial mediterráneo	137

Segunda parte

Capítulo 15. **La proyección de España en el mundo (1517-1598)** 143
Una nueva geopolítica 144
Carlos I en España, y las revoluciones de 1520 146
Carlos V y los españoles 149
La conquista de América 150
Franceses, protestantes y turcos 152
Las primeras guerras con Francia 154
La defensa contra los turcos 155
Los protestantes. Cánones y cañones 155
Carlos descubre América. El imperio atlántico 157
Rasgos del Siglo de Oro 158
Notas de ambiente 160
El imperio de Felipe II 162
La forma de gobierno de Felipe II 163
Comienzos del reinado 165
Los problemas 166
La crisis económica 168
Lucha por la hegemonía 171

Capítulo 16. **Barroco y decadencia (1600-1700)** 175
La época de Felipe III 176
El esplendor de Felipe IV 178
La lucha decisiva 180
La desintegración de la monarquía 182
Los factores de la decadencia 183
El fin del reinado 186
El ocaso de la Casa de Austria 187

Capítulo 17. **La era de la razón y del sentido común (1700-1790)** 189
La guerra de Sucesión y sus consecuencias 191
La Nueva Planta 193
La preocupación por Italia 194
La preocupación por América 195
El reinado de Fernando VI (1746-1759) 197
La política de Carlos III 198
El absolutismo ilustrado 199
La administración interior 200
Los cambios sociales 202
La política económica 203
La Ilustración española 205
La culminación de la política atlántica 206

ÍNDICE

Capítulo 18. La crisis del antiguo régimen (1790-1830) . 209
   Las repercusiones de la Revolución en España 211
   La política de Godoy 212
   Las guerras con Inglaterra 213
   La gran crisis de 1808 214
   Los designios napoleónicos. Los afrancesados 215
   La guerra de Independencia 216
   Las Cortes de Cádiz 218
   La emancipación de América 218
   La crisis económica 219
   Absolutistas y liberales (1814-1823) 220
   La «ominosa década» 222
   El problema sucesorio 223

Capítulo 19. La época liberal y romántica (1830-1868) . 225
   La guerra carlista 225
   La regencia de Maria Cristina y el triunfo del liberalismo 226
   La desamortización 228
   La regencia de Espartero 228
   Aspectos del romanticismo 229
   Los moderados en el poder 230
   Progresistas y unionistas 231
   El ocaso de la era isabelina 233

Capítulo 20. Revolución y restauración (1868-1898) . . . 235
   La revolución de 1868 235
   El nuevo régimen y la constitución de 1869 236
   El reinado de Amadeo I 237
   La I República 238
   El sistema de la Restauración 239
   El reinado de Alfonso XII 241
   La prosperidad de la Restauración 242
   El ambiente de la Restauración 244
   Nuevos motivos de inquietud 245

Capítulo 21. Nuevo siglo, nuevos tiempos (1900-1930) . 249
   El espíritu del 98 250
   Nuevo panorama social y económico 251
   El regeneracionismo en el poder 252
   Regionalismos y nacionalismos 255
   La primera guerra mundial y la crisis del sistema 257
   La dictadura de Primo de Rivera 259

CAPÍTULO 22. **La República y la guerra (1931-1939)** 263
  La caída de Alfonso XIII 263
  La Segunda República 264
  La guerra civil (1936-1939) 266

CAPÍTULO 23. **La época de Franco (1939-1975)** 269
  Planteamiento de posguerra 270
  Franco y los elementos del sistema 271
  La dura posguerra 274
  El aislamiento internacional 276
  Expansión e inflación 277
  La era del Desarrollo 278
  Del cambio político a la transición 279

CAPÍTULO 24. **La España democrática** 283
  La transición 284
  La época de UCD 286
  La larga época socialista 288
  La época del Partido Popular 290
  Para finalizar: algunos problemas 292

Impreso en el mes de febrero de 2003
en HUROPE, S. L.
Lima, 3 bis
08030 Barcelona